2019年度黑龙江省社会科学学术著作出版资助项目

儒家哲学视域下的护理人文关怀研究

张仁川　张　敏　李志娜　著

哈爾濱工程大學出版社
Harbin Engineering University Press

内容简介

本书主要内容包含儒家哲学视域下的护理人文关怀理论、原则和具体场景下的护理人文关怀实践，以及护士在护理工作中应具备的修养。书中将中国儒家哲学与现代护理人文关怀理论统一起来，使中国儒家哲学成为现代护理人文关怀理论之“体”（原理），现代护理人文关怀理论成为中国儒家哲学之“用”（应用），由此达成二者的有机结合。

本书从护理人文关怀理论入手，结合了具体的实践方法和案例，可为相关护理人员的人文关怀工作提供参考，使其能够有意识地提升自身人文修养，用正确的方式与患者沟通，完善护患关系，提高护理工作效率。

本书适用于中国儒家哲学研究和医学护理人文研究，可供医学护理人员培训使用，也可作为医学院校医护专业学生教材。

图书在版编目(CIP)数据

儒家哲学视域下的护理人文关怀研究/张仁川，张敏，李志娜著. —哈尔滨：哈尔滨工程大学出版社，2019.8

ISBN 978-7-5661-2455-5

Ⅰ.①儒… Ⅱ.①张… ②张… ③李… Ⅲ.①儒学-关系-护理学-医学伦理学-研究 Ⅳ.①B222.05②R47③R-052

中国版本图书馆 CIP 数据核字(2019)第 199828 号

选题策划 夏飞洋

责任编辑 夏飞洋 王雨石

封面设计 李海波

出版发行 哈尔滨工程大学出版社
社　　址 哈尔滨市南岗区南通大街 145 号
邮政编码 150001
发行电话 0451-82519328
传　　真 0451-82519699
经　　销 新华书店
印　　刷 哈尔滨市石桥印务有限公司
开　　本 787 mm×960 mm 1/16
印　　张 16
字　　数 296 千字
版　　次 2019 年 8 月第 1 版
印　　次 2019 年 8 月第 1 次印刷
定　　价 59.00 元
http://www.hrbeupress.com
E-mail:heupress@hrbeu.edu.cn

前　　言

护理的本质就是对患者的照护，而照护来自两方面。一方面是对患者身体健康的照护，护理工作人员要给患者提供最适宜的照护，使患者的身体能够逐渐康复；另一方面是护理人员对患者心理上的照护。在患者经受着身体疾病痛苦的同时，心理上带来的冲击使患者在疾病面前更加脆弱。照护的本质就是人性的关怀，在中华传统文化的熏陶与教育下，在人性的关怀中融入儒家思想的仁，在身体与心理上对患者达到全方位的照护。本书以护理人文关怀为主要内容，在儒家哲学视域下对护理人文关怀进行探讨。首先对护理人文关怀理论进行详细的解释，包括中外人文关怀的历史、护理人文关怀理论的内涵和儒家哲学支撑下的护理人文关怀。儒家哲学支撑下的护理人文关怀应具备包容理解、真诚友善、仁者爱人、专业科学、精益求精的一般原则，通过语言关怀、类语言关怀、非语言关怀等方式对患者提供全面的照护。其次是护理人文关怀的实践，要将儒家思想体现在护理实践过程中。针对患者的入院、转科、手术等情况下的护理工作应该如何展开和如何在不同过程体现护理人文关怀等问题进行研究。面对不同患者群，如新生儿的护理、儿童的护理、老年人的护理等方面，都提出不同护理人文关怀的要求。再次就是将护理人文关怀融入护理工作的点点滴滴，成为护理工作人员自身的人文修养，这样在实际工作中才能从根本上关怀患者。本书将儒家思想作为理论指导，对护理人文关怀的理论进行丰富和再创造，从而在实践中体现护理人文关怀，最后将护理人文关怀刻画到护理工作人员的心里，成为护理工作人员的修养，完成从理论到实践、从实践到修养的一个过程。

本书结合了护理人文关怀近年来的最新研究成果与实践经验，在编写上具有以下特点：第一，内容丰富新颖。本书是在儒家哲学视域下对护理人文关怀的思考，将中国传统文化融入护理人文关怀，形成具有中国特色的护理人文关怀,对护理人文关怀理论进行发展、创新。内容十分丰富,从护理人文关怀理论、护理人文关怀历史、儒家思想、护理人文关怀实践、护理人文修养等多个角度对护理人文关怀进行讲述。第二,全面系统。包括了护理管理、护理教育、护理临床等方面,对护理工作进行了全面概括。各个章节既独立又相互关联,系统性强,使用者可以根据实际需要选择相应的内容进行阅读。第三,具备实用性、可操作性及指导性。本书从理论上论述了护理人文关怀的内容,从实践上提出了护理人文关怀的建议,最后提出了将护理人文关怀内化为个人修养的观点。因此,本书既能够在理论上进行指导,又可以为实践提供一定参考。

本书共分为三章,包括护理人文关怀理论、护理人文关怀实践、护士人文素质三部分。其中第一章、第二章 1 ~5 节由张仁川编写;第二章 6 ~14 节、第三章 1 ~3 节由张敏编写;第三章 4 ~7 节由李志娜编写。作者希望在中国传统文化的基础上,从新的角度阐释护理人文关怀,为护理人文关怀的发展提供多样性,为提高护理人文关怀能力提供支持。希望通过人文的色彩,吸引学生们和读者们,焕发激情,感受护理工作的博爱、人文与专业的特征。

本书是黑龙江省哲学社会科学研究规划专项项目“基于传统文化的护理人文关怀实践方向研究”(批准号:17GLD176)和黑龙江中医药大学医院管理研究项目“哈尔滨市三级甲等中医院护理人文建设调查分析与对策研究”(批准号:2018032022)的重要研究成果,课题组全体成员、编写组全体成员为这本书的完成,付出了很多努力,但书中仍有不妥之处,恳请读者、专家们批评指正。

著　者

2019 年 6 月

目　　录

第一章　护理人文关怀理论 …… 1

第一节　概论 …… 1

第二节　国内外人文关怀历史溯源 …… 3

第三节　人文关怀理论与内涵 …… 6

第四节　儒家哲学视域下的护理人文关怀概要 …… 13

第五节　护理人文关怀的相关支持理论 …… 26

第六节　儒家哲学视域下的护理人文关怀的一般原则 …… 34

第七节　儒家哲学视域下的护理人文关怀的基本方法 …… 41

第八节　儒家哲学视域下的护理人文关怀的管理 …… 49

第二章　护理人文关怀实践 …… 67

第一节　护理人文关怀模式与实践 …… 67

第二节　临床护理人文关怀标准与具体措施 …… 77

第三节　护理操作中的人文关怀 …… 106

第四节　关怀式确认 …… 108

第五节　关怀式操作 …… 111

第六节　护理人文关怀教学与培训 …… 114

第七节　新生儿的照护与人文关怀 …… 131

第八节　婴幼儿的照护与人文关怀 …… 139

第九节　学龄前期的照护与人文关怀 …… 150

第十节　儿童期照护与人文关怀 …… 155

第十一节　青春期照护与人文关怀 …… 161

第十二节　成年期照护与人文关怀 …… 179

第十三节　老年期照护与人文关怀 …… 183

第十四节　临终期照护与人文关怀 …… 201

第三章　护士人文素质 …………………………………… 210
第一节　护士的人文修养 …………………………………… 210
第二节　护士的审美素质 …………………………………… 214
第三节　护理工作中的美学应用 ……………………………… 217
第四节　护患关系 …………………………………………… 222
第五节　护患沟通方法 ……………………………………… 228
第六节　护士的临床思维 …………………………………… 240
参考文献 ……………………………………………………… 245

第一章　护理人文关怀理论

第一节　概　　论

护理工作的服务对象是人，男女老少，他们从事着不同的职业，有着不同的生活环境，不同的性格，所处的病情又都不相同，而在护理工作人员面前又是其形象、生理和心理状态不佳的时候，这种疾病状态下的情绪是很不稳定的，这对护理工作人员的素养尤其是人文素质提出了更高的要求。

“人文”一词起源于拉丁文，由古罗马人创造，是指接受了古希腊文化的罗马人，也就是“有知识、有内涵”的意思。在英语中，“人文”含有人类、人性、人道、人文学科几层意思，强调人的核心位置，重视人及其幸福。在中国的传统文化中散发着浓厚的人文气息，“人文”一词第一次出现是在《易经》中：“刚柔交错，天文也。文明以止，人文也。观乎天文以察时变；观乎人文以化天下。”在《伊川易传》中北宋程颐注释到：“天文，天之理也；人文，人之道也。天文，谓日月星辰之错列，寒暑阴阳之代变，观其运行，以察四时之速改也。人文，人理之伦序，观人文以教化天下，天下成其礼俗，乃圣人用贲之道也。”表达了人文是礼乐教化方面的人类文明。在《后汉书·公孙瓒传论》中有：“舍诸天运，徵乎人文，则古之休烈，何远之有！”在这里，“人文”是指与人有关的事情，反映人与自然、人与社会及人与人之间的关系。由此可见，人文教化在中国传统文化中具有双重意义：一是人的内在修养；二是礼乐教化风俗的文化形式。

人文精神内涵有四层，一是关注人的生存，是对人自身生命的关注与把握，是对人生存在价值的注意。人文精神对人的关怀是多层面、多维度、全方位的，既包括物质方面的关爱，也包括精神方面的关怀。人文精神在人与人、人与社会之间，是一种双方的、互动的、自由的关爱。二是尊重人的尊严和价值，人文精神提倡的是珍惜人的生命，而珍惜自己的生命与生活是以珍惜他人的生命与生活为前提的，一个人的自我价值的实现与提升是通过奉献与给予来实现的。每个人都有权利追寻自己的幸福生活，有权利保护自己的尊严与价值。作为个体的人,每个人都有独特的生命意识与个人价值,有选择人生过程并在其中实现自我价值的权利。三是宽容对待他人,在不断发展的社会文化中,每个人的生命意识、生活方式和个人利益都趋向于多元化,人与人之间关系的统一是绝对不可能的。因此要理解每个人的独特性、不可取代性与唯一性,学会尊重与理解每个具有不同思想观念的人,具备与不同的人相处合作的真诚态度。四是重视个人发展,人的精神包括人的情感、情绪、心理与意识,人文精神将人的自身发展作为根本目的,重视个人全面而协调的发展,尽可能地满足个人发展的各个层次的需要。在医疗护理工作中,人文精神是医务人员整体人文素养的核心,代表着医务工作人员的专业素养,是指医护人员在其岗位上充分发挥其内在积极性,通过人文精神的关怀来服务与帮助患者康复,以提高人的生命价值,使患者的人格受到足够的尊重。

护理人文精神由弗罗伦斯·南丁格尔创建,她是近代护理学的奠基人、近代护理学校的创办人、医院管理改革家、护理学教育家和慈善家。她将自己的一生奉献给了世界护理教育、护理改革和护理管理事业,受到世人的敬仰与爱戴[1]。

南丁格尔在1864年英国克里米亚战争时期毅然放弃贵族生活,奔赴战场救护伤员,将战争中伤员的死亡率从50%降到2.2%,创造了护理史上的奇迹,这一奇迹的出现包含着以南丁格尔为首的护理人员的人文关怀精神,即“博爱、牺牲、奉献”,在救死扶伤过程中体现了人道主义精神与人性化关怀的巨大作用。

南丁格尔在克里米亚的战争中处处为伤员着想,组织护理人员精心照护伤员,不怕苦不怕累,近距离与伤员接触,以减轻伤员们在身体上和心理上的痛苦,战争中负伤的士兵们内心是十分脆弱的,正是南丁格尔及护理人员积极用心的照护,才安抚了士兵们脆弱的内心与痛苦的身体[2]。与此同时,南丁格尔还积极致力于改善医院的环境、卫生,从各方面筹集资金,增加伤员们的营养,以促进伤员的康复,从而创造了护理史上的奇迹。这种不畏艰苦、不怕牺牲、勇于奉献的精神是人文精神的体现与发扬。

南丁格尔不仅关注患者患有疾病的身体,而且还关注患者的心理,她在《护理札记》中写道:护士的工作对象不是冰冷的石块、木头和纸张,而是有热血的生命和人类。南丁格尔不仅创造了护理学史上的奇迹,还提升了护理事业与护理人员的境界,把人文精神融入护理活动之中。南丁格尔倡导关爱、博爱、奉献,体现出关爱生命、珍视生命、以人为本的人文精神。南丁格尔创建的人文精神已成为推动护理学发展的不竭动力。

人文关怀是人文精神的核心，主张对人的尊重，重视人的价值，尊重人的尊严与权利，关怀人的生命生活，追求人的自由与平等。护理人文关怀是实践人文精神的具体过程。健康是多方面的，不仅包括身体的健康，也包括心理的健康，护理是与人密切接触的专业，特别强调对人的关怀与照护，关怀与照护是护理学的根本所在。护理学是关心他人、发扬人道的专业，被认为是最具人文传统精神的学科[3]。

第二节 国内外人文关怀历史溯源

想要探究护理人文关怀的历史渊源，必须以人文关怀思想史为根据，以护理学发展史为依托，才能对护理人文关怀的历史渊源有更清晰的认识。

现代护理学是从南丁格尔开始的，因此，南丁格尔被后世称为护理学的鼻祖，而在英格兰，其实南丁格尔仅被称作护理学改革者，而不是创始者。从广义来说，人文关怀史与护理学发展史有共同的起源，相伴而生。自从有了人类，便有了护理工作，包括照顾婴孩、年老者和患有疾病的人，只是在护理事业走向专业化之前，护理工作多由家庭成员来完成。在孝道为先的中国传统社会，更将照护老年患者的工作作为家庭重任，尽心孝敬老人会得到夸赞。而在护理与照护的过程中，相应地产生了照护理念与关怀思想[4]。

从中国传统出发溯源护理人文关怀的历史，可以使传统护理被大众所熟知，还可以为现代护理学的发展提供更清晰的脉络。在这样的背景衬托下，不仅可以清晰地看见当代护理的许多问题甚或是护理环境，而且可以依托着对社会传统的探索，找到一些目前护理难题的解决办法。

“人文关怀”实际上是一个古老而又常谈的话题，无论是西方文化的人文思想还是中国传统文化的人文精神，都包含着人文关怀的内容。本节在古今中外历史上主要思想家的关于人文关怀的思想中，选取不同时代的主要思想，从时间轴上达到一个连贯性的考量，将中西方的思想发展史进行串联展现。

一、西方人文关怀的历史

通常来说，东西方的人文关怀历史是相对独立的，虽然偶然有一些相通的地方，但仍然是有差别的。西方的人文关怀思想起源于古希腊爱琴文明。人文精神的形成与由古希腊城邦的民主政治制度及追求个性完美的文学艺术提供的良好社会基础分不开。希腊所有的人文关怀都是由对自然的理解产生，进而反馈到人的层面的理解。如普罗泰戈提出，“认识万物的尺度，是存在者存在的尺度,也是不存在者不存在的尺度”。苏格拉底提出,“心灵是唯一值得研究的对象”,并且认为真正的自我不是肉体,而是灵魂和内心的活动。这样把人看作是万物的核心和衡量万物的标准,以人的正义美德为中心的伦理学逐渐形成。医生不仅是医疗技术的实施者,也是患者的观察者与聆听者,除了听取患者病情方面的主诉,还包括理解患者身心的痛苦煎熬、家属的担心及观察了解疾病对患者生活所带来的影响[5]。这说明在医学的起始阶段,医生除了有治病救人的使命外,还要有关心和同情患者身心痛苦的能力和情怀。

古希腊、古罗马之后是黑暗的欧洲中世纪,人本主义迷失在宗教鬼魅中。直至14世纪中叶“文艺复兴运动”的兴起,它的核心是强调人们应当回归古希腊和古罗马经典著作中对人的价值和人的尊严的热爱,提倡个性解放与自由。人文主义先哲们主要从人类文化学角度探讨人的问题,以人为中心,注重人对真、善、美的追求,崇尚人的价值与尊严,力主追求现世幸福,反对以神为中心和反对宗教的禁欲主义。文艺复兴在人文关怀发展史上起着承上启下的作用,以感性意义上的人性来反对抽象的神性,以生机盎然的现实生活来反对枯燥、冷漠的天国理想,以人的正常情欲和感官享受来反对中世纪的禁欲主义和变态虚伪[6]。

17—18世纪的启蒙运动是文艺复兴人文主义的继承者。启蒙思想家同文艺复兴时期的人文学一样,他们都关心人,关心人的独立和尊严。其间,进步思想家在各自不同领域里提出或宣传人文主义思想,并且把人文主义原则贯彻到政治领域,转变成一种政治要求,他们将科学理性精神与人文精神结合起来,反对宗教蒙昧主义,宣扬理性和科学、自由、平等、博爱、民主等思想[7]。

19世纪马克思批判性地继承了西方近代的人文关怀思想的合理内容,把一切人的自由全面发展作为人类解放的目标。同时期,南丁格尔最早挑战“以医疗为中心”的模式,提出“以照顾为中心”的医疗模式,明确了“照顾比医疗更重要”的价值选择。南丁格尔将近代照护关怀理念带入护理学,在护理学发展史上有着里程碑的意义。

20世纪40年代初,人本主义心理学家马斯洛和罗杰斯提出“自我实现”的理论,从人的需求、动机出发,进行需求层次分析,提出需求层次理论[8]。罗杰斯又把人本主义心理学推广到医学教育和临床应用领域,提出“以患者为中心”的医学关怀模式,要求医护人员不仅要关心患者,更应关心全人类的健康。

20世纪70年代开始,西方护理学家提出护理的本质是关怀[9]。1998年,美国高等护理教育学会首次明确将人文关怀列为护理专业人才培养的核心概念和价值观,并提出利他主义、独立主义、人性尊严、忠于职守和社会公正五个方面的具体要求。随后英国、加拿大、澳大利亚、日本等国家20余所世界一流的护理院校都将“护理专业价值观、专业发展能力与专业人文精神培养”列为第一培养目标。

二、中国人文关怀的历史

中国传统文化也渗透着人文精神。从宏观上看，中国文化的核心是人文精神，西方是理性精神。儒、释、道三家，共同构成了中国传统文化。所谓“以佛治心，以道治身，以儒治世”，明确地解释了中国传统文化的基本构成特征。中国传统文化中人文关怀历史是五彩缤纷的。中国传统文化中的人文关怀精神在西周初期就已经开始显现，到春秋后期逐渐形成，自此之后，在中国社会和中国文化中历久弥新，成为中国文化的精髓。《周易》书中最早出现“人文”一词，意思为人与人之间相互交往的准则。中国传统文化儒家思想在处理人与人之间的关系方面，提出了“仁义礼智信”等理念，也就是人文关怀的精髓，在独立处世方面要求人能自强、睿智、节制等，同时，对人在“远神近人”“以人为本”“真善”方面的追求做出了规范与要求。儒家思想主张将精神集中到人事方面，提倡以礼治国、以理行世，为儒家文化开辟一条以人为本的人本主义道路[10]。

人文关怀的发展史是连贯的、有阶段性的，每个阶段都有代表人物和代表观点，主要内容如下：春秋时期管仲首先提出“以人为本，本理则国固，本乱则国危”的思想；其后以孔子为代表的儒家思想推崇仁学思想，提出“民贵君轻”的思想[11]；西汉独尊儒术后，贾谊提出“以民为本，以民为命，以民为功，以民为力”的主张，以民本主义为主的德治思想占据统治地位，把对人及社会的关怀提高到一个新的高度；魏晋时期的思想家比较注重人个性的发展和感情生活；隋唐时期比较强调人的素质、修养，“凡事皆须务本，国以人为本，人以衣食为本”；宋明时期将人的品格进行抽象化，并用真心和真性来概括，以无心和无理相聚合，使得人文精神得到升华；明末清初时，由于西方文明的进入，拓宽了人们的眼界，出现了反封建礼制的人文潮流，黄宗羲提出“以天下为主，君为客”，将传统民本主义推向了高潮；清末严复提出“主权在民”的思想，中国的人文主义在原有基础上有了进一步的发展；孙中山等革命先行者学习西方人文主义和民主宪政思想，把中国传统的民本思想提升到一个新的阶段；五四新文化运动中提出的“民主和科学”思想，其核心就是要打碎封建礼教和封建枷锁，争取人个性的解放和个性的发展，争取个人独立自主的权利。

需要我们注意的是，人文关怀思想在历史社会中不断地发展更新，在医学领域集中表现为救死扶伤、悬壶济世等以人文关怀为核心理念的医德。在千年的医疗实践过程中出现的中国医德代表人物灿若群星，著述多而精辟。孙思邈在《千金要方》中提到:“人命至重,贵于千金。”宋代林逋在《省心录》中说:“无恒德者,不可以作医,人命死生之系。”关心和爱护患者、救护患者是自古以来历代医家所奉行的基本原则。孙思邈就曾提到:“凡大医治病,必当安神定志,无欲无求,先发大慈恻隐之心,誓愿普救含灵之苦。若有疾厄来求救者,不得问贵贱贫富,长幼妍媸,怨亲善友,华夷愚智,普同一等。”

在中国传统社会中,宣扬人文关怀的礼教文化,落实到具体的家族、家庭教育中,则表现为充满人性温暖的家训关怀理念。司马光《居家杂役》就有:“凡父母舅姑有疾,子妇无故不离侧,亲调尝药饵而供之。父母有疾,子色不满容。不戏笑,不宴游。舍置余事,专以迎医检方合药为务。疾已,复初。”在中国传统文化中,这些照护关怀理念被灌输给“女性治疗者”。女性向来都是主要的治疗者,她们接生,照顾病弱、孩童、老人、濒死者,处理危机状况,甚至施方给药。

随着医疗事业的发展和技术的进步,中国近代的护理事业也逐渐兴起,是西学东渐的产物。护理工作随着西医和西式医院的发展由传教士传入中国。1884 年第一位传教护士伊丽莎白·麦基奇尼来到中国,在上海倡导新护理制度,引介新护理理念。护理学家莱宁格指出,不同文化背景的人有不同的关怀体验,因而就会形成这种文化所特有的关怀模式。在近代西方思潮的冲击下,中国医学界逐渐形成了一种以人文关怀为核心的医学人道精神。所谓医学人道精神,就是一种提倡热爱人的生命、对人深度理解与关心、尊重并保护个人权益和以人为中心的医学道德观和价值观。在医疗过程中,对生命的救治、对病痛的解除、对患者情绪的调节等,始终贯穿着这一精神[12]。

护理事业中发展的人文关怀思想和信念,在实践中不断地衍生发扬,将关怀的对象扩及众人的同时,也必然惠及自身。护理学先驱钟茂芳认为当时的“看护”一词不够准确,在请教多个文学家后,再广泛阅读参考资料,最后选用“护士”。在中文中,“护”是护理、照顾、保护的意思,“士”是知识分子或学者的意思。“护士”之名经 1914 年首届全国护士代表大会通过,一直沿用至今。

中西人文关怀的历史渊源有着不同的发展轨迹,对研究者而言,了解掌握人文关怀的核心问题要理解其背后存在的价值,回溯历史发展是载体,感悟思想是真谛。

第三节 人文关怀理论与内涵

一、人文关怀的理论基础

人文关怀的思想虽然历史悠久,但真正的理论建构仅仅是近几十年形成的。人文关怀是在20世纪70年代提出来的,受当时存在主义哲学和现象学思想的影响,在1977年由精神病学家和内科学教授恩格尔首次提出了生物－心理－社会医学模式。护理学者在此影响下开始思考自身的专业价值及研究领域等内容。

1983年,格里芬提出关怀照护是人类天性和人际关系的基础概念,是“护理”的同义词,也有“滋养他人”的意思。在充满关怀的社会里,每个人用仁爱之心来满足他人的需要,而这正是护理人员一直秉持的服务患者的理念。

1984年,加拿大学者西蒙娜·里奇从人的自然情感角度提出了人文关怀的概念,她认为“人文关怀是一种特定情境下的人的直觉,意识到人际间存在着一种无形的力量使彼此连接在一起形成关怀关系,是一种关怀他人超过关心自己的情感体验,而发自内心地产生关怀行为。”这一概念与我国古代思想家孟子的思想类似,即“孺子将入于井,皆有怵惕恻隐之心”,人本就有恻隐之心,应同情、宽容他人。Roach提出,人文关怀的核心理念是人天生就有同情心,且这种关怀的情感是人类存在的本能,因为人类不能独立存在,是相互依存、相互帮助的整体,所以,当人们看到有困难的同类人时,就会本能地产生自觉性的帮助行为,推己及人。我国学者通过实践也认为护理人文关怀是护士获得专业知识之后内化得到的,是自觉对患者进行的情感付出。另有学者认为,护理人文关怀的本质就是人际间充满爱的互动,相互帮助。由此,护理人员应具备由Roach所提出的5C,即同情、良心、责任、信心与胜任力这几个专业特征[13]。胜任力即是护士的专业知识、能力与经验。英国护理理论家Brown认为护士除了具有上述专业特征外,还应具备职业情感,包括观察患者、了解病情、提供帮助。我国学者将职业情感归纳为五心,即关心、爱心、细心、耐心和责任心。由此可见,这一概念主要表达的是护理人文关怀的专业特征是在人性自然情感特征的基础之上,并在自主的专业性帮助行为下体现出来的,是整个人文关怀行为不断发展的内在动力。

1988年,由Leininger提出“关怀即是护理,护理即是关怀”,这个观点说明了关怀与护理是分不开的[14]。对于正在经历疾病痛苦的患者和其家属来说,关怀照护是一种重要的情感支持,通过这个过程之中的互动可以给患者提供一个完整全面的照护,除了可以引导患者发挥自己的潜能、促进痊愈、自我成长外,还可以促进患者更好地保持自身身心的协调。关怀是人的一种天性,是人类文明社会形成的基石,是人类社会发展的动力。护理的实质是关怀,关怀是护理的核心思想。

《护理:关怀的哲学和科学》是美国学者沃森的著作,书中首次应用了人文关怀的概念，提出护理是关怀照护的科学，通过专业知识与人文知识的整合，使护理人员对人类行为有更深层次的理解，给予个案关怀照护，以体现护理专业的内涵与精神。她将哲学中的以“人自身的生命价值”为本的人文关怀理念引入到护理学“关怀弱势人群的生命健康”的内涵之中，揭示了护理学人文关怀的精神内核，即以“关怀整体人的生命价值”为本的人文关怀理念，包含着对自身生命价值的关怀。

关怀可追溯到人类历史的开端。自从有了人类，就有了关怀。人类的发展取决于我们对自己关怀照顾的能力及关怀照顾他人的能力。关怀是一个广泛而普遍的概念，但对于护理专业而言是一个专业性的概念，且是核心概念。从南丁格尔开始，关怀在护理专业中就被高度地重视，并随着时代的发展，被当作护理的核心与精髓，其内涵不断地丰富与发展。现代护理认为关怀是人性最具鲜明性的特征，并在专业方面起着领导作用。认识护理人文关怀的概念及其重要性对于护理工作的发展具有重要作用。在心理社会领域中，关怀包括真诚、尊重、同情、宽容等情感的表现；在行为领域中，关怀包括提供专业帮助、感官接触（包括眼神交流、倾听、肢体触摸、表情等）、提供心理支持和提供合适的修养环境等关怀照护行为。护理关怀行为还分为表达性活动和操作性活动。表达性活动是指提供一种专业、认真、真诚、让人感受到温暖的，情绪上、情感上的支持活动。操作性活动是指提供实际的服务，满足患者的基本需求，减轻患者疾病痛苦，包括专业的医疗技术、熟练的技能、认真小心的护理工作等专业性的护理行为。

1991 年，莫尔斯等人主张关怀应是人性的本质，是护理工作人员必备的伦理道德，是情感的自然表达，是人际间的真情互动，是一种治疗行为。综合有关人文关怀的理论，可以将关怀照护的内涵归为：①关怀照护是人性的本质。将关怀照护看作是一种原发性的文化概念及表达方式，因文化背景的不同而有所差异。②关怀照护是必须的道德要求。人文关怀的目的是保护、保持人的尊严。③关怀照护是一种自然表达情绪的方式，是一种对他人奉献而得的一种心理感受。④关怀照护是人之间的往来互动，可以提供个性化的护理和整体性的照护。⑤关怀照护是一种治疗方式，在过程中应做到倾听、尊重、真诚，才能达到治疗目的。

1993 年，马林逊提出“关怀照护是一种能量，个体能从中感受到被爱，而有助于健康的促进、病情的复原或安详地死亡。”

除此之外，与人文关怀相近的理念就是关怀及其同理心。从过去到现在，一直都有学者提出关怀的概念。海德格尔提出“关怀”理念，提出我们是“关怀世界的人”。关怀是人类生存的基础,即关怀是人类生存的基础。人与人的独立存在共同构成了人类的存在,形成了人际间的沟通交流,而关怀可以维持人与人之间的友谊来往并提高人们生活的幸福感受。

护理工作人员需要以关怀的态度和想法与患者互动,在关怀患者的过程中要含有同理心,以己之心,理解他人之心,将心比心。美国心理学家卡尔·罗杰斯将同理心定义为“感觉个案的私人世界仿若是自己的,但从未失去这仿若的本质,去感觉个体的恐惧、愤怒与困惑,仿佛自己是他的,但不将自己的恐惧、愤怒与困惑与之联结”。在这个定义之中,施治者要注意将自己本身的个人经验与其他个体的经验相区分,聚焦患者的自身感受。

当代许多护理学理论家以各种不同的理论架构来诠释护理的内涵,可谓是百花齐放。其中“人性化护理理论”最能表达护理人文关怀的特质。“人性化护理理论”是佩特森及兹德拉德在1976年所提倡的,其理论是基于“存在现象学”的,它对有关什么是人、健康环境及护理的四项核心要素的学说做出了解释,可阐明护理人文关怀[15]。“人性化护理”对“人”的看法是人是存在于时间与空间之中,总是与别的人与事情相关联的存在。人能自我反省,做选择、抉择,以及在变化之中有新的应对,将人生过得更丰富,这就是人与动物的最大区别。人的反省与抉择经常具有意义,人选择的通常是他认为更有意义的。人性化护理认为健康不是没有病而是人活得更丰富,“人性化护理理论”将护理定义为:“两个主体的互动,这两个主体一方是具有特殊需要的人,另一方是提供特殊需要的护士。护理的目的是使对方不但活得好,而且活得丰富,使他在健康到疾病到临终的这些情境中,都是高品质的存在。”

中国传统文化的诸子百家也蕴含了丰富的人文关怀思想,对提高人的生存价值与促进社会和谐进步起到了积极作用。

儒家思想与护理人文关怀有着密不可分的关系。儒家文化的创始人是孔子,其晚年修订和撰写了《诗》《书》《礼》《乐》《周易》及《春秋》。儒家文化蕴含着丰富的人文关怀元素,在对现实和人生的深切关注的基础上,形成了别具特色、博大精深的人文关怀思想。其中“仁、礼、信、和”是儒家文化的核心要素,是中华传统文化的精髓。儒家推崇“人最为天下贵”,孔子曾说:“天地万物,唯人为贵”。儒家文化的另外一位重要代表人物孟子将“人本”视为“民本”,认为人是最珍贵的,任何时候都必须把人放在最重要、最值得关注的位置,此即“以人为本”[16]。正是秉承这一理念,医护人员应把生命看得重如泰山,无论什么时候都以抢救患者的生命为第一要务,在现代的优质护理服务中,也正是秉承这种理念,实施“以患者为中心”的思想提供整体护理。儒家注重“仁爱”和

"礼"。"仁爱"是儒家人文关怀的核心思想,如《论语》提出的"仁者爱人",孔子的"己欲达而达人,己欲立而立人"(《论语·雍也》),孟子的"老吾老以及人之老,幼吾幼以及人之幼"(《孟子·梁惠王》)等,都体现出儒家所提倡的仁义仁爱、推己及人。以"仁"为核心的爱民、惠民、富民的儒家思想为人文关怀奠定了基础。对人、对生命具有高度的仁爱和博爱精神,是护士必须要具备的基本道德。护士应具备仁爱之心和博爱之心的伦理情怀,以己之心推度患者所想,对患者疾病的痛苦与心理的冲击给予关心,产生共鸣,发自内心自觉地去实施"以患者为中心"的护理。"礼"也是儒家重要人文思想之一。儒家的"仁"和"礼"是一个相互促进的关系,只有具备了仁爱之心,才会知礼守礼;必须做到知礼守礼才能具备仁爱之心。护理工作人员在工作中应明德明礼、内外兼修,通过礼仪规范,如举止端庄、态度和蔼,让服务对象感受到作为白衣天使的护理工作人员的仁爱善良和崇文尚礼。儒家强调"诚信",儒家的"诚信"是中国传统道德的基本行为规范,是对人的基本的道德要求。"诚"与"信"的相结合,表达的是人的真实无妄、信守承诺、言行一致的美好道德品质。护理工作人员的服务对象是人,"健康所系,性命相托",所以,诚信是护士必不可少的品质。在护理患者的日常工作中要认真履行自己的职责。儒家主张"和",除了主张"和则同,同则善"的人际和谐外,儒家还主张个人身心的和谐,认为身心是一体的。身心和谐才能促使生命成长,培育精神,才能有效激发出人的潜能,提高人的创造力。在对患者的服务过程中要实施生理、心理、社会以及灵性的完整护理照护。要注重与患者及其家属的沟通,避免产生矛盾,促进护理工作人员与患者之间关系的和谐发展。

道家文化也包含着护理人文关怀的思想。道家主张"贵人重生"。老子,道家创始人,姓李名耳,字聃。老子与后世的庄子并称"老庄"。道家学派代表人物还有关尹、彭蒙、田骈等,主要著作除了《老子》《庄子》外,还有《黄帝四经》《文子》《列子》《管子》《吕氏春秋》和《淮南子》等。道家文化强调"贵人重生""慈心于物"。《老子》中说"贵生""自爱""长生久视",《庄子》中说"保生""尽年""全生""尊生",《吕氏春秋·贵生篇》中说:"圣人深虑天下,莫贵于生。""贵生"成为道家生命伦理的基本价值取向,凸显了对提高生命质量的人文关怀。"贵以身为天下,若可寄天下。爱以身为天下,若可托天下。"强调人的至尊性,把人生命的价值放在首位,提倡贵生精神,敬重生命成为道教的一个重要原则[17]。工作中,护理人员要把患者视为与自己同出一源,要像爱自己一样去关爱患者,要时时刻刻以最大的热情和责任心去服务护理对象。道家坚持"泛爱",认为万物平等,应善待万物、慈心于物。在道家看来,自然界的一切都是由

“道”的生命本体化生而来，而且都是含有“道”的生命本体，都是一种生命。“泛爱”是人的自发之爱，包括爱自我、爱家人、爱弱者、爱自然、爱祖国、爱真理等。“泛爱”要求护理工作人员不仅在医疗服务的环境中关爱患者，而且在公众场合的突发健康状况下，也要自觉地施救，体现出对生命的热爱。很多事例在公众面前出现，护士人员在休假期间在街上帮助产妇接生、为患者心肺复苏等爱心事迹，这些都是“泛爱”的表现。

墨家文化与护理人文关怀也有相通的地方。墨家文化开创者为墨子，名翟。代表人物除墨子外，还有孟胜、田俅子等。墨家的人文关怀思想以“兼爱”为核心，提倡“兼以易别”，反对儒家所强调的社会等级观念。它提出“兼相爱，交相利”，完全的博爱以尚贤、尚同、节用、节葬作为治国方法。墨家核心思想的兼爱，其实质是提倡无等级无差别平等的博爱[18]。“视人之国若视其国，视人之家若视其家，视人之身若视其身”，把别人的亲人看成自己的亲人，把别人的身体看成自己的身体，爱自己几分，爱别人也几分，爱自己的父母、兄弟、子女几分，爱别人的父母、兄弟、子女也几分；一视同仁，人人平等，分毫不差，这也就是“兼爱”。对护理而言，护理工作人员要用兼爱的思想无差别地对待患者，无论患者什么身份，不管他是位高权重还是贫穷无依，护理工作人员都要倾注同样的爱人之心在他们身上。在护理工作人员的认知中只应该有“患者”，而不是患者所处的职位或者是其他的条件，甚至无关乎他是英雄还是罪犯，护理工作人员所要做到的就是最大程度地照护关爱。

佛家文化与护理人文关怀思想有些地方是相同的。中国佛家人文关怀的理论基础由人生论、心性论和果报论三方面组成。人生论突出人及其解脱方法。“学佛要从人做起”，“人为万物之灵”，实现人生价值的方法就是解脱论的“五戒十善”和“六度四摄”。心性论突出人的“心”及其修行行善。“万物归于一心”，注重对于“心”的转化和从心性角度探讨修行行善。果报论突出对于善果的渴望及其追求。其实质是阐发道德与生命关系的理论，强调由人的行为来改变自我命运的来世命运，此是佛教的“实理”和“根要”，果报重视“生”，具有道德导向作用。佛教强调慈悲，佛教以其慈悲理念体现着人文关怀。龙树菩萨在《大智度论》中说：“慈名爱念众生，当求安稳乐事以饶益之。悲名愍念众生，受五道中种种身苦、心苦。”也就是说，慈就是爱护众生，当求安乐之事来利济众生，悲就是怜悯众生，同情其轮回五道之中，受种种生理和心理的痛苦。慈悲情怀是中国佛教的核心理念，鲜明地构成了佛教人文关怀及人道主义思想的重要形态。佛教的慈善情怀与儒家仁爱之心、仁义之道具有相同之义，其中的积极意义值得护理工作人员学习。佛教有戒、定、慧三学，“戒学”用于止非防恶；“定学”用于清除杂念，使心灵和思维纯净；“慧学”强调通达社会事理。在护理工作中，护理人员首先要倡导戒律实践，就是戒除生活中过分的欲望，淡泊名利，不断修炼自己，以一颗纯净高尚的心从事护理工作。其次，护理工作人员要敬畏生命、慈悲利他、悲悯患者、帮助患者，一切从患者的利益出发，凡是对患者健康和生命有利的事，就要积极主动去做，反之则要防范。最后，护理人员给予患者人文关怀，不是为了图患者任何形式的回报，患者因得到关怀而产生舒适的体验，能更好更快地康复，能享受到生命的尊严，就是对护理人员最好的内在回馈。

二、人文关怀的科学内涵

人文关怀是人类的基本需要，是人类生存的一种模式，是一种自然情感的表达。当人看到他人遭受某种疾病痛苦时，就会自然地发现自身与他人之间的一种无形的联系，牵动着自己的内心，让自己自发地关心他人，这种情感超越了对自己的关心。

人文科学是指以人的社会生存为研究对象，以揭示人的本质和人类社会发展规律为目的的科学[19]。人文科学不具备直接的功利性，它具备教化的功能；它作用于人的感情，在潜移默化中改变人的价值观，影响人的想法与情绪，并激发人的潜能。因此，人文科学的功能概括起来有：①研究人的本质。人文科学就是研究人的文化生命，而人的文化生命诠释了人的本质，也就是说人文科学实际上就是探寻人的本质，这是自然科学和社会科学无法做到的；②建立价值体系。人文科学通过对人类精神文化现象的本质的内在联系、发展规律等方面的研究，探索人类生存的意义和价值，帮助人们树立正确的世界观、人生观和价值观；③塑造精神家园。精神世界是人类文化生命的土壤，人文科学是对人的精神世界进行思考与理解，从而帮助人们更好地塑造自己的精神家园。

人文学科是以观察和分析来探讨人类情感、理智、道德的各门学科的总称，包括哲学、文学、历史学、美学、伦理学、逻辑学、人类学、宗教学、社会学、政治学、教育学、心理学、法学等，甚至还涉及自然科学中与人性有关的学科知识，特别是生命科学的相关知识，内容相当广泛，是一个宏大的学术集群。人文科学依托于人文学科的教育形态，通过知识传授、环境熏陶，使之内化为人格、气质、修养，成为相对稳定的内在品格。

护理人文关怀是在人文关怀的内涵基础上，再具备专业性特征。人文关怀是哲学范畴的一个用词，与西方人文主义有着相似的历史渊源，主要是倡导人权，否定神权；赞美人性，扬弃神性；呼唤情感，反对禁欲。人文关怀的本质就是关心每个人的自身利益与需要，尊重每个个体的自主尊严与自我价值，解放人类的天性与人类自由的思想，坚定人类自觉的善心，也就是以人为本的理念内涵。人文关怀与马克思主义哲学人文关怀的内涵是相同的，是“对符合人性的生活条件的肯定；对人生存状况的关注；对人的尊严、自由、权利的维护；对人的解放和全面发展的向往与追求”。

在不同历史时期和不同文化背景下，人们对关怀的概念都有不同的理解和解释。Leininger 是最先提出文化关怀理论的，她认为关怀是一种人类的本性，是人类社会文明形成、存在和发展的基础。护理的实质就是关怀，关怀是护理的核心思想。Watson 提出，护理学是一门人性科学，对患者的护理关怀是人性和情感的体现，是专业性关怀，护理的核心是人文关怀。Watson 还认为关怀是一种道德观念，只有在人与人之间的互动活动和关系中才能有效地实践和体现。本纳认为，关怀是一种人际关系，是需要患者和护士共同努力才能实现的人际协调[20]。中国学者李小妹提出，护理关怀是护理人员应用自己的专业知识、技能及态度帮助患者恢复或保持健康的一个过程。从研究现状可以看出，护理学界对关怀的概念及内涵的认识尚没有统一，但普遍认为关怀是护理的核心。护理人文关怀显然是不能通过下定义达成共识的，在解构这个概念时或许能达到仁者见仁智者见智的效果，进而感知“护理人文关怀”的科学内涵。

第四节　儒家哲学视域下的护理人文关怀概要

一、护理人文关怀的概念

“关怀”一词在《新华词典》中是指关心，含有帮助、爱护、照顾的意思。在《牛津词典》中，“关怀”具有三个词性。一是作为动词，意思包括关切、喜欢并怀有情感、提供照顾。二是作为形容词，表示充满感情的，尤其对患者或者是老年人的专业照顾。三是名词，其意为担心、焦虑、认真关心、注意。在我国最早见于《宋书·孔觊传》：“不治产业，居常贫罄，有无丰约，未尝关怀”。关怀可以在任何人际关系之间，可以是老板对员工、老师对学生、护理工作人员对患者、长辈对晚辈、家人之间、朋友之间、同学之间的关心和帮助。总而言之，关怀可以无处不在，可以无时不有，人人都应该成为关怀他人的人。

人文关怀，是指对人生存状态给予关注，对符合人性的生活条件的肯定，对人的尊严、自由、权利的维护，对人类的理解与对自由的追求。简而言之，人文关怀就是关注人的生存与发展，就是关心人、爱护人、尊重人。人文关怀是当今社会发展的一个重要特征，关怀对象除了人之外，还应扩展到动物、植物，来体现世界万物是相依而生的，共同营造一个关爱万物的博爱整体，并在相互联系的动态交往中达到和谐稳定的状态，人文关怀的本质是以人为本。

护理人文关怀是哲学与护理学的结合，是一个复合概念。护理人文关怀的概念有广义和狭义之分。从狭义角度来看，护理人文关怀指的是在实施护理过程中，护理工作人员用以人为本的精神，对患者的生命健康、心理需求和人格尊严的尊重、理解、关爱和帮助[21]。从广义角度来讲，护理人文关怀不仅是护理工作人员对患者的关怀，还包括护理管理者对护理工作人员的关怀、护理工作人员之间的相互关怀及护理工作人员的自我关怀。护理工作人员正处在一个关怀他人的重要位置，需要每天面对着承受疾病痛苦、心理冲击和经济压力的患者及患者家属，而护理工作人员之间的相互关怀和自我关怀能够使护理工作人员更好地关怀患者。

二、护理人文关怀哲学原理

人文关怀是指人与人之间的关怀，其逻辑是关怀者与被关怀者的关怀关系。人文关怀的人文性质体现在人身上，而人的本质是其作为人类本身就是“人本”。人类与其他生物区别的特性就在于“人性”。而“人本论”与“人性论”自然就构成了护理人文关怀的哲学原理基础。从“人本论”与“人性论”来揭示传统生命哲学，进而为护理人文关怀奠定哲学基础。

（一）生命本体论

1. 儒家生命观

孔子认为“天”是世界万物的主宰，世界万物的运转都是依靠“天”的指导，是“天命”。孔子认为“天”是无言的，“天何言哉？四时行焉，百物生焉，天何言哉！”“天”能行四时，生百物，而这些都不是发号施令得来的。“天”即是人类的共同根源，是万物生长的本源，是孔子认为的真正生命哲学。从“天生德于予”可以看出，孔子认为，“天”给予人生命的同时又给予人道德。

孟子继承并发展了孔子的生命哲学。“诚者，天之道也。思诚者，人之道也”。孟子探讨的不是“生物从何而来，人类的共同本源是什么”的一般生命哲学，而是一种“人的道德生命从何而来”的伦理道德哲学原理。孟子认为每个人都有道德，这就是道德生命的本源。

荀子提出“天地合而万物生，阴阳接而变化起”，认为天地阴阳相互作用变化而引起世界万物的产生与发展。

哲学家董仲舒提出“元”的概念，他认为世界万物的本源是“元”。他说

"《春秋》谓一元之意,一者万物之所从始也,元者辞之所谓大也。谓一为元者,视大始而欲正本也"。

王充认为天与地一样都是含气的自然物,"夫天者,体也,与地同。""天地,含气之自然也。"并且他认为含气的自然世界是无限的,并且万物是因天气与地气上下交感而产生,认为天气的自然变化等是与人事无关的,同样,自然灾害也不是由人事引起的。在王充看来,人与自然物是同样的,是禀受天地之气而生,"人生于天地也,犹鱼之于渊,虮虱之于人也,因气而生,种类相产"。所以,人与物一样具备自然属性。

张载认为"太虚"是宇宙的本体。"太"为至高至大的意思,"虚"为无形空间的意思。"太虚"意为广袤无垠的宇宙太空[22]。张载认为"太虚"有广义与狭义之分,广义与"天"同义,是包括世界万物的广阔宇宙;狭义即是气,他说:"太虚无形,气之本体。"张载认为太虚原本就是气,气的另一种状态就是有形的万物。

2. 道家生命观

老子是从"道"开始阐述生命本原的。在《老子》中"道"有两种含义,一是运动法则,即"天之道""人之道"的自然和人类的运动法则;二是宇宙本原,"有物混成,先天地生。寂兮寥兮,独立而不改,周行而不殆,可以为天下母。吾不知其名,字之曰道,强为之名曰大。"道是宇宙的本原,是万物之始,是万物之母,是宇宙的开端[23]。

庄子是在老子思想的基础上对生命的本原进行了新的阐述。在"道"是世间万物及其生命的本原和根据的思想之上,庄子对生命本原又进行了理性的思考。他认为万物都是有本根的,并且认为"本根"不仅衍生了世界万物,而且还普遍存在于世界万物之中,即便宇宙再大,也不能超过它的范围,再小的事物也有其产生的依据[24]。世界万物皆可变,但本根是始终如一的。本根是摸不到、看不见的,宇宙万物产生发展的秩序是因为本根发挥着作用,庄子认为本根即是"道"。《齐物论》中庄子说:"道通为一",即世界万物有共同的基础,就是"道"。世间万物千差万别并瞬息万变,庄子认为这只是事物的外在形式,但其本根是统一的,共同的基础使他们相通为一,这就是"道"。

"夫道有情有信,无为无形。可传而不可受,可得而不可见。自本自根,未有天地,自古以固存。神鬼神帝,生天生地。在太极之先而不为高,在六极之下而不为深,先天地生而不为久,长于上古而不为老。"这段话说明了"道生天地"的根本性,并且也说明了其原因:一是,"道"是本根的,自身自根,不需依赖其他而生成,也形成了"道"为世间万物本根的先决条件;二是,"道"是先于世间万物的存在；三是，“道”具有无限的超越性，在空间上是无穷无尽的，在时间上是无始无终的；四是，“道”有造物性，“道”生天地，世界万物皆由“道”生，宇宙也由其产生。

“德”是老子哲学和庄子哲学的重要范畴。在《老子》与《庄子》中都认为“德”源于“道”，但比“道”具有现实性。“德”与人或物有更为紧密的连接，成为“道”与人或物连接的纽带：一是，“德”由“道”所生，是世间万物内在的特质；二是，“德”是生命体获得本原之“道”后形成的顺乎“道”之自然本性的内在品质；三是，“德”是“道”完整体现于生命的要求。庄子认为“德”是生命存在的内在依据，是生命保持本真意义的保证。

老子和庄子通常将“道”与“德”合而称“道德”，但道家的“道德”与孔孟的“道德”不是相同的，道家“道德”是生命哲学的范畴，而孔孟的“道德”是伦理哲学的范畴。庄子认为“道”产生生命，“德”规定生命，他们是生命的决定因素。所以说，先秦道家的生命观，可以被认为是一种道德观。纵观中国传统文化的历史，感知生命与道德，其意义在于为生命的存在和守护提供敬畏与尊重。

道家思想是中国文化的重要组成部分，道家的生死观对人们产生了很大的影响[25]。道家生死观是“生死气化，顺应自然”。老子认为一个人不要过于重视自己的生命，这样反而能更好地保存自己，一个人如果过于显露自己，就会受到外界的损害。“兵强则灭，木强则折”，所以保存生命的最好办法就是“处众人之所恶”。庄子对于生死进行了详细论述，他认为生与死都是一个阶段，所以对于死不要太恐慌，要顺应自然，人是“气”的一种存在形式，“人之生也，气之聚也，聚则为生，散则为死”，生与死不过是形式发生了改变。生与死是相对的意义，事物以这两种状态存在。死亡是不可避免的，庄子对死也是毫无忌惮的，但在此基础上又要对自己的生命十分珍惜。所以庄子曾写《养生主》来讲自己的养生之道。不畏死亡是对生命的尊重，是对自然客观规律的尊重，而认真过完天赋寿命也同样是对生命的尊重。庄子的养生并非是想要自己有更长的寿命甚至长生不老，而只是为了自己的天赋寿命不因自己而损坏或是减少[26]。道家认为，人应顺应天道而生死，不可强求。人总是追求更多的外在东西，以至忽略内在，而破坏了自然本性。道家思想主张塑造本性，洗涤人们的贪念，使人们浮躁的内心得到平静，教人们保持正确的人生态度，获得生命的乐趣。

儒家与道家的观点虽各不相同，但都具有入世精神，体现出中国传统文化对生命价值的追求是不畏死亡。生是人生的开端，死是人生的结束，每个人不管是平淡还是轰轰烈烈地度过一生，都要走过最后节点，即生命的结束。生与死是相伴而生的，世间万物只要有生，便会有结束的时候。人在不停地追求永恒,但现实不可避免的死亡总会对人们的追求造成打击,所以,人们总会对生死问题进行思考。

现代科学技术的进步也不能阻碍客观规律的进行,生死是不可超越的。但在哲学中,生死是可以超越的,这种超越是来自精神上的,并不是现实的生死超越。虽然现代人类享受着更高的科技与丰富的物质生活,但现在的人类承受的压力相较于前人是越来越大的,忙碌的工作生活使人们无暇享受生命的乐趣,生活处于一种无意义的状态中,降低了生命质量。人生意义是一种生死的智慧,这种智慧是现代人不断积累的生活灵感,特别是从先哲们的生死观中得到力量来鼓舞现代人不断先行。就护理人文关怀而言,从儒、道的生命哲学中,我们可以获得启迪:我们要对天赋的生命担起责任,感知自己生命的意义。从护理人文关怀的主体来说,应该像儒家哲学给我们的启示一样,要把对人们的关怀看作是自己的良知;也应像道家给予的启示那样,要让关怀对象能够坦然面对自己的生死与病情。

(二)生命德性论

1. 儒家人性善恶论

儒家人性论的主流人性善论是孟子哲学的主要内容。孟子是最早探究人性论的哲学家,他从人性的角度来区别人与动物,也是在孔子用"孝敬"区别动物与人的基础上进行探讨的。孟子的"性"既指事物的共性又指某类事物本质的特性。孟子认为,人的共性在于"恻隐之心,人皆有之;羞恶之心,人皆有之;恭敬之心,人皆有之;是非之心,人皆有之",孟子认为这四种心情是人生来就有的,就像人们生来就有四肢一样。他认为这四种心情代表着四种道德观,这四种道德观就是人们的"良知"[27]。仁义礼智四者兼具的称为"圣人",而孟子认为"人皆可以为尧舜",这就说明,人不是生来就是"圣人",每个人都具备成为"圣人"的素质,所以孟子认为人性是善的。他指出"人性之善也,犹水之就下也;人无有不善,水无有不下",说明人性是向善的。

荀子和孟子虽同是儒家,但他们在人性论这一点上却出现明显的分歧。孟子认为人性善,荀子认为人性恶。荀子的性恶论是与孟子直接相对立的。荀子指出:"礼义法度者,是生于圣人之伪,非故生于人之情性也。"其中"人之性"是人的天性或人的本性,他认为"礼仪法度"不属于"性"而是"伪"的范畴。荀子看来,人性不是人所创造的,但是可以通过人的手段而改变的。他说:"性也者,吾所不能为也,然而可化也。……注错习俗,所以化性也。"他说人性不是我们所能创造的,但却是可改变的,统治者施行教化,所以化为人性。荀子看来,人性不是固定不变的,而是因为"习俗"的影响而发生改变。

2. 道家人性自然论

道家认为“自然”是人的本性，老子“见素抱朴”，庄子“贵真”“无情”都体现了道家人性自然论[28]。

《老子》中“见素抱朴，少私寡欲”的“素”与“朴”可以看作是“性”的近义词。虽然老子没有用“性”的概念，但实际上是包含人性论思想的。根据老子“道生之，德畜之”和“为天下谷，常德乃足，复归于朴”的说法，人的无私无欲本性是作为天地万物本原的“道”所赋予人的“德”，这种本性如同“天下谷”一样空虚，如果能“少私寡欲”以保持其无私无欲的空虚状态，人就不仅不会“失德”，而且“常德乃足”，从而“复归于朴”——回归于人的原始本性。所以，老子“见素”的方法同时也就是“复朴”之道。

庄子明确地提出了“性”，并进行了明确解说：“性者，生之质也。性之动，谓之为；为之伪，谓之失。”人性，是生来就具有的资质。人性的活动就称为“为”；受伪情驱使的行为称为“失”。庄子说：“真者，精诚之至也”，“真”就是人真诚的内心。“真悲无声而哀，真怒未发而威，真亲未笑而和。真在内者，神动于外，是所以贵真也。”真的悲痛，没有哭声也哀伤；真的恼怒，不曾发作也威严；真的亲热，未曾含笑也和悦。庄子既然“贵真”也就推崇“无情”。“无情”就是永远保持着自己的真心不迷失，遇事都以真心相对，不受外来影响而假情假意。“无情”可使人“完身养生”。

中国传统人性论就是对人性本质的探讨，就是为了确定人的特质。儒家人性论多注重人的外在形式特质，这种形式来源于等级社会的“礼”，由外在形式的“礼”转化为内在形式的“仁”。而道家强调人的内在特质，并用“德”来定义人性，认为人性都来源于“道”，是“道”生万物。人类对待生命应该服从自己固有的德性。

（三）生命境界论

1. 儒家圣人观

《论语》中“圣”字出现四次，都是指具有最高道德标准的人。《孟子·离娄上》中“圣人，人伦之至也”，对圣人进行了界定，意指最出类拔萃的人。《论语·雍也》记载：“子贡曰：‘如有博施于民而能济众，何如？可谓仁乎？’子曰：‘何事于仁？必也圣乎！’”可见孔子认为“博施于民而能济众”只有圣人才能做到。据《孟子·公孙丑上》记载：“昔者子贡问于孔子曰：‘夫子圣矣乎？’孔子曰：‘圣则吾不能，我学不厌而教不倦也。’子贡曰：‘学不厌，智也；教不倦，仁也。仁且智，夫子既圣矣！’”孔子认为圣人既“仁”且“智”。但孔子又说：“君子道者三，我无能焉：仁者不忧，知者不惑，勇者不惧。”这就意味着，孔子认为圣是一种完美的人格，不仅有“仁”和“智”还要有“勇”。就是在情怀上要“仁”，在认知学识上要“智”，并且在意志上要“勇”。荀子说：“圣人者，道之极也。”荀子将圣人与道联系起来，认为圣人都是道之极致的人。

2. 道家圣人观

老子推崇的理想人物就是“圣人”。道家主张圣人应是知识与道德的统一。庄子与老子一样认为“道”应是“知”与“德”的标准。老子认为“知”应是自然之知。知的特点有三个：一是，要以“常道”为对象，老子认为：“道，可道，非常道。”道有“常道”与“非常道”之分，应以“常道”为对象。二是，“不行而知”“不出户，知天下；不窥牖，见天道。其出弥远，其知弥少。是以圣人不行而知”。三是，“知物”以“知道”为基础。庄子与老子在“知物”上的想法是不同的，庄子认为“知物”不是必须以“知道”为前提的，并且认为对具体事物进行分辨是没有必要的，因为“物无非彼，物无非是”。

《德篇》有：“上德无为而无以为；下德无为而有以为。上仁为之而无以为；上义为之而有以为。上礼为之而莫之应，则攘臂而扔之。故失道而后德，失德而后仁，失仁而后义，失义而后礼。夫礼者，忠信之薄而乱之首。前识者，道之华而愚之始。是以大丈夫处其厚，不居其薄，处其实，不居其华。故去彼取此。”可以看出老子认为“仁”与“义”都应属“德”的范畴，并且认为“礼”是天下祸乱的罪魁祸首，而“忠”与“信”是天下太平的道德根基。

孔孟认为“圣”与“仁”基本可以画等号，并且要“仁”“智”“勇”三者并有来普济天下人。老子则认为“知”“忠”“信”都应是圣人所具备的。这些都对护理人文关怀理论的构建具有启迪意义。护理人文关怀就是自爱与爱人，但行动上如何爱人就需要理论的指导。以此来看，中国传统哲学对于护理人文关怀理论的构建是十分具有价值的。

三、护理人文关怀的重要性

护理专业是面对人的，其专业性就要求护理工作人员具备人文素养。护理工作人员在工作过程中若对患者没有关爱关怀，就像没有情感的机器一样，只是医疗技术而已。

人文关怀是护理的本质要求。“护理”一词源于拉丁文“nutricius”，意为照顾、抚育、保护，与人类的诞生相伴而生。护理是提供专业性帮助的专业，所服务的对象是人，护理学专业最基本的核心价值是以人为中心，为有特定需要的人提供帮助与照护。在这个过程中有情感的涌动，散发着人性的温暖。自古以来就有“仁爱为怀”“视病吾亲”等思想，强调了对遭受疾病痛苦的人的关怀与照护，体现了医学护理专业中人性的关怀。20 世纪 70 年代，西方护理学家提出护理的本质就是关怀。护理学科的核心和精髓是人文关怀。护理学的学科性质决定了其与人密不可分的工作性质，它不仅涉及对“生物学的人”的生命健康的维护，而且兼顾“社会性的人”在心理、文化、信仰等各方面的需求。人文关怀贯穿了整个护理过程，人文关怀是护理的核心价值与精髓，是护理的最本质要求。在《自然科学史》中英国科学史学家斯蒂芬·梅森提到：“医学是人道主义思想诞生的地方”。护理的核心和内涵是关怀和照护，这两者本身就含有人文关怀的思想。现代护理学的奠基人南丁格尔说过：“护理是一门艺术，同样也是照顾人生命的一门艺术，由具备熟练技术的手、冷静的头脑与温暖的爱心组成。”“护理的工作对象不是冷冰冰的石块、木头或纸片，而是有热血和生命的人，护理工作是精细艺术中最精细的，因为，护士具有一颗同情的心和一双愿意工作的手。面对所有患者，用心去感化，用手去呵护，是护理这一职业赋予的神圣职责。”现代医学模式强调除了生理还要有心理与社会的支持，对精神关怀的重要性做出了肯定。现在不计其数的先进医疗仪器对患者生命体征进行不断的监测，使护理工作人员的处置水平更加精确、快捷，但是护理人员与患者之间真实的交流和情感的传递是不能够被先进的仪器所代替的。患者是人，需要得到作为人最起码的尊重与理解，在接受高新技术护理的同时，还要求接受护理人员的人文关怀[29]。护理学专业是人文与科学的结合，人文关怀是护理的核心，人文关怀就是要求护理人员在照护患者的基础过程中寻求与患者在情感上的共鸣，尽可能地满足患者在生理、心理、社会和精神等各方面的需求。

人文关怀是护理学专业发展的必然要求。恩格尔首次提出生物-心理-社会的医学模式，着重强调人的整体性。这个医学模式的思想是，治病救人不仅仅是诊治人自然生命层面的疾病，而是在此基础之上达到完整意义上的人的健康，就是在面对患者时不再是只关注于疾病，也要关注患者的心理。在医学模式转变的推动下，护理学进入以人的健康为中心的发展阶段[30]。从此阶段护理学的基本概念可以看出，护理人文关怀贯穿护理工作的全过程，涉及护理工作的各个方面。护理发生了根本性的变革，由片面关注人的生理因素转变为全面关注人的生理、心理与社会因素，由提供单纯的专业技术照顾转向提供具有人文关怀的专业性照护。1994 年吴袁剑云博士从国外引入了整体护理的改革方案，随后整体护理在全国各大医院推广实行。整体护理作为现代护理模式强调“以患者为中心”，为患者提供生理、心理、社会三方面的护理。这种现代护理模式蕴含了护理人文关怀的本质，人文关怀是现代护理模式的核心理念。另一方面，从医疗效益而言，在医疗过程中人文关怀可以使护理人员与患者都得到更好的发展。护理对象需要人文关怀。人类区别于其他生物是因为人类不是通过适应环境而生存,而是通过适应文化而生存。护理对象是人,所以不仅需要护理自然生命,还需要对精神生命进行照护。关怀照护对人类生存有着重要的作用,可协助满足人们的需求,可以缓解患者的紧张、焦虑、绝望等负性情绪[31]。通过和患者真诚的交流,可以使患者情绪稳定,治疗效果就会得到提高,患者恢复健康的速度也会更快。当患者失意甚至绝望时,通过对人生问题的真诚讨论,可以使患者理解人性尊严、人格力量和人的潜能,可以帮助患者恢复自尊和自强,激发患者的潜能,使其体会到勇敢使人优秀,优秀使人健康,从而促进疾病的痊愈,提高患者的生活质量,也提高患者对护理工作的满意度。护理学专业如果只停留在完成治疗任务上,就显得太无力了,护理人员应托起患者的精神世界。关怀照护对疾病的康复起着不可低估的作用,体现了护理工作的价值,对护理学科的发展具有十分重要的意义。

人文关怀是护理学教育发展的内在要求。党的十六届六中全会明确提出构建社会主义和谐社会的指导思想。构建和谐社会的关键要素是人,人的培养依靠教育。《国家中长期教育改革和发展规划纲要(2010—2020 年)》中提出了坚持以人为本、推进素质教育是教育改革发展的战略主题。不难看出,“以人为本”的理念已经深植于社会发展、教育改革发展之中。护理学教育作为教育系统的子系统,以“以人为本”的理念指导自身的发展, 而人文关怀教育则以人本主义教育思想为指导,贯彻“以人为本”的理念。由此可见,人文关怀教育是护理学教育发展的内在要求,是贯彻落实党的教育方针的具体体现[32]。党的十六届三中全会适时提出“坚持以人为本”。党的十六届六中全会审议通过的《中共中央关于构建社会主义和谐社会若干重大问题的决定》明确指出:“注重促进人的心理和谐,加强人文关怀和心理疏导。”这样的社会大环境对于护理人文关怀发展来说,既是机遇也是挑战。护理工作者可在大环境的支持下迅速提高人文修养,也可能在社会不平衡的发展中无法保持积极、健康的心态,导致自身或群体护理人文关怀能力的降低。人文关怀不仅是护理学教育问题的应有之义,更是现代大学博雅教育与通识教育的必然选择[33]。世界各地不同大学所追求的通识教育具体目标和教育理念的确存在个性化差异,但其共同追求的,都是落实在生活与工作中的人文关怀。人文的关怀是除专业技术外,决定服务品质、效果以及价值的最重要因素。大学内的护理学院,是探讨学问的地方,也是陶冶情操的地方,故而护理学院理应在培养学生具备专业的素养、关怀的情操、宏观的见识和优雅的气质等方面加大力度,引领全校通识教育与博雅文化。

人文关怀是优质护理服务的重要内容。什么是优质的护理服务,许多学者就这一问题进行了探讨,得出了一致的结论,那就是以病人为中心,深化护理专业内涵,整体提升护理服务水平。优质的护理服务不光是护理人员对患者进行了护理、救治,还有护理人员通过耐心的交流、真诚的照护、自发的关爱,给患者带来美好的感受。有学者就人文关怀的体验和患者对护理工作的满意度进行了研究,研究表明两者具有正影响关系,即患者越多地感受到人文关怀,对护理工作的满意度就越高。因此,对护理人文关怀高度重视,是提高患者满意度的有效途径。

四、护理人文关怀的现状与未来发展

护理人文关怀在当前最大的问题是在文化知识的学习中,教师传授的内容多是人文知识,而较少地普及人文关怀和培养人文素养。其实,大学人文课程如果想发挥出教育的效果,就一定要从对人的关怀开始,龙应台说过:“知识是外在于你的东西,是材料、是工具、是可以量化的‘知道’;必须让知识进入人的认知本体,渗透他的生活与行为,才能称之为素养。人文素养是在涉猎了文学、史学、哲学之后,认识到:这些人文‘学’到最后都有一个终极的关怀,对人的关怀。脱离了对人的关怀,你只能有人文知识,不能有人文素养。”因此,必须将人文关怀融入课程中,才能培养出具备人文关怀能力的专业护理人员。

(一)护理人文关怀的现状

1. 人文关怀教育流于形式

人文关怀教育在护理教育中有不可忽略的重要性,但现在的护理人文关怀教育大多是流于形式,没有深入开展护理人文关怀教育。虽然人文关怀在护理教育中有所涉及,但也只是提到,没有具体的深入,大部分的人文关怀教育只是停于表面,没有深层次的学习。人文关怀教育的教育方式比较滞后,目前仍然采用教师讲授的方式,是单向的传递人文知识的教育方式,不能得到良好的教育效果。护理人文关怀仍然是一个宏大的理想,不能做到具体的实践。

2. 人文关怀教育课程设置不够

在现在的学校教学中虽然设置了相应的人文知识课程,但总的来说人文知识课程设置不够。有关统计表明,我国护理院校除去马克思主义理论课与思想政治教育课外,人文课程的课时数占总学时的比重很低,课程设置明显不平衡,人文课程设置相对较少。20 世纪 90 年代以来,全国各大高校人文课程的设置比重虽然有所提高,但是整体上仍然很不平衡。

3. 人文关怀教育师资不足

人文关怀教育的实施主要依靠于授课教师。部分护理学专业的教师经过专业的护理学教育后任教，或是通过在临床积累经验后从事教学工作，虽然具备扎实的专业知识，但由于长期地学习医学护理的专业知识，缺少对人文知识的学习，对于学生的人文知识传授也存在一定的限制。在当代教育中，许多专业护士在校期间没有学习过有关人文科学的课程，大多数的专业护士也无法说出人文科学知识所包括的主要内容。护理学教师人文素养偏低，人文关怀能力不足，无法将专业知识与人文关怀相结合，使得护理专业教育与人文教育脱离[34]。

4. 只看到“病”，没看到“人”

由于护理工作人员工作繁忙、辛苦，且护理对象具有特殊性，使得护理工作变得机械，没有情感，护理工作人员会过多地看重专业技术的熟练与专业知识的扎实，只看到患者所患的疾病，而看不到患者作为人的本身。护理人员工作的中心多是日常护理任务，每日都以完成常规的技术操作为主要的工作内容，过于忙碌、机械。虽然近几年逐渐推行了整体护理，对健康教育的重视得到了提高，但护理人员仍然缺乏对健康教育内涵的认识[35]。健康教育只存在于表面，多数停留在卫生宣传教育的层面上，较少地考虑患者的内心想法与心理需求，因而忽略了患者的心理感受，忽视了对患者人性的关注、人格的尊重和尊严的维护。

5. 工作缺乏人文精神

由于缺乏人文素养、对人文关怀没有到位的理解，护理人员在工作中缺乏人文精神，对人文精神没有足够的认识，在工作中缺少积极性，不能自觉自发地对患者进行人性化的护理[36]。这样的情况经常出现，例如，护理工作人员由于工作繁忙，对患者的态度冷漠、生硬，工作缺乏耐心、细心、真诚。没有做到以己之心理解他人之心，不能想患者所想，不能急患者所急，这些都是缺乏人文精神的表现。

（二）护理人文关怀的发展方向

护理人文关怀的发展离不开人文关怀教育的加强，在对护理专业学生的在校教育过程中就应该让学生感受到人文关怀的力量，进而去关怀他人。若想培养学生的护理人文关怀能力，就要让学生处在一个关怀的环境中。在学生与老师之间的互相交流、互相学习过程中，让学生感受到自己内心的学习积极性能够被激发，师生之间可以彼此支持、相互分享，使学生感受到自身的价值，有助于日后学生成为护理人员时能够有关怀他人的能力。

1. 创建符合人文关怀教育的环境

人文关怀教育需要良好的环境才能更好地发展，人文关怀教育环境包括校

痛苦,情感脆弱,甚至有生命危险的患者。这不仅要求护士有扎实良好的专业素质,而且希望护理工作人员能够有关心人、尊重人的良好品德。护患沟通在临床实践中起着不可低估的作用,既是护患双方互相理解、解决问题的重要手段,也是构建和谐社会的基础。

人文关怀是护理的本质,是护理美的精髓。离开了人文关怀,护理的理论和技能就成了无源之水。南丁格尔曾说:"护士其实就是没有翅膀的天使,是真、善、美的化身。"如果没有爱与温暖的心,就算操作技能再高超,理论基础再扎实,也不能满足现代护理的要求,不能真正满足患者在心理、社会方面的需求,也就不能成为一名合格的护士,一名真正的白衣天使。然而一旦有了对患者的关爱,即使她最初没有熟练的技术和冷静的头脑,也会为了使患者得到更好的照顾而不遗余力地学习、探索、进步,最终做到德技双馨,成为真、善、美的化身。要使护理人文关怀内化于心,外化于行,不仅需要护士自身的努力,而且更需要教育者、管理者的不懈努力和探索。

第五节　护理人文关怀的相关支持理论

一、人性照护理论

人性照护理论是简·华生博士于1979年创立的,她提出"人性关怀是护理学的本质"的观点,并将护理学拓展到以"关怀整体人的生命健康"为本的人文关怀的发展阶段。"人文关怀"这一词语第一次应用就是在华生的著作《护理:关怀的哲学和科学》中。她将哲学中"以人自身的生命价值"为本的人文关怀理念引入到护理学"关怀弱势人群的生命健康"之中,揭示了护理人文关怀的精神内涵。以"关怀整体人的生命价值"为本的人文关怀理念包含着对自身生命价值的关怀。经不断完善之后,华生博士在1985年再次修订发表著作《护理:人文科学和人文照护》。华生的理论对护理的发展产生了深远的影响,她的理论在临床护理实践中起到了重要的指导作用。与此同时,随着中外文化交流的不断丰富,她的人性照护理论指导下的人性照护护理模式被引入国内,并在临床护理实践中得到广泛应用。

华生人文关怀理论包括一些重要概念及其定义、关怀因素、超越个人的关怀性关系、关怀程序、关怀瞬间和关怀情形等。

(一)主要概念

1. 人指的是人类,是有价值,可以被尊重、理解和帮助的人,人是一个整体,不只是人自然的身体，还有人的意志、精神。人应是自然生命和精神思想的融合。

2. 健康是指身体与心灵的统一。健康除了要求身体健康没有疾病，还要求有正常的社会功能，做到身体和心灵的安宁健康状态。

3. 环境包括内环境和外环境。内环境是生理的、心理的环境。外环境是内环境以外的，例如外界的变化、外界环境是否干净、人与事所带有的影响等。环境是时空中不断与人相互作用的开放系统。

4. 护理以人性照护为本质，目的是促进患者健康、预防疾病及照护患者，使患者恢复健康状态。护理是人心关怀的过程。护理是帮助患者找到自我、激发自我、促进痊愈的过程。

（二）华生关怀理论的十大要素与十大博爱程序

1. 十大关怀要素

（1）人道主义－利他主义价值系统的形成，经由施予他人及扩展对自己的认识所得到的满足感。

（2）灌输信心和希望，发挥护理人员在促进健康方面的角色作用。协助患者寻求健康行为，对患者鼓励支持，达到和谐的护患关系，这对护理和治疗过程是必须的。

（3）培养敏感的感官，对他人及自己敏感，通过自我接受，以达到自我实现的目标，护理人员能够很好地表达自己的情感，才能够帮助患者表达自己的情感。

（4）与患者之间形成良好的人际关系，建立信任、真诚、关怀的良好护患关系，能够促进患者内心正面和负面情感的表达。

（5）接受并鼓励护理对象表达积极情绪与消极情绪，分享内心想法。

（6）系统运用知识，做出决策，这对于科研、界定专业和发展护理科学知识是很重要的。将科学解决问题的原则和理念运用于护理过程中，以做出最合适的决定。

（7）促进人性化的教与学，教授患者知识，提高其自我照护能力，促进自我成长，使患者在一定程度上能提供自我护理，解决个人健康需要。

（8）提供支持性、保护性、纠正性的心理、社会和精神环境，评估和增进患者的适应能力。

（9）协助满足个人的需要，护理人员和患者都有身、心、社会及个体内在的需要。低层次需要被满足后才能达到高层次需要的满足。

（10）允许存在主义、现象主义及精神力量的存在，运用现象学方法了解患者的生活经历,了解患者观点。个人的经历决定感知,护理人员以此方式可以了解自己和他人。

2. 华生关怀理论的十大临床博爱程序

(1)拥有人道主义–利他主义的价值观,对自我及他人怀有怜悯之心、施以关怀。

(2)真诚陪伴照护对象,交往中注入信心与希望。

(3)通过悲悯情怀及行为的培育,对自己与他人的苦难敏感、敏锐。

(4)建构充满信任、关怀的人际关系。

(5)真诚倾听他人的故事,接纳其感受,无论是正面的还是负面的。

(6)以创造性和务实的姿态提出人文关怀的系统解决方案。

(7)善于运用适宜的方法对他人进行关怀教育。

(8)创造人格被尊重、疾苦被关怀、伤病被救助的精神场所与氛围。

(9)尽力协助满足每个生命的躯体、心理、灵性需求。

(10)以开放的心态面对生命的无常、神秘与神圣,接纳存在主义、现象学理论。

(三)超越个人的人际关系

华生博士理论的基础是超越个人的关怀性关系。超越个人意味着一种对他人内在生活和主观意识的关注,同时也意味着自我在特定的时刻,达到精神层面上的与更广阔宇宙的深层次连接。关怀,在此种意义上来说,已被看作是护理的道德典范,对人的最大可能的关注使护理人员进入到另一个人的生活空间,能够探测出那个人的本质情况(精神、灵魂),感触他们自身内部的状态,并以这样一种方式对这种状态做出反应:这种方式指的就是接受者一直渴望释放的主观感受和想法得到了释放。就这样,护患之间有了一种主观上的交流。在护理中简单而又复杂的人与人之间的关怀程序是一个非常基本的出发点,只有这样,一种协调的超越个人的关怀性关系才能发生。

一种超越个人的关怀性关系依靠以下几点:①保护和提高人性的尊严。②护理人员的目的和意向是确定他人情感的主观重要性。③护理人员具备认识以及准确察觉情感和他人内在状态的能力。这样可以通过动作、语言、情绪、思想、判断力、直觉等来实现。④护理人员具备评价和认识他人内心世界,以及和他人感觉相连接融合的能力。护士必须能够通过各种方式,如姿势、面部表情、动作、触碰、声音、语言及其他类似的科学的、审美的、人性的方式来表达和关注情感。患者的主观性被认为与护士的主观性同样完整和有效。因此,相互关系是护理的道德基础。⑤护理人员对自身经历及感受的认知。这样的知识和敏感性可以通过对其他文化的了解,对人文科学如艺术、戏剧的学习以及对自身良好的感知来获得。同样,它可以通过个人心理疗法、反省、自我控制机制等来促进。

这归因于护士的自身成长、成熟与发展、对自我和他人的敏感性等[39]。

(四)关怀瞬间、关怀情形

当一个护士和另一个人带着彼此独特的生活经历和人性相互作用的奇异感觉走到一起时,关怀便发生了。这某一特定时刻的相聚成为空间和时间上的焦点。这个过程超越了它自己,融入了每个人生活的历史,成为更大、更复杂生活模式的一部分。

关怀时刻包含了护理人员和服务对象的选择及行动。在关怀情景中两个人在一起有机会决定他们之间的关系以及此时的行动。如果关怀时刻是超越个人的,则每个人都会感觉到与另一个人精神层面上的连接,由此,它超越了时间和空间,创造了治愈及更深层次上人性连接的新机会。

(五)护理人文关怀要点

1. 关怀与爱是宇宙中最普遍、最伟大和最神秘的力量。

2. 人的关怀与爱的需求通常容易被忽视。尽管我们有时知道人们彼此之间需要关怀与爱,但我们常常没有这样相互给予。

3. 护理是一门关怀性的专业,其维持关怀理念及实践的能力影响人类文明的发展。

4. 我们必须自己具备关怀与爱的意愿,和善并有尊严地对待自己。

5. 在对人的健康、疾病的关注过程中,护理总是带着人性关怀的性质。

6. 关怀是护理的本质与精髓,也是护理实践最中心、最一致的焦点。

7. 在个人及团体层面上,人性关怀在健康实施系统中很少被强调。

8. 护士的关怀价值与护理已经融合。坚持关怀理念与关怀实践在社会中面临着严峻的形势。人性关怀的角色被不断发展的医疗技术、资本主义企业管理模式所影响。

9. 对护理专业来讲,从认识及临床实践方面维持并发展人性关怀是当今及未来的重要问题。

10. 关怀只有通过人际互动才能有效地实践与体现。

11. 护理对人类及社会在道德、科学方面的贡献有赖于其在理论、实践、研究方面的人性护理理念的实现。

(六)华生理论人文关怀价值在护理中的有关假设

1. 人需要关爱。

2. 护理是一个照护专业。

3. 我们应善待自身的需要。

4. 护理一直站在人文关怀立场。

5. 关怀是护理的本质。

6. 在护理实践过程中,人文关怀在患者中得到较少的应用。

7. 护士的关怀价值和护理一直没有得到足够重视。

8. 人文关怀的维持和发展是当前和今后的一个重大课题。

9. 在护患关系中,人文关怀可以被有效地展示和运用。

10. 护理的社会性、道德性、科学性在理论、实践和研究中对人类社会的贡献在于其致力于人类关怀的理想模式。

(七)华生关怀理论与护理程序

华生认为护理程序仅能满足低层次的需求,对于高层次需求及关怀因素来说,护理程序难以展示深层次的人际关系,以及在这种关系中服务对象表达出的意义。因此,华生并无护理程序的具体框架,但她用诗的形式描述了关怀在护理中是怎样发生的。

(八)华生人文关怀理论框架图

华生人文关怀理论框架图如图 1－1 所示。

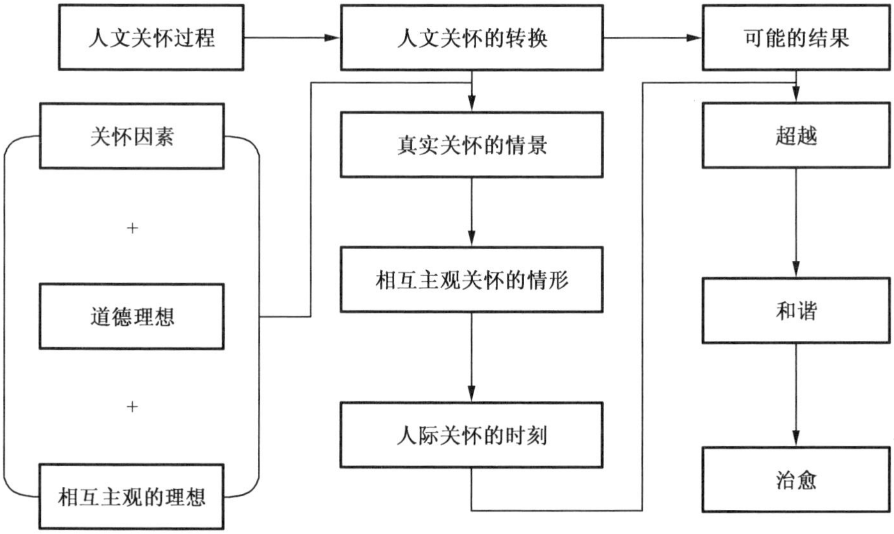

图 1－1 华生人文关怀理论框架图

二、护理“灵性”照护

护理“灵性”照护是指护理工作人员通过对患者的灵性需求或困扰进行评估,提供符合患者心理、身体的服务,通过对患者的陪伴、倾听、照护,以达到患者身、心、社会及灵性四个方面的和谐统一。

“灵性”这个词来源于拉丁语“spiritus”，它的意思是呼吸或活下去，引申为感受生命。灵性是人类的本质属性，所有个体都拥有灵性，它深入个体的心理、生理、情绪、社会道德与伦理层面，并与它们相互影响，且与个体文化价值及背景相互关联。灵性使生理、心理、社会在内的生命得以统一，根据个体的信仰不同，宗教可以包含或不包含在内。灵性照护通过帮助患者找到生命的目标及意义，陪伴患者并协助其树立正确的价值观，克服导致灵性困扰的因素，使患者处于心平气和的境界。有研究提出灵性照护的属性包括：有同情心、帮助患者寻找生命的目的和意义、心灵对话、自我超越、和谐的人际关系。

三、人际关系学说

人际关系是人类关注的主题，20 世纪 20 年代后期美国心理学家梅奥等学者进行了“霍桑试验”，不同学科领域的专业学者从不同角度提出了不同的观点。“霍桑试验”是在美国西方电器公司霍桑工厂进行的，长达九年的实验研究，揭开了组织中的人的行为研究的序幕[40]。社会学家认为，人际关系是在社会中人们直接交往而形成的社会关系；社会心理学家认为，人际关系是人与人之间心理上的关系，表示心理距离的远近；行为科学家认为，人际关系是人与人之间的行为关系，体现人们社会交往及联系的状况。护理中的人际关系主要是指人与人之间在交流互动过程中产生的在情感上的联系和心理上的距离，反映了个体或群体寻求满足其社会需要的心理状态。

人际关系是一个多方面、多角度的复杂网络系统。对于人际关系的结构类型划分标准不同，尚不统一。其中使用比较多的是：从宏观上划分为经济关系、法律关系、道德关系、宗教关系、政治关系、伦理关系等；微观上从人际关系内在的纽带来划分，可划分为血缘关系、学缘关系、事缘关系等。人际关系有以下几大特征。

一是社会性。人生活在社会中，是社会的产物，人际关系就具备社会性的基本特点。所谓社会性，指人际交往本质上是社会的，是人通过社会关系表现出来的属性，是人际关系的本质属性，它将人的群体关系与动物的群体关系区别开，把生命与自然界区别开，人际关系一定具备社会性，没有无社会性的人际关系。人际关系的社会性，首先体现在人类繁衍自然形成的家族关系与人们在赖以生存的劳动过程中结成的相互依存的社会关系，这种生存发展的自然属性就决定了人的社会性；其次，从社会发展进步过程看人际关系的社会性，现代社会人与人之间的交往更为频繁、更为迫切，交往内容更为丰富，社会的依存性表现得更为显著,人际关系的社会性也体现得更为明显。

二是复杂性。人际关系是由多个方面事物不断变化联系起来的,而且人际关系还有高度个性化和以心理活动为基础的特点。首先,人际关系构成就是错综复杂的,交往层次的纷繁复杂、交往内容的多样丰富、交往形式的变换多样,都使人际关系变得更加复杂而难以理清。其次,每个个体在现实生活中都充当着不同的角色,根据交往对象的不同而变换着不同的角色身份,这种不同人际角色的变化、众多复杂的心理和社会因素致使人际关系呈现出复杂性。

三是多重性。人际关系的特点是多因素多角色。每个人都是一个多重角色的集合,每个人在不同时期都扮演着多个角色,这种多样性的角色决定了人际关系的多重性。如人从一出生就会构成亲子等血缘关系;上学后便会形成同学、师生关系;工作后就会形成上下级、同事等关系;到了婚嫁年龄会形成恋爱、夫妻等关系。从横向看,每个人在同时期,还可能同时扮演着多种角色,同时处于多种人际关系中,作为一个自然人可能同时既为人子女也为人父母,作为一个工作角色可能既被别人所领导同时也领导着别人,每种人际关系的形成都是客观的、多重的。人际关系的多因素影响,如时间、地点、人物、环境、场景、方式等也同样造成了人际关系的多重性。

四是多变性。人际关系会随着年龄、角色、环境、条件的变化而不断发生变化。首先,人际交往是在一定的社会环境中形成的交往,社会环境的构成因素又无时无刻不处在变化中,如政治因素、经济因素、文化因素、道德因素、习俗因素、科技因素等都处于不断变化中,当社会环境中的这些因素发生变化时,人际关系也会随之发生变化。其次,人际交往的双方都是能动的主体,人际关系会随着交往主体的年龄、环境、条件的变化而发生变化,从而适应当时的情境建立恰当的人际关系,以达成有效的人际交往。

五是目的性。人际关系在建立和发展的过程中,均带有不同程度的目的。随着市场经济的推进,人际关系的目的性更为突出。人们会为了某些目的和需要,与不同的人进行交往,保持着一定的联系,以实现自己的目的。这些目的或许是兴趣爱好,或许是事业情感,无论其出于何种目的,这些目的构成了人际关系的必备因素,这就是人际关系的目的性。

四、"人本主义"理论

人本主义通常指人本学,是一种从生物学角度解释人的形而上学学说。其代表为 19 世纪德国的费尔巴哈及之后俄国的车尔尼雪夫斯基,费尔巴哈不认同唯物主义,认为唯物主义这个术语是不正确的,避免使用这个术语,因此称自己的哲学为人本主义[41]。在人本主义之前,心理学领域中占主导的人性理论有两种:一种是弗洛伊德的观点,人主要靠人性本能和攻击本能控制自己;另一种观点属于行为主义,是另一个极端,将人看作较大、较复杂的老鼠,即人和老鼠是一样的,没有任何主观的思想控制,只是对环境中的刺激做出反应。这两种理论都忽略掉了人性中的某些重要方面——例如人的自由意志和人的价值等。人本主义的理论与人性理论的观点不同,人应该对自己的行为负责任。我们有时会对环境中的刺激出于本性自动地做出反应,有时会受制于本能,但我们有自由意志,有能力决定自己的目的和行动方向。

人本主义被称为心理学的第三势力。以 20 世纪 60 年代强调个人主义和个人言论自由的时代背景,为人本主义的发展提供基础。1967 年人本主义心理学的重要人物亚伯拉罕·马斯洛当选为美国心理学会主席,这说明了心理学的人本主义思想已经被众人所接受。车尔尼雪夫斯基将他的唯物主义学说称作人本主义,并把其哲学著作命名为《哲学中的人本主义原理》。车尔尼雪夫斯基的人本主义反对把灵魂和肉体分割为两个独立的实体,反对把灵魂看作第一性的唯心主义观点。但其所指的人,只是生物学意义上的自然人,只是抽象的、一般的人,而不是社会的人。他没有联系具体历史、社会实践来研究人,因而看不到人的社会性。

人本主义心理学主要有以下观点:一是人具备责任。人们要为最终发生的事情承担责任,这是人本主义人格理论的基础,这能说明为什么人们总是说:“我不得不”,例如“我不得不听上司的命令”“我不得不写作业”“我不得不努力”,在事实上,人们不是一定要做某些事情,人们可以选择不做什么事,甚至什么也不做。在不同的时间段,这些行为只是人们的选择。弗洛伊德认为人是无法自我控制的,人本主义心理学认为这是不对的,认为人是可以自控的,他们把人看作人类生活的主动构建者,人们可以根据自己的要求自由地改变自己,如果不能改变,是因为身体的局限。二是重视此时此刻。生活中总是有很多美好的过去和无法自拔的回忆,人们总是喜欢追忆往昔的美好时光,或是一再地感受以往的痛苦或是尴尬。也总有一些人喜欢规划未来的日子,而不顾现在的生活。从一个人本主义心理学家的角度来看,每次的怀旧或是做白日梦使人失去了很多的时间,人们本应该利用这时间去感受新鲜事物,去欣赏日落或陪伴家人或是做更多有意义的事情。根据人本主义的观点,只有按生活的本来面貌去生活,我们才能成为真正完善的人。只有生活在此时此刻,人才能充分享受生活。人本主义心理学家会常常告诫人们“今天是你剩余生命里的第一天”。三是个体的现象学。人本主义心理学认为,没有人比自己更了解自己。他们鼓励人们能够克服现在所遇到的暂时的困境。四是人的成长。通过人本主义心理学的观点,生活的全部并不是让所有需要立刻得到满足。如果人们当下的全部需要都能得到满足,人们并不会感到满意或是得到幸福,而要得到满意或幸福则是永远积极地寻求发展,这就是人的"自我完善"。人本主义心理学认为,除非有困难阻碍我们,否则我们会不断朝着这种满意状态发展。人本主义治疗师允许来访者自己克服困难,继续成长。

第六节 儒家哲学视域下的护理人文关怀的一般原则

病因人而存在,护理人文关怀的中心不是病,是人。"以人为本"即是护理人文关怀的核心原则。"以人为本"是人本主义的基本哲学思想。人本主义把人看作一个完整的个体,认为人具有自然属性和社会属性。在护理领域,人本主义主要表现为"敬畏生命和尊重人性"。医学领域永恒不变的行为准则是敬畏生命,敬者敬生,畏者畏死。敬畏生命理论由法国思想家阿尔贝·施韦策最先提出,他认为应该敬畏每个人的生命,不仅应该敬畏生命的自然存在,还应敬畏生命的社会存在和精神存在。护理是与人的生命密切相关的专业性活动,护理人员必须要具备强烈的敬畏生命的意识,才可以常怀仁爱之心,认真、真诚地对待每个生命的焦虑与痛苦,并竭力实践人文关怀。人本主义的另一个重要表现是对人性的尊重。人性是在一定社会制度和历史条件下形成的人的本质,是指人的特点。尊重人性即尊重人的本质,满足人性的需求。护理人文关怀有如下几个原则。

一、包容理解

包容是海纳百川,是土地滋养种子,是天空容纳云雾,是护理人员关爱患者。包容是理解万物,是一种非凡的气度,其核心就是无条件积极关注。

(一)无条件积极关注的内涵

无条件积极关注是由人本主义心理学家卡尔·罗杰斯(Carl Rogers)提出的,它指以不评价的态度来对待人,不依据人的行为举止来判断一个人,无条件地接纳一个人。无条件积极关注立足于人的发展,尊重每一个人作为人的权利和独立性,关注人的价值,展现出人本风采。无条件积极关注重视一个人自身的需要,对人的能力有坚定信念,认为个体应该有改变自己的能力和责任[42]。罗杰斯认为无条件积极关注为个人挖掘自我潜能和实现自我提供了环境和基本条件。无条件地接纳对方,使对方发生积极变化,进而不断成长。与此同时,人在得到他人的关注和关爱的时候,也会产生对他人的关注和关爱。无条件积极关注是一种信念,即“善者,吾善之;不善者,吾亦善之,德善。信者,吾信之;不信者,吾亦信之,德信”。也就是说,善良的人,我善待他,不善良的人,我也善待他,所以他就会善良,于是一个时代的品德就归于善良了。诚实守信的人,我信任他,不诚实守信的人,我也信任他,因此他就会诚实守信,这个时代的品德就归于诚信了。

(二)无条件积极关注与护理人文关怀

无条件积极关注,指的是既接纳患者积极、正确的一面,也接纳患者消极、负面的一面;既接纳与自己相同的一面,也接纳与自己完全不同的一面;既接纳自己喜欢、赞同的一面,也接纳自己厌恶、反对的一面;既接纳患者的生活方式、价值观和行为习惯,也接纳患者的个性、认知、心理、情绪等。护理人员向患者传递的无条件积极关注,不具有任何权威性,没有“我帮助你”居高临下的傲慢态度,而是平等地关怀患者。在无条件积极关注的原则指导下,护理人员真诚的态度和对患者的信任,都可能使患者感受到自身的价值。护理人员站在患者的立场上思考并给予真情实感的回馈,真正走进患者的内心,就可以使患者感受到一种温暖人心的真情。在无条件积极关注的基础上,可以将患者与护士的情感联系起来,护患关系不断得到改善。

无条件积极关注的态度是中性的,即护士了解到了患者的某些情况但不做任何评价或者表现出任何喜恶。不可避免的是护理人员在工作中会遇到人生观、生活态度、价值观、生活方式等都可能存在巨大差异的患者。此时,护士应该尊重患者的价值观,抛开自己的价值观,不要按照自己的生活方式、态度来对患者提出要求。没有喜欢、厌恶等情绪,没有欣赏、仇恨等态度,这就是包容接纳。只有这样,患者才会感受到护理人员的理解和尊重;只有这样,患者才会对护理人员提升信任感,积极地配合护理人员的各项工作;也只有这样,才会激发患者自身的潜能,使患者逐渐恢复健康。

无条件积极关注不是怯懦也不是忍让,更不是漠视,它和积极关注、关爱患者是一致的,它强调的是尊重患者的所有感受和任何表达。

(三)运用无条件积极关注实践人文关怀案例

患者A是遵纪守法的公民,患者B是盗窃犯。这两位患者虽然属性不同,但是护理人员应该对他们一视同仁,不差别对待,以同样的态度和真诚去帮助他们。这并不是说护理人员没有道德原则,而是护理人员也要规范自己的道德行为,也能接纳每一个不一样的人。“无条件接纳”的是患者的“人”和“感受”,

而不是肯定患者的行为。

二、真诚友善

（一）真诚的内涵

真诚是指真心诚意地对待他人，坦诚相待，从心底感动他人，最终获得他人的信任。真诚是人真实、正直诚实、没有偏见。人本主义心理学注重人的心理和自我潜力的发掘，鼓励人们去实现自我。人本主义心理学家罗杰斯认为如果有三种状态条件存在的话，这种“已经存在的能力”就很有可能释放出来。三种状态其中之一就是真诚，是指一个人能够在人际交往中体验到的感情，并且愿意公开地表达的持续的情感。

（二）真诚友善与护理人文关怀

真诚是敞开心灵。旧式的护患关系中缺乏这种心灵开放，缺少信任与坦诚的态度，特别是护理人员，以专家、权威、高人一等的傲慢姿态面对患者，势必会使护患双方掩盖内心真实的感受和体验。“以人为本”的护理人文关怀需要护理人员以“真实的我”和“真正的我”面对患者，没有伪装，不把真实的自己躲藏在专业角色的后面，不戴虚假的面具。照护是工作，不是在假扮角色或例行公事，护理人员要做到表里如一、真实无妄地置身于与患者的关系之中。真诚的护理人员熟悉自己，坦然面对自己，在护患互动过程中，能够轻松地呈现真实的自己。在与患者接触的过程中友善对待患者，做任何事情都要站在患者一方进行思考，出于对患者的关心，展现出真诚善良的自己。护士可能在某些情况下会不同意患者的言行，在良好护患关系已建立的情况下，可以适度地表达对患者某些不当言行的看法，对护患关系不会有影响，反而会起积极促进作用，因为真诚、善良可以为护患关系营造安全、自由的氛围。

真诚友善更是一门艺术。真诚不是随心所欲、想自己所想、口无遮拦，将自己的想法或是要求硬加在患者身上。真诚可以分解成“真实”和“诚恳”两个部分。仅仅有真实是不够的，真实的出发点是完全不考虑他人的感受、不看全局、不从长远考虑，单纯的真实，往往会事与愿违。在执行“真”的同时，需加上“善”和“美”。有了“善”的缰绳，“真”才会变得强韧而富有弹性；有了“美”的润色，“真”才变得精彩。

真诚友善也是一种力量。充满真诚的内心是清澈的，真诚的声音是甜美的，真诚的态度是缓和的，真诚的行动是从容的，真诚的处世是优雅的。真诚友善地做事，则能克；真诚友善地做人，则能立。护理人员在进行护理工作的过程中运用正确的职业理念，本着对患者真诚、友善的态度，充满关心和爱护，同时真诚也建立在接纳自己、充满自信的基础上，这不仅能够促进患者的身心康复，推动护理事业更好地发展，还能促进自己的成长。

（三）运用真诚实践人文关怀案例

患者A喜欢用轻佻的语言语气和护理人员说话，他想要护理人员的电话号码，还时不时地触摸护士。此时护理人员的想法应是，作为专业护理人员，举止端庄是自己的职责，受到尊重是自己的权利。但是，考虑到患者正处在疾病中，所以护士回应患者时应非常谨慎，护士应真诚地和患者沟通，提醒患者护患关系是治疗性的职业关系，在这样的关系里她会为患者提供专业性的照顾，但也需要相应的尊重。

三、仁者爱人

（一）仁爱的内涵

《孝经・圣治章》："天地之间人为贵"，这充分体现了中国传统文化对人的重视，阐明了人存在的重要性以及对生命的珍视。人通仁，最初只有人字，后以二人相爱，人旁加二为仁，故仁由人而来。仁是指人与人相互联系、相互沟通，即在人的交往中体现出来的友好、善良、同情、帮助等，也是爱人之心。《仁者爱人》有："君子所以异于人者，以其存心也。君子以仁存心，以礼存心。仁者爱人，有礼者敬人。爱人者，人恒爱之；敬人者，人恒敬之。"意指人与人的相互交往过程中应该相互爱戴、相互尊重、相互帮助、相互礼敬。人存爱人之心，心中有仁，即心中有人，便会得到他人的爱心、他人的礼敬。儒家思想中将仁作为最高的道德标准，在当今成为人们做一切事情的出发点，也成为人一切行为的落脚点，要承认人为万物之主，在一切的行为活动中都将人置于事物之上，实行人道主义，在如今的生活中也强调人文关怀与人性化的服务，将儒家思想之仁融入人们的行为生活，也应该是护理人文关怀的原则。

（二）仁爱与护理人文关怀

人本主义认为，人天性本就是善良的。当人遇到某种特定的痛苦境况时，就会自觉意识到自己与他人之间存在着某种无形的联结，牵动着内心而主动、自觉地关心他人，这与孟子所说"恻隐之心，仁之端也"的思想不谋而合。在护理实践过程中，护士具有同情、怜悯之心，体会患者的痛苦，耐心、细致、深入地了解患者病情，对患者予以足够的重视、安慰和尊重，赢得他们的信任，解除他们的焦虑。此时，护士付出的爱体现出超越知识、技术的最美的灵性。

"医者仁心，大爱无疆"。社会性是人的特点，而患者除了受到疾病所带来的身体上的痛苦外,还要受到因疾病引起的对周围的家人、朋友、环境、工作的影响。同样的患者周围的人与环境多少都要受到一些影响。尤其是患者的家人,其内心的焦虑、痛苦、担忧、无助不仅影响到他们自身的身体及精神,而且还会影响到患者的情绪,甚至会影响患者疾病的变化情况。因此,护理人文关怀的范围应跨越医院而延伸到单位、社区、社会。从关爱、博爱的内涵出发而衍生出的为患者"善而为之"的理念,是践行护理人文关怀的道德标准。同情之心与生俱来,人之初、性本善。护士的"善"体现在助人于困难之际,救人于危急之时。它是最具人文关怀和人性温暖的善行,最直接、最生动地体现了护理人文关怀。

随着社会文明程度的提高,人类对自身健康状况提出了更高、更新的要求,就是躯体无病害、心理无病态、社会适应良好。护理表现出的美是和谐美和极致美,不仅要求护理人员的学术理论美、专业技能与技巧美、服务行为美、医学环境美,而且要求维护、塑造和强化富有形体美和生命活力美感的医学人体美。护士的自身素质、专业技能、仪表言行、服务质量等美感水平直接影响患者的就医,甚至后续的诊疗质量。正如古希腊希波克拉底所说:"医术是一切技术中最美和最高尚的。"

(三)运用仁爱实践人文关怀案例

护士看到一位肿瘤晚期患者苍白的额头冒着冷汗,四肢无力,于是上前关切地说:"先生,您额头上冒汗让我感觉到您现在疼痛难忍,如果换作是我,我肯定会大声哼出来的。您是不是怕影响他人休息忍住了,这样会消耗您太多体力。我和医生商量,建议您接受适量止痛药,我们将按照三阶梯止痛法为您安排剂量。放心,小剂量的吗啡不会成瘾的。"护士的话让患者感动和惊讶,随时关注患者情况并给予关怀,也充分体现了护士"至善至美"的仁心。

四、专业科学

(一)护理学专业是科学

护理学专业的发展必须体现人文关怀的精神,而护理人文关怀更需要科学技术的支撑,这样才能真正体现科技、人、自然和社会的和谐发展。护理是体现人文关怀的职业,护理人员在实践人文关怀的时候需要善于表达对患者的尊重、关心、肯定、欣赏。灵活运用沟通技巧和传递感情的肢体语言,才能体现人文关怀的真谛,促进患者自我治愈,实现护患双方心灵的融合。

护理作为一种技术,不仅表现在照顾他人的关怀能力上,而且表现在其具有从属于技术性治疗的内涵特质上。护理人员必须为医师的诊断和治疗提供持续性支持和协助。因而护理人员在具备良好道德关怀理念的基础上，也需要有娴熟的护理技术，来实现技术性的关怀。

（二）科学是护士实践护理人文关怀的保障

护理作为一门专业，不仅需要护士具备关爱他人的能力，而且需要以科学知识体系为指导。扎实的专业理论知识是护士及时、独立发现问题，创造性地分析、解决问题的基础，是为患者提供人性化关怀护理的专业保障，是护理学专业发展的持续动力，更是护理科学与人文艺术完美结合的核心要素。

护理学知识体系的建立、护理学科的建设，需要护理人员运用科学的思维方法不断探索。作为一个专业，护理学承担着在不同场所、不同的健康疾病状况和成长－发展阶段为服务对象提供健康保障的社会重任。为了对这一社会重任负责，除了应用一些来自其他学科（如社会学、心理学和医学科学）的理论外，护理学专业还必须具备独特、可靠的知识基础，建立科学的护理理论体系，从中引申出研究假设，并对护理实践、护理学教育和护理管理起指导作用。护士实践人文关怀需要“心理学家的眼光、科学家的耐心，忘却自我，化为患者角色，陪他们笑、陪他们哭”，化为生命的参与者。

（三）运用专业知识实践人文关怀案例

一位中年白血病患者住在血液科，他是一名企业家，家庭经济条件非常优越。但是这位患者对护士挑剔，甚至语言谩骂、态度恶劣，经常向护理人员提出过分要求，也曾投诉过护士，护理人员都害怕与这位患者的接触。具备心理专业知识的护理人员明白，该患者如此无理的行为是由疾病的焦虑、愤怒和厌世导致的。患者的事业正处在一个良好的阶段，家庭经济条件也良好，却突然病重，心理上一定会感到不公平、心有不甘，所以一时心乱将愤怒发泄到护士身上。对于这样的患者，护理人员不应回避，反而应该耐心地安慰他、理解他，才能使患者情绪得到缓解。护士要从心底里理解、关心患者。

五、精益求精

（一）精益求精的内涵

精益求精是指现有的程度上已经很好了，但是还要求更好。出自先秦孔子《论语·学而》，“精”是完美，“益”是更加，“求”是追求。事情已经很好了，非常出色了，却还要追求更好，达到完美。毛泽东在《纪念白求恩》中说道：“白求恩同志是个医生，他以医疗为职业，对技术精益求精；在整个八路军医务系统中，他的医术是很高明的。”作为医疗系统中的护理工作人员也应像白求恩同志一样对医疗技术精益求精,不断提升自己。

(二)精益求精与护理人文关怀

精益求精是一种认真的学习态度。在科技不断发展的当今社会,也有很多精益求精的表现。护理学专业具备特殊性是因为其所面对的是生命,而生命又无比的珍贵,所以护理工作一定要严谨、认真。这就要求护理工作人员具备精益求精的态度。护理工作中护理的不光是人本身还有人的精神、情绪等内在因素。护理人员不光要在专业医疗技术方面严格要求自己,精益求精,还要在面对患者内在情绪、精神时,更好地满足患者的需求,精益求精。由于护理工作的严谨性,护理工作人员就要不断地增进自己的技术能力,努力练习、学习以追求更加完美的工作效果。其次,在与患者的接触过程中,不可避免的会有一些不愉快或是摩擦,这正是考验护理人员的时候,护理工作人员要如何提高自身来更好地服务患者,是护理工作人员应认真思考的问题。在每一次的护理过程中,护理工作人员都能对自己提出更高的要求,不断地挖掘自身的潜能,不仅是护理人员自身的提高,也是对于患者康复速度的一种助推。护理人员在护理过程中不断地激励自己,追求更好的医疗效果,对护理人员自身是一种成长,对患者病情是更好的治疗“有效药”。“有效药”不仅是指更有效的医疗护理促进患者的痊愈,护理工作人员在心理上给患者带来的舒服感受也是治愈患者的心理良药。精益求精给护理人员在护理工作上的不断进步带来动力,激励护理人员每一次超越曾经的自我,激发自身潜能,成为更完美的自我。精益求精是一种匠人精神,匠人精神是时代精神,是我们所有人都要学习的精神。护理工作人员应坚守初衷,不断积累,成为一名更优秀的护士,为护理的发展贡献自己的力量。

(三)精益求精实践人文关怀案例

患者入院后便由护士 A 负责每日的血压测量、服药等护理照护工作。其间护士 B 对患者进行了一次护理照护,之后在护士 A 照护的时候,患者总是表现出不喜欢、不愿意,甚至挑刺,护士 A 也因此焦虑,情绪受到影响。一天患者提出想让护士 B 照护自己,护士 A 觉得很委屈。护士 A 观察着护士 B 与患者的沟通交流,发现患者的态度有很大变化,两人的医疗技术是一样的,没有错误。后来护士 A 发现是自己在照护护理时没有关注患者,医疗操作就像例行公事,对患者就像对陌生人一样,所以使患者产生了截然不同的两种态度。护士 A 深刻反省了自身的问题,在原有的基础上学习更好地与患者接触,动作轻柔,关注患者,最后与这位患者的和谐相处,使自己成为了一名更优秀的护士。这就是精益求精,对他人对自己都是更好的结局。

第七节　儒家哲学视域下的护理人文关怀的基本方法

一、语言关怀

语言是传递信息的重要介质,是构成人际关系的纽带。语言沟通是人们表达想法、情意的主要方法,是一种以信息传递为基础功能的交流行为,分为表达和领会两部分。孔子说:“言不顺,则事不成。”可见,合适的语言沟通才能充分表达所想表达的美好思想。语言可以调和人际关系,获得信息情报,促进人与人之间的交流交际。

语言是伴随人类社会而有的产物,语言沟通分为无声语言沟通和有声语言沟通,无声语言沟通包括书信、图像等。有声语言沟通包括交谈、演讲等。护理人员与患者的语言沟通对患者恢复健康发挥着重要的作用。护理工作人员不仅应具备丰富的专业知识和熟练的医疗技能,还要学会在与患者沟通过程中应用沟通技能,这样才能使护理工作顺利开展。

(一)语言沟通原则

语言素养是一个人的基本素养之一。患者是护理工作人员语言沟通的主要对象,要具备良好的语言修养,才能够与不同年龄、性别、个性、地位的患者进行有效的沟通,提高患者对护理人员的信赖感,在良好沟通的基础上能够实现更好的护理目标。遵循目的性、情感性、规范性、尊重性、艺术性的语言沟通原则,有利于促进护患关系向更好的方向发展。

1. 目的性

语言是交流信息的主要手段,人与人之间的语言沟通都具有目的性。或是告诉别人某件事,或是请求别人为自己提供某些帮助,或是命令对方做某些事情,或是想得到某些信息,或是为了改善双方的关系。所以沟通一定要做到目的明确,有的放矢。护患语言沟通也是如此具有目的性。例如量血压时,护理人员对患者说:“请您露出手臂。”

2. 情感性

语言沟通有效进行需要有真情实感。在与患者的交流沟通过程中,要想患者所想,急患者所急,真心实意地关心患者,以患者为中心,态度和善、言语亲切,认真解决患者的问题,便能提高患者对护理人员的信赖,更好地促进护理工作的开展。例如为患者插鼻饲管时说:“您别担心,插管时我会尽量注意的。”

3. 规范性

想要正确地传达信息，就一定要用符合语言规范的正确性语言，避免沟通障碍。护理人员与患者沟通，应尽量使用口语化的语言，吐字清晰，语法规范，避免使用患者难以理解的医学术语，引起患者误解。例如为患者做灌肠时，应先解释操作，避免患者对术语“灌肠”的误解。

4. 尊重性

沟通的第一原则是尊重沟通对象。在护患沟通过程中，要待人平等，尊重患者，关爱患者，不能让患者感受到不被尊重，最不可做的就是侮辱患者的人格，应该用敬称来称呼患者，不得使用外号、床号等。

5. 治疗性

西方医学之父希波克拉底说过，医生有三件法宝，即语言 、药物、手术刀。良好的语言沟通可以帮助患者平复情绪，促进治疗。因此在与患者沟通过程中，注意使用亲切的语言，为患者营造一个温暖、关怀的治疗环境，有利于促进患者康复。例如对情绪紧张的新入院患者可以说：“您不要过于害怕担心，积极地配合治疗，您的病一定会好转的，前段时间住院的孙大爷和您情况相似，现在已经康复出院了。”

6. 艺术性

语言是一门艺术，艺术性的语言体现护理人员良好的文化修养，能拉近护患关系，使患者感到亲切。例如探视患者的时间早已到了，但是有位探望父亲的女儿，由于要去外地工作许久才能回来而迟迟不舍离开病房，护理人员可以对她说：“离别是重逢的开始，现在的分别是为了下一次的相见，您的父亲我们会善待如亲，和老人家一同等着您再来看他。”这要比强制离开的语言有效百倍。

交谈是护士语言沟通的主要类型。交谈是双方或是多方通过对话的方式，进行思想、信息、情感的交流过程。交谈是人际间最直接的语言交流方式。护理工作从始至终都贯穿着交谈，是护理工作中重要的语言沟通方式。

护理人员与患者的交谈具有特定的内容和一定的专业性，护患沟通的目的是解决患者的健康问题。可将交谈划分为评估性交谈和治疗性交谈。评估性交谈是指护理人员通过评估性交谈收集与患者相关的信息，评估出患者现存的和潜在的健康问题，交谈内容大多数涉及与患者病情相关的问题，如遗传史、生活习惯、目前健康状况等。护理人员应通过交谈找出患者健康问题的根源，了解并评估患者病情，促进患者健康问题的解决。治疗性交谈是指为了解决患者的健康问题、减轻患者的痛苦，疏解患者的心理等进行的交谈。治疗性交谈以患者为中心，目的明确，通过收集健康问题，对患者进行健康指导。

（二）语言修养

护理人员应具备语言修养，语言修养包括礼貌性、真诚性、简洁性、规范性、逻辑性、科学性、委婉性、保密性、严肃性。

1. 礼貌性

在交谈的过程中要使用礼貌用语，有利于给患者留下良好的印象，获得患者的好感，有助于改善护患关系 。例如用“请”“您”“谢谢配合”等。

2. 真诚性

真诚是交流进行下去的保障，在与患者的沟通中，真诚是必不可少的。真诚地与患者沟通，扫除患者的心理担忧，让患者对护士敞开心扉。

3. 简洁性

古人云“言不在多，达意则灵”。想表达清楚并不在于语言多而是语言简洁。简洁而有重点的语言能够使患者更好地理解护理人员的话，积极配合护士工作。

4. 规范性

护理人员在沟通时一定要注意语言的规范性，要做到吐字清晰、语意明确、用语规范、语调适宜、语速恰当。

5. 逻辑性

护理人员与患者沟通时应具有逻辑性、语意连贯、中心明确。

6. 科学性

护理人员在交谈中要坚持实事求是，保证交流内容真实、积极、客观，不可随意编造或夸大事实，更不可危言耸听，人云亦云。但要注意口语表达，避免因术语而引起的沟通障碍。

7. 委婉性

用委婉的方式与患者或其家属进行交谈，使交谈对象更容易接受护士的建议，减少护患纠纷的发生。注意一些否定句的巧妙应用，用语气词来缓和生硬的语言。

8. 保密性

护理人员一定要注意保护患者隐私，不透露患者信息和疾病情况，保护相关工作人员隐私，这些都是护士在工作中必须做到的。

9. 严肃性

护理人员与患者交谈时应从容、大方、温和、认真，才能体现护理人员的专业性，使患者产生对护理人员的信赖感。

（三）常用的沟通技巧

员根据类语言就会了解诉说者真正的想法与情感。例如护士说“请”字，语调平和，会显得客气；满载盛情语调上升，并带拖腔，便意味着满不在乎、无可奈何；而语调下降，语速短促，就会被理解为命令式的口气，怀有敌意。护士说话语速较快、口误较多，会被对方认为护士高傲；若说话声音响亮，慢条斯理，则易于被认为地位较高、悠然自得；若说话音调升高，可能是心烦意乱，情绪不稳定；说话结结巴巴、语无伦次的人会被认为缺乏自信或言不由衷；而用鼻音哼声又往往会表现出傲慢、冷漠和鄙视，令人不快。不仅如此，一个人激动时往往声音高且尖，语速快，音域起伏较大，并带有颤音；而悲伤时又往往语速慢，音调低，音域起伏较小，显得沉重而呆板。同样，爱慕的声音往往是音质柔软的，常为低音，语速慢，音调均衡而微向上，有规则的节奏以及含糊的发声；而生气的声音则往往是声大、音高，音质粗哑，音调变化快，节奏不规则，发声清晰而短促。

三、非语言关怀

非语言沟通是指使用无声的语言进行交流，主要通过姿势动作、空间距离等，与语言沟通是相对的。人与人的沟通交流除了运用语言外，还可以运用非语言的方式进行沟通交流。中医看病“望闻问切”，这就是通过非语言沟通方式来了解患者的病情。非语言沟通在人际沟通中是必不可少的，与语言沟通发挥着同等的重要作用。在护理工作过程中恰当地运用非语言沟通，对护患有效沟通是十分有利的。非语言沟通有如下作用：

1. 表达情感

非语言沟通的主要功能是情感的表达。情绪可以表达很多个人情绪，例如生气或快乐、紧张或放松、软弱或坚强、抑郁或兴奋。如老友许久不见，用握手或拥抱来表达激动和喜悦的情绪；孩子生病了，母亲在床边等着，皱着眉头，表示心情焦虑、担忧等。

2. 代替语言

有时即使一方不说话，也可以从非语言的交流（如面部表情、行动）中看出他的意思。这时，非语言符号扮演了取代语言符号来表达意义的角色。心理学家提出情绪表达 =7% 的语言 +38% 的声音 +55% 的表情。

3. 语言沟通的辅助工具

非语言沟通使语言表达更加准确、有力、生动、具体。在同一句话中，用不同的非语言符号，表达的意义就大不相同了。例如，如果你眼神真诚地道歉并说“对不起”，对方会觉得你真的很抱歉；用恶狠狠的眼神盯着某人说“对不起”，显然让人觉得对方很虚伪。

4. 控制语言

在交流中，有很多非语言的暗示，如点头、摇头、皱眉头、变音等。护理人员可以通过观察和使用这些非语言的暗示来控制沟通过程。例如，在交流中，患者左看右看，他的眼睛总是看其他地方。这意味着护理人员应该改变话题或及时停止说话，因为此时患者可能对谈话内容不感兴趣或不理解。

5. 体现人际关系

非语言交流可以显示双方关系是否密切。如果两个人手拉手地谈笑风生，就表示出他们的关系亲密；两人相距甚远，又彬彬有礼，显示出他们彼此并不了解。在护理工作中，要把握适当的空间距离，用适当的言行来体现对患者的关心和爱护，不要用沉默的语言拒人千里之外，让患者感到被冷落。

眼睛是心灵的窗户，眼睛的表达在交流中起着关键的作用。人们内心深处的感觉和秘密，极其微妙的想法和情感，很难用语言来表达，总是不经意地暴露在易变的眼神中。患者伤心时，眼睛可能含着泪水；患者焦虑时，眼神可能飘忽不定；当患者不说实话或隐瞒什么的时候，瞳孔可能被放大，视力可能出现偏差。因此，当护士与患者沟通时，应留意患者眼睛的变化，以了解患者的心理。同样，护士凝视患者的眼睛是一种尊重、诚实和信任。当我们看着对方的眼睛说声“谢谢”时，我们更加真诚；当我们看着对方的眼睛说承诺的时候，我们有更多的责任和信心。当然，这种凝视不是盯着对方，它会显得愚蠢或很凶，凝视应该是安静和平静的。

面部表情也是一种人文关怀。John Nemuro 在《回忆罗斯福》中写道：“在短短 20 分钟内，他的表情是奇怪的、好奇的、惊讶的、焦虑的、同情的、坚定的、庄严的，令人难以置信的迷人。但他一句话也没有说。”面部表情是非语言交流最丰富的来源。从内心来说，面部表情可以反映出人们的各种情绪。患者的表情能清楚地反映出他的愤怒、恐惧、厌恶、悲伤、惊讶和幸福这六种人类最基本的情感，并且容易被察觉。如果护士能敏锐地观察患者的面部表情，她就能了解患者的心理状况。患者皱起眉头可能是在悲伤，脸上的笑容可能是快乐的。护士的表情应随着患者的快乐、愤怒、悲伤而改变，以表达对患者的关切和共情。

身体姿势和手势是非语言交流的重要方式。所有的护士和患者都使用肢体语言，无意中传达他们是否愿意交流或自己的感觉。身体姿势：患者的身体可能向前倾斜，表示对护士所说的内容感兴趣，而交叉的双腿表示自我保护，腿部颤抖可能是紧张或不耐烦，或表示封闭的沟通状态。与患者沟通时，护理人员需要注意患者的身体姿势，也要注意自己的身体姿势。听患者说话时，身体稍微向前倾斜，表现出对患者的尊重，注意患者所说的内容。手势：手和手臂的动作可以用来传达很多信息。在与他人交流时,张开手臂的姿势代表着坦诚和诚实。交叉的手臂和交叉的手表示在谈话中对透露个人信息的保留。双臂交叉也能传达一种希望被保护的感觉。患者的感觉可以用手和手臂的动作来表达。同样,护理也可以通过手势语言传递信息,例如使用开放式手势语言,可以表达护士对理解患者想法的热情和渴望。

不同的身体距离代表着两个人之间的关系。一般来说,演讲之间的公共距离为3.6 m或以上;日常生活和工作距离为1.2~3.6 m;两个普通朋友之间的距离为0.9~1.2 m;亲密朋友之间的距离有时小于50 cm,并可能有身体接触。护士为了完成护理工作或治疗工作,往往必须与患者更亲密。如果时间允许,最好的办法是在第一次见面时询问患者可以接受的距离是多少,或者至少告诉患者会发生什么样的接触。这将使患者准备好接受他们想要改变的距离,也将使患者对周围的环境和需要做的护理工作有一种可控的感觉。正确使用身体距离也能反映护士对患者的照顾。患有焦虑或精神疾病的患者通常需要更多的空间来感到舒适。疼痛的患者或经历过疼痛的患者往往需要护士更贴近地接触他,如果情况允许,握住患者的手或温柔地抚摸患者,可使患者在紧张状态下感到放松。

许多信息可以通过触摸来交流。触摸是护理工作中常用的一种非语言交际方式。它可以超越语言和年龄限制。身体接触可以表达一种对人的爱。触摸是情感交流的有力工具。在适当的时候,触摸可以表达关切,减少患者的焦虑,增强护理人员与患者之间的关系。例如,当一位孕妇的子宫强烈收缩时,握住分娩患者的手可以给她照顾和支持。在做各种侵入性的治疗手术或在疼痛的时候抚摸患者,可以与患者建立信任关系。然而,僵硬的抚摸可能被误解为一种控制和敌意的信息。在一些患者的认知中,触摸被认为是性行为,必须在这些患者面前保持谨慎,必要时解释触摸的意思,以免被误解。一般来说,如果不是为了患者的身体护理,触摸高于肘部的部位会使一些患者感到困惑。仔细评估接受者对空间的需求和他们对触摸需求的反馈,可以有效避免由此造成的尴尬和不便。

四、影响护理人文关怀的因素

1. 护理人员没有从根本上改变他们的观念。护理人员的观念比较陈旧,缺乏人文关怀意识,有些人甚至认为人文关怀只是心理关怀和健康教育。护理人员对护理人文关怀缺乏全面深入的认识,没有意识到人文关怀和护理质量是紧密联系在一起的。护理人员对护理人文关怀的重要性认识不足,导致护理人文关怀的重视程度不够。一方面,由于长期传统生物医学模式和现行制度下技术优势的影响,阻碍了人文关怀的全面实现;另一方面,护理人员的服务理念和行为与其对护理理念的理解之间存在着差距,使得护理人文关怀的实践难以实现。人文关怀的现状不容乐观。在临床上,护理人文关怀与护理人员的生活护理和技术操作是不一样的。

2. 护理人员人文关怀知识和应用技能的缺乏与我国基本护理教育指导思想、教育内容和教育方法的不足有关。首先,我国现行护理教育课程以“病”为主要教学内容,不重视人文社会知识教育,而目前的护理操作训练严格限于基本技能操作训练;其次,护理继续教育的在职训练也涉及较少的人文护理知识。医院也较少对护理人员进行专业人文知识和技能培训,更少有人探讨如何在护理工作中运用人文知识[43]。因此,护理人员对人文知识的了解较少,更不用说对人文护理技能的应用了。不了解人文关怀的内涵,就无法掌握如何在医疗过程中积极满足患者的需要。

3. 管理体制中仍然缺乏关爱的制度措施。在管理体制中,医院缺乏信用评价指标体系和相关的奖励制度,缺乏人文关怀的激励机制来引导医务人员重视人文关怀的制度建设和政策指导。在临床工作中,某些基于医院规章制度和管理者要求的行为缺乏关怀。所制定的职责、标准等并没有充分考虑到以人为本、客观的概念,与现代护理观念所倡导的患者对需求的最大满意度之间存在着距离[44]。例如,病房设施的设置并没有突出方便、安全、舒适、安静和自然的这些有利于患者的身心康复的特征。清理患者的床位、安排床头柜中的一些物品、不让危重患者探望、对患者知情权等权利的不重视,都是缺乏人文关怀的管理行为的表现。

4. 护理人员的短缺、护理技术资源的短缺、医院护理设备的短缺,都不符合新的医疗模式的要求。随着护理内涵的扩大、护理功能的变化和护理工作范围的扩大,护理人员的加班、超负荷现象十分普遍。一些琐事如清理患者的欠款、支票账户,以及其他琐碎而又令人分心的事情,消耗了护理人员大量的精力和时间。护士经常忙于技术护理,忽视患者心理和情感需求的满足。护士人数严重不足,工作量过大,直接制约和影响人性化护理的实施。护理人力资源不能得到充分保障,这对人文精神的弘扬和发展具有负面影响。

第八节　儒家哲学视域下的护理人文关怀的管理

护理人文关怀的实践目的是否达到与管理有着重要的关系。建立适当的组织结构，营造浓厚的关怀氛围，明确各级护理人员在人文关怀中的责任、工作标准、礼仪规范和流程，建立相关标准来评价护理人文关怀的效果，是管理者需要认真考虑的问题。

一、护理人文关怀的组织管理

组织结构是组织内部各种有机要素之间相互作用的联系方式或形式，以有效、合理组织成员，共同努力实现组织目标。它涉及管理范围、管理级别、组织设置、管理权力和责任的分配、管理职能的划分以及各级和各部门之间的沟通等问题。为了不断加强护理人文关怀建设，拓展护理关怀的内涵，打造护理关怀的品牌，医院应成立护理关怀管理机构。各级管理者应将人文关怀作为其重要职责。

二、护理人文关怀礼仪

(一)礼仪的概念

礼仪有广义和狭义之分。广义的礼仪是“礼遇”的同义名词，包括制度规定、生活方式、伦理作风等等。狭义的礼仪是指在人际交往过程中，对人的行为规范和仪态规范的共同认识。它是礼貌、礼仪、仪表、仪式等特定形式的统称。礼貌是指人们在交往过程中表现出尊重和友谊的行为准则，通过言语和行动来表现出尊重，例如：敬语、主动问候和感谢。礼仪是社会交往中一种尊敬、祝贺、哀悼的习惯形式。在语言、行为和仪表方面，它是一种特殊的礼貌形式。仪表是人的外在表现，包括外表、衣着等。仪式是与特别程序一起举行的正式活动，例如各种会议的开幕仪式或颁奖仪式，目的是为了表示敬意和隆重。

儒家思想中礼是人与人之间相处交往的行为规范、道德规范，不失礼于人，礼敬他人，是人与人交往之道，体现了人的社会性[45]。礼是由社会生活中风俗习惯与道德观念形成的一种礼节，是对人表示尊敬的行为动作与态度。与人见面要有端庄的仪表是礼，语言用词尊敬是礼，做事行动认真是礼。礼表现为对人的最基本的尊重，是人与人友好相处的基础。

概括地说，礼仪的完整含义包括四个方面：第一是从道德的角度来看，“道德仁义，非礼不成”，礼仪通过行为规范或准则，以表达尊重或其他含义。第二，从文化发扬和发展的角度来看，礼仪受到不同文化传统、习俗、宗教信仰和时代发展的直接影响。第三，从个人修养的角度来看，礼仪是个人知识修养和素质的外在表现。第四，从沟通的角度出发，通过社会各方遵守礼仪，实现人际关系的和谐状态。

（二）护士职业礼仪的基本要求

有得体的仪表与举止。护士的行为、外表和举止是形成“第一印象”的主要因素，会影响患者的信任和护理效果。因此，护士的服装和外表应按照审美和专业要求加以规范；在日常行为中，站姿、坐姿、线条和操作要适宜，流畅优雅，落落大方，符合美和力量的原则。在护理活动中，要稳重、敏捷、快速、不乱、忙碌而不惊慌；要克制笑声和交谈，要运用委婉、机智、注意倾听的技巧。

有良好的道德规范。尊重是礼仪的本质。护士的职业礼仪首先要求保护患者，尊重患者的生命、人格、权利和生活方式，不损害患者的自尊，保护患者的隐私和秘密；其次，我们要重视患者的需要，积极帮助患者解决困难；对患者要真诚，要诚实守信，要言行一致[46]。

有健康的精神风貌。护士是健康的信使。在患者面前，护士的基本职业礼仪是需要以健康的精神面貌来照护患者。这包括有自尊和自信，对生活保持积极的态度，保持充沛的精力和敏捷的头脑，热爱自己的本职工作。健康的精神面貌可以贯彻在护士礼仪的规范中，真正内化为日常行为和习惯。

（三）护士的仪表与服饰礼仪

仪表是指一个人的外表，包括容貌、姿态、风度等，构成了沟通的基本因素。仪容是指一个人的仪表（多就容貌而言），包括对五官的修饰和适当的发型。在人际交往中，人的外表和神态会引起交际对象的特别注意，影响对方对自己的整体评价。

仪容仪表之美有三个层次。一是自然美，即所谓的天生丽质，天生的美貌和迷人的身体。虽然从外表看人是不合理的，但良好的外表和姿态无疑会令人赏心悦目，感到快乐。二是修饰美，指根据相关规范和个人特点对外表进行必要的修饰，以增强其优点，从而塑造良好的个人形象，在人际交往中，自尊和对他人的尊重也是重要的。三是内在美。就是要不断提高艺术、道德等方面的修养，培养出一种美的情操，以给人一种美的感觉。真正意义上的外观仪表之美，应在以上三个方面高度统一，而忽视其中任何一个都是偏颇的。在这三者中，内在美是最高境界。

1. 护士服饰礼仪的原则

着装的基本原则为规范、得体，首先应学习服饰礼仪的基本原则，提高服饰礼仪修养，才能灵活应用于不同的场景。

TPO 原则：即着装要考虑到时间“Time”、地点“Place”、场合“Occasion”三个要素。这是有关服饰礼仪的基本原则之一，人们在选择服装时，要兼顾这三个因素，以获得和谐、得体的效果。①时间：一年有春、夏、秋、冬交替，一天有早、午、晚交替。在不同的时间，服装的类型、风格和造型都应该有所改变。比如冬天要穿保暖的冬装，夏天要穿通风凉爽的夏装。②地点：在室内或室外，在公司或在家，在不同的地方，着装风格应不同。如果要在家接待客人，可以穿舒适整洁的休闲服；如果要去公司或单位，穿正式的西装会显得很专业；当要外出时，应该考虑当地的传统和习俗。③场合：服装应与场合协调。例如，护士在参加专业学术会议时，应选择庄重典雅的服装；在朋友聚会、郊游等场合，应穿得轻松舒适；在亲友婚姻中，应穿得喜庆精致；等等。

适应性原则：①适合年龄。年轻人可以选择活泼浪漫的服装来体现他们的青春和活力。中年人应选择较正式的西装和套装，以休闲服的质地来表现其优雅和稳定性。②适合肤色。白皮肤的人有更广泛的衣服选择，深色和浅色都可以选择。深色皮肤的人应该选择亮而浅的衣服，如淡黄色、浅粉和乳白色来衬托肤色的明亮。黄皮肤的人应该选择蓝色或浅蓝色的衣服，这可以使黄皮肤得到衬托。③适合体型。胖人适合穿“V”领或垂直开领，有苗条感、颜色有收缩感的深色及垂直条纹的衣服都可以选择。较瘦的人可以在衣服上使用蕾丝和褶皱，并选择具有广阔感觉和大图案的亮色，以产生良好的视觉效果。

整体性原则：服装应考虑并仔细搭配，使每一部分都能相互映衬，整体上完美和谐。我们应该注意两个方面：①我们应该坚持服装本身的定制化搭配。例如，我们穿西装时应该穿皮鞋，而不是运动鞋、布鞋和凉鞋。②为了使服装的各个部分相互适应，力求表现出整体性，装饰品的选择应与服装的主色调相似或成对比。

由于医疗卫生行业的特殊要求和专业要求，护士服必须符合以下基本要求：一是端庄大方，护士着装要端庄实用，线条简单流畅，显示护士的活力和能力。二是干净整洁，干净整洁是护士服的基本要求，也是护士职业特殊素质和精神面貌的体现。三是协调，穿护士服时，尺寸、长度、型号要合适，腰带要平整、绷紧。同时注意与其他衣物的统一，如护士帽、护士鞋、工作表等，在特殊医疗情况下，应选择和搭配手术服、隔离服、防护服等特殊衣物[47]。

2. 护士服饰礼仪规范

虽然现代护士服在色彩和款式上不断更新和变化，但对护士的标准化着装要求凸显了护士对患者的服务的专业性。

护士的衣服通常是连衣裙式样和上下式样。着护士服时，必须穿合适的尺码。如果有腰带的话，应该熨平并系紧。领口、纽扣和袖口应扣整齐，禁止用胶布和别针代替纽扣。内衣的衣领、衣袖和裙子不应暴露在工作服外。站立时，护士裤裤脚前面应能碰到鞋面，后面能垂直遮住 1 cm 鞋跟[48]。夏天，穿浅色或相同的内衣,不要暴露。不要穿工作服在餐厅吃饭或进入其他公共场所。

护士鞋和护士袜应为软底、低帮、坡跟或平跟,具有舒适防滑的功能;鞋的颜色应与护士服协调一致,以白色、乳白色等浅色为主。袜子应为肉色和白色,不得使用深色;鞋子和袜子必须保持清洁,不得穿破袜子,不得在公共场合整理袜子;穿工作裙时,袜子不得露出裙脚外。

在现代护理实践中,传统护士有两种帽子:燕帽和圆帽。(1)燕帽。燕帽适用于一般工作区域的护士,如普通病房和门诊。燕边上的彩条大多是蓝色的,这是责任和尊严的象征。具有职称和职务的含义:护士长和护师是一个彩条,部门护士长和主管护师是两个彩条,护理部护士长(副主任)是三个彩条。戴燕帽时,短发不应遮住眉毛、肩膀和耳朵;长发应梳得整齐盘在后脑勺,头发装饰优雅、端庄。燕帽应平整、无褶皱,穿戴整齐、平稳,高度适中,距发际线4~5 cm。发夹应与头发或帽子颜色相同,并固定在帽子后面[49]。(2)圆帽:适用于手术室、隔离病房等,男护士一般戴蓝色或白色圆帽。戴圆帽时,所有的头发都应包括在帽内,前面没有刘海,后面没有头发。帽边应缝在头后,帽边应整齐。

为防止传染病,必须佩戴相应的口罩。戴口罩时,口罩应完全遮住口鼻,应该戴在鼻翼以上一英寸的地方,周围没有空间。吸气时在面罩中形成的负压是适合程度,以达到有效保护。口罩戴的位置应严密合适,否则不仅会影响护士的形象,而且不会起到相应的保护作用。例如,在鼻孔下面戴上口罩,给人一种宽松、随意的职业形象感。当需要进行非治疗性活动和非隔离时,不应戴口罩与患者或其他人交谈。

3. 护士的体态礼仪

体态是指人在日常生活中处于休息或活动状态时,身体各部分的协调。它是一个人的精神面貌,具有传递个人思想、情感、态度到外界的功能。英国哲学家培根说:"相貌高于色泽美,优雅而恰当的动作的美高于相貌的美。美的本质在于优雅的动作。"护士的身体美体现在日常工作的无尽多变的动作中,对患者有影响。护理工作中的姿势主要包括站、坐、走及其他护理操作中的动作行为。

(1)站姿

站姿是身体美的基础,也是保持良好举止的关键。护士的站姿要稳定、有活力、有自信。正确的姿势是:挺直的脖子,平静的眼睛,微笑,收下巴,自然的表情,挺胸收腹,肩膀放平,放松的表情。女子的手放在大腿两侧或保持在下腹前方,双腿合拢,脚呈"V"字形,脚尖距离为10~15 cm。男子的手臂自然下垂,手在大腿两侧,脚平行,与肩膀一样宽。站立时应避免各种不良姿势,如双腿抖动，靠在墙上，钩住肩膀、手和腰等，给人一种自由懒散、无精打采的感觉。

（2）坐姿

护士应端庄、诚恳、谦逊地坐着。正确的姿势是上体保持站立时上半身的姿势，右脚向后移半步。用一只手或两只手将护士制服的下端压平，然后轻轻地坐在椅子的前面1/2或2/3处。女性双膝并拢，双脚自然地放在地上，稍向内，双手交叉在腿上或双手握紧在腹部前方。男性膝盖稍微分开，双手放在膝盖上。要求是安静的，坐着的时候眼睛平视，胸部是直的。避免摇头、驼背、手放错地方、腿部乱动。从礼仪的角度看，护士的坐姿不仅要端庄，而且要注意等待尊贵的人入座才能入座。

（3）走姿

行走姿势是改变人在空间中方向的基本形式。护士应该昂首挺胸，轻快地行走，并在行走时给予人一种有活力的感觉。正确的行走姿势是向前看，保持上身站立姿势，两臂自然摆动（约30度），步态轻盈、步幅均匀、步态笔直。应注意克服弯腰行走、东西张望、鸭步或八步。引导患者行走时，护士可将右手或左手抬高到一定高度，五指并拢，行走时掌心朝上，以肘部为轴，朝向介绍目标，伸出手臂引入，行走时，上身略微转向患者的侧前方。当离开病房时，护士也应该退后一步，转身以示礼貌。当护士在狭窄的走廊里遇到其他人时，应该向其他人点头示意。在抢救患者、处理紧急情况和响应患者的呼叫时，为了加快和节省时间，可以用短暂的快速行走代替小跑。在快速行走中，护士应注意保持上半身平稳、步态自然、肌肉放松、行走轻快有序、减少脚步、快速平稳，体现护士的动态美。当向前推治疗车时，身体略微前倾。治疗车距离身体正面约30 cm。护士双手握住治疗车两侧的扶手，肘部自然放松，呈钝角，向前平稳地推进。在进入病房前停车，敲门，用手轻轻推开门，然后把车推进房间。严禁使用治疗车撞门。

（4）蹲姿

护士有时会遇到需要蹲下拿东西或操作的情况，这时应本着节力、美观的原则。如果要拿起物品，可以往物品的后面走，右脚后退半步，然后蹲下，蹲下时头和肩同站姿，注意两腿靠近，用后腿稳定重心，不要弯腰，否则会失去风度。

（5）递接物品

在交付一份文件时，护士应该面对另一方，把它交给另一方。如果使用文件夹，则应将文件夹开口对着对方。当拿笔和剪刀的时候，应把尖头指向自己。接受对方递过来的物品时，应站在座位处，双手接收，点头或致谢。

4. 护理服务礼仪

护士礼仪直接关系到护理队伍和医院的形象。护士的礼仪可以从护士的个人形象、态度和行为中体现出来，并融入职业行为中。无论是门诊护士、急诊护士、病房护士还是手术室护士，医院工作中常见礼仪的基本原则主要有以下几种：

(1)行为举止端庄大方：护士在行为举止上要尊重职业和患者。举手投足端庄大方，不仅可以增加患者对护理人员的信任，而且有助于建立相互尊重的护患关系。

(2)和蔼可亲的言语态度：护理是科学、艺术、爱的结合。护士的言语和态度直接影响患者的情绪和治疗效果。如果患者伴随着护士的微笑进入医院，并接受热情的介绍和服务，可以消除不熟悉环境造成的不安。一位具备良好语言沟通能力的护士，对患者有积极的影响。

(3)操作技术轻柔娴熟：护理技术是护理服务质量的关键。患者患病后，不仅要忍受疾病、精神压力的折磨，还要忍受各种治疗引起的疼痛。因此，护士在进行各种护理操作时，应体谅患者。操作应柔和、成熟，符合力学和美学原理。它不仅减轻了患者的痛苦和思想负担，而且增加了患者的安全感和舒适感。

(4)积极周到的护理服务：护士在护理工作中应重视积极的服务态度，这也是患者心理护理和治疗的重要组成部分。礼仪是建立在尊重的基础上的，所以只有学会换位思考，多关心，变被动服务为主动服务，才能为患者提供个性化、人性化的护理服务。

(5)严肃严谨的工作作风：护士致力于保持健康、促进健康，减轻患者痛苦。他们必须有科学严谨的工作作风和谨慎的精神。护士的每一种护理行为，哪怕是一句话和一个简单操作，都与患者的健康有关。认真严谨的工作作风是护理工作的基础。

护理操作中的礼仪规范不是统一不变的。护士应根据人员、环境和事件，区分和运用各种护理礼仪，规范并逐步将“尊重为本”等礼仪原则内化为自己的习惯性护理行为。护理操作中的操作规范如下：

(1)操作前礼仪：护士进入病房前应轻轻敲门，进入病房后，随手将门关上，礼貌向患者问好，并适当询问患者的情况和情绪。在对患者进行各种手术前，护士应进行术前核对解释。用通俗礼貌的语言解释手术目的、患者准备的必要性和手术过程中可能产生的感觉，以减少患者对手术的恐惧，获得患者的配合。

(2)操作礼仪：护理礼仪是“以患者为本”的行为准则。在手术过程中，如果涉及患者隐私，护士应及时保护，与患者沟通，询问患者的感受，以亲切和真诚的态度对待患者，并通过言语、表情和肢体语言对患者表现出真诚的关心。

(3)术后礼仪:术后及时指导、安慰、询问患者,了解患者的感受和手术效果,说明相关注意事项。尽可能快地安置患者到相应床位,可以为手术引起的疼痛提供及时的缓解。此外,护士要真诚地感谢患者的配合。

普通护理场合的服务礼仪标准要求医院的护理服务礼仪规范要体现在各种护理中。住院、出院护理及探视病房的护理礼仪形式各不相同。护士需要学习相应的礼仪标准要求。

(1)接待患者入病区:新收治的非危重患者在入院时,其第一心理愿望是有所归属。病房接诊护士应执行“3s”程序:站立(stand up)、微笑(smile)、目视对方(see);在自我介绍的基础上,进行“五一”:递一杯水,说一句温暖的话,递上一张椅子,一张住院规则,介绍一套住院指导书,尽快消除患者的陌生感,增强患者的归属感和安全感。

(2)引导患者行走时:将患者引入病房时,让患者在右侧或内侧行走。护士在患者的左边表示尊重,也有利于随时照顾患者。引导过程中不应该左右看。患者的步调是需要调整的,当遇到拐角或台阶时,应当减速;当走下台阶或走过光滑的地面时,应提醒患者,必要时应给予帮助。当护士在病房走廊遇到患者时,主动询问“是否需要帮助”,以显示护士积极服务的意识和对病人的关怀。

(3)回答患者问题时:耐心倾听,耐心回答,说话时与患者保持适当距离(60~120 cm)。保持眼神交流,最好与患者视线高度一致,显示护士对患者的尊重和护士与患者的平等;注意语言和非语言的正确使用。

(4)护上巡查病房时:护士应在早上交接班时向患者问好,并在巡查病房时主动询问患者有什么需要帮助的。

(5)陪同患者乘坐电梯时:以确保患者安全为原则。乘无人管理电梯时,护士应先进入电梯,用一只手按住开关,使电梯门不关闭,另一只手引导患者进入电梯;下电梯时,应先用手按住开关让患者下电梯;

(6)当患者表现出不礼貌的行为时:护士应保持冷静、克制的态度,不要与患者发生冲突。如果自身犯了错误,应该主动道歉;如果患者发脾气,在委婉解释之前,应该等待患者冷静后再对患者进行安抚;如果患者的行为是轻浮的,甚至是动手脚的,护士应该采取严肃的态度,并迅速回避,情节严重时,应当立即向上级报告。无论情况如何,护理人员都不应该和患者吵架或出口谩骂。

(7)出院时:对于出院的患者,护士应祝贺并感谢患者对护理工作的配合与支持。征求患者对护理工作的意见和建议;耐心指导家庭用药、饮食、日常生活、健康锻炼、出院后的复查、咨询和随访;热情地送患者到病房或电梯门口,指导患者自理,对患者说再见。说再见时,我们通常不说“再见”,相反,我们可以使用“回去的时候好好照顾自己”和“记得按时再来复查”等。

三、各级护理人员人文关怀职责

实施护理人文关怀不是只停留在理论层面，而要付诸实践。如何使之在实践中发挥作用，明确各级各类人员的人文关怀责任是非常重要的。

（一）护士对患者的人文关怀职责

1. 尊重患者。每天当你第一次见到患者时，给出一个礼貌和耐心友好的招呼，加强对患者的关怀。

2. 评估患者的护理需要，并提供相应的护理。

3. 每天花大约 5 分钟时间专门与负责的患者沟通。

4. 负责的护士可以做一些有意识的动作，例如握住患者的手，拍拍患者的肩膀，收拾整理患者的衣服或床等，让患者感受到护士的关怀。

5. 在为患者提供护理时，护士必须把患者放在心里，照顾患者的身心，而不仅仅是完成治疗和操作。

6. 当不同职责的护士交接的时候，两人同时到患者床边并介绍下一位护士，让患者感到不论任何时候护士总是在关怀他们。

7. 尊重和照顾患者的家庭成员，每天至少与患者的家庭成员进行一次良好的沟通。

8. 通过书本、网站、杂志等渠道学习基本理论知识和人文关怀的新知识。

9. 记录并与同事分享护理的案例。

10. 总结人文关怀的经验和效果，并撰写研究论文或报告。

（二）护士长人文关怀职责

1. 每天与每位患者及其家人沟通，了解他们的需要，并提供必要的帮助。

2. 对护理人员人文关怀理论知识进行评价。

3. 评估护士照顾患者的情况，并提供及时的指导。

4. 组织分享护理人员的人文关怀故事，提高护理人员的护理意识和护理人文关怀能力。

5. 组织人文关怀护理查房，结合日常护理周期，突出人文关怀的内容。

6. 定期就患者对护理或照顾的满意程度进行调查。

7. 设立人文关怀展板，为患者、护士及家庭成员提供交流的机会及平台。

8. 结合专业特点，开展特色护理服务。

9. 在部门内营造关怀的气氛，也要给护士以人文关怀，对于有特殊情况的护士，应该向上级报告。

10. 进行人文关怀研究或总结经验和成果，撰写论文和报告。

（三）护理部主任人文关怀职责

1. 通过宣传专栏、网站、会议等形式，在全院营造人文关怀的气氛，创造一个有利于促进人文关怀的环境。

2. 举办护理培训，为各级各类人员开办人文护理培训课程，并进行考核及评估，以培育及维持员工的人文关怀意识，提高自身的关怀能力。

3. 开展灵活的护理管理。

4. 成立护理护士小组，开展各种形式的活动，为不同护理人员提供护理关怀，让护士得到更多的照顾，也让他们能更好地照顾服务对象。

5. 经常到病房观察和了解护士的人道主义护理情况，及时指导护士的护理工作并对出现的问题提出解决方案。

6. 举办人文关怀经验交流会，让优秀的部门和个人介绍他们的经验，供同事学习和理解；举办人文关怀作文演讲比赛，激发护理人员做好人文关怀工作的意愿，提高护理人员的工作积极性。

7. 开展护理与人文关怀研究。组织护理人员对人文关怀进行广泛的研究，选择研究课题。科学研究、统计分析、撰写论文和发表论文。通过科学研究促进人文关怀，并与国内外同行分享人文关怀的成果。

（四）护士相互关怀职责

1. 树立利他主义价值观，具有开放的心态和帮助精神。

2. 获得并不断提高关心他人的意识、知识和技能。

3. 培养对他人的敏感性，以便认识到照顾同事的必要性。

4. 尊重同事，不在背后议论他人。

5. 与同事建立帮助、信任和关怀的关系。

6. 在同事需要的时候，应在力所能及的范围内给予其物质或精神上的帮助。

7. 学会倾听、鼓励和接受积极和消极情绪的表达。

8. 相互学习，共同进步。

9. 用赞美和鼓励的话给同事信心和希望。

10. 应给同事一些隐私空间。

（五）护士自我关怀职责

自我关怀不是自私的行为，而是接受自己、照顾自己。当一个人的心与自己建立一个良好的关系之后，也会促进自己与他人建立良好的关系。这样，我们就可以关心他人、关爱社会。首先，只有通过良好的自我关怀和身心平衡，才能具备为他人提供有效帮助的能力和精力，帮助提高工作效率和护理质量。国际绿色十字创伤医学学会已经发布了自我护理指南，并指出应该通过两种方式进行自我关怀。当向他人提供帮助或治疗时，尽量不要让自己受到伤害；其次，满足你的身体、情绪和精神需求，才能有足够的能力去保障为他人提供优质的服务。该指南的道德原则明确，强调不关怀自己是不道德的，因为完全的自我关怀可以有效地防止伤害服务对象。护士自我关怀职责内容包括以下几点：

1. 树立和提高自我保健意识。

2. 在工作中树立正确的自我保护意识，避免自伤，防止感染，利用现有资源和条件尽其所能做好职业保护工作。

3. 合理化安排工作，正确运用节力原则进行护理操作、准备材料，注意保护身体，根据自身情况使用弹力袜等物品，尽量减少或防止职业带来的身体劳损。

4. 确保良好的营养和睡眠。

5. 进行适当的运动，如瑜伽、慢跑、球类运动等。

6. 定期体检。

7. 参加旅游、亲友聚会、看电视、看电影、听音乐等休闲活动。

8. 通过深呼吸、情感交流、换位、参加心理讲座或阅读相关书籍等，及时发泄和调整不良心理或情绪，保持心理健康。

9. 努力保持良好的人际关系，包括与患者、领导、同事、家人、朋友等的关系。

10. 遇到困难和挫折时要寻求帮助。

11. 树立良好的人生观和职业动力，设定人生的短期和长期目标，不断提升自我，追求实现人的价值。

四、护理人文关怀评价

实施人性化护理是为了达到预期的目标，但能否实现这一目标，需要医疗机构建立评价部门，定期评估，并根据结果持续改进。20 世纪 60 年代末，多纳贝迪亚提倡使用结构、过程、结果三维质量评价模型评价医疗护理服务质量，并认为护理服务的结构、过程和效果三者是相互支持的。一个好的结构可以增加一个好的过程的可能性，一个好的过程也可以影响结果。随着人文关怀在护理中的应用，此模型越来越受到重视，对护理服务质量的影响也越来越大。卫生行政部门要对人性化护理的结构、过程和效果进行监控，不断提高护理水平和质量。因此，护理人文关怀的评价应从结构评价、过程评价和结果评价三个方面进行。

（一）结构评价

护理人文关怀的结构是护理人文关怀的环境属性，包括构成护理人文关怀所需的组织结构、物力和人力等。本书在此定义的基础上，综合国内外研究现状，对护理人文关怀的结构进行了研究，评价研究包括医疗机构人文关怀氛围、护士人文关怀知识、护士人文关怀质量和护士人文关怀能力评价。

1. 医疗机构人文关怀氛围评价

医疗机构人文关怀氛围是完善人文关怀组织环境的重要组成部分。有的学者采用护士组织氛围感知量表对其进行评价。该量表由候爱河等以 Stone 的组织气氛模型为理论框架自行编制而成，包含资源保障、团队行为、管理支持、质量管理、人力资源管理、循证护理支持 6 个维度，共 37 个条目。资源保障是护士感知到的可保证其正常工作的资源；团队行为是护士感知到的工作中团队合作交流，达成一致以共同完成工作的行为；管理支持是护士感知到的来自管理者的赞赏、激励；质量管理为护士感知到的医院对护理工作的质量要求和支持措施；人力资源管理反映了护士对医院是否具有合理的人员配备和后勤支持的感知；循证护理支持则反映护士感知到的医院对循证护理实践的支持。该量表采用 Likert5 级评分法，1 ~ 5 分分别表示“非常不赞同”“不赞同”“不确定”“赞同”“非常赞同”，分数越高表明护士感知到的组织气氛越好。总量表的 Cronbach’sa 系数为 0.974，各维度的 Cronbach’sa 系数为 0.888 ~ 0.930。

2. 护士人文关怀知识评价

护理人文关怀知识是指护士实施护理人文关怀行动所需的相关知识，包括护理专业知识和护理人文知识。护理专业知识是指护士感知和区分护理对象的护理需求，满足护理对象的护理需求所需要的专业知识。护理人文知识是护士认识到人的生命价值，形成护理职业价值观，体验和理解护理对象的护理需求。护理人文关怀知识可进一步细分为基础护理知识、关怀护理知识、生命伦理学知识和社会人文知识。掌握护理中的人文关怀知识是实施人文关怀的必要基础。它的评估可以通过口头提问或对试卷的回答来进行。护理人文关怀知识也融入护理人员的人文关怀质量和评价能力中。

3. 护士人文关怀品质评价

护士人文关怀品质是指护士经过特定文化教育形成的带有稳定倾向的、能够通过护理人文关怀行动体现出来的内在专业禀性或特征，包括护士的关爱情感、社会责任、人道主义思想、价值观念、意识、意志、知识、能力等专业特征的组合。第二军医大学护理学院课题组设计了护士人文关怀品质量表以对其进行评价。该量表以护士人文关怀品质结构模型为理论框架，参考国外现有的护理人文关怀测评工具，从护理人文关怀相关文献及专家访谈资料中采集条目，经两轮德尔非专家咨询和统计分析验证后形成。该量表包括人文关怀理念、人文关怀知识、人文关怀能力、人文关怀感知 4 个维度，共 29 个条目。量表采用 Likert5 级评分法，“非常不赞同”“不赞同”“不确定”“赞同”“非常赞同”分别赋值 1 ~ 5 分，得分越高提示护士人文关怀品质越好。该量表的 Cronbach'sa 系数为 0.931，各维度的 Cronbach'sa 系数均在 0.714 以上，验证性因子分析证明模型拟合良好。

4. 护士人文关怀能力评价

护士人文关怀能力是护理人员秉承人性、德性，融体力、智力、知识、观念、情感、态度、意志等为一体的内在素养，外化为自觉地、创造性地服务于患者的实际工作本领和才能。人文关怀能力是护士人文素养的重要组成部分，是综合护理能力的核心。关于护士人文关怀能力的评价，美国的 Nkongho 教授于 1990 年发表了关怀能力量表（caring ability inventory，CAI），我国的江智霞教授及其团队于 2012 年研制了基于儒家思想护理人文关怀能力问卷[50]。两量表的评价方式均为自评，通过护士评价自己是否具有与人文关怀相应的想法及行为来衡量自己的关怀能力。关怀能力量表的理论框架来自有关关怀的一些文献、作者的四大理论假说（关怀是多层次的，每个人都存在关怀的潜力，关怀能力是可学习的，关怀是可测量的）以及 Mayerof 的八大关怀评判性要素。该量表为分 3 个维度，共 37 个条目，其中认识即对关怀相关知识的认识程度，包括 14 个条目；勇气（courage）即主动关心自己、他人及处理未知情况的能力，包括 13 个条目；耐心（patience）即耐性和持之以恒的能力，包括 10 个条目。该量表采取自评方式，采用 Likert7 级评分法，总分由 3 个维度分数相加而得，分数越高，表明关怀能力越强。该量表各因素的 Cronbach'sa 系数为 0.710，复测信度为 0.64 ~ 0.80，内容效度由两名专家测定。基于儒家思想的护理人文关怀能力评价指标体系是在通过文献分析法、理论分析法、深入访谈法、扎根理论法构建的以“仁”为精神内核、以“礼”为实施载体、以“信”为行为准则、以“和”为价值取向的护理人文关怀理论模型基础上，结合德尔非专家咨询、层次分析法及问卷调查法研制的。包括一级指标 4 个，二级指标 8 个，三级指标 59 个。一级指标“仁、礼、信、和”的权重值分别为 0.441 0、0.123 6、0.311 8、0.123 6。该评价指标体系总体信度 Cronbach'sa 为 0.963，二、三级指标的 Cronbach'sa 系数为 0.639 ~ 0.886。基于评价指标体系设计的调查表，每个条目均以 10 分制计算，采用护士自评的方式进行，根据其自身实际情况选择 0 ~ 10 之间任一数字。

(二)过程评价

人性化护理过程描述了结构属性如何应用于实践,即患者直接或间接接受的人文关怀护理和其他补充活动。过程评估应该渗透到护理过程中,并且应该能够反映评估对象之间的交互,过程评估是描述项目做什么以及这些事情是如何实现的,并测试项目是否按照原始计划实现。过程评估不度量结果,但检查项目的实施是否与原始计划一致。换言之,过程评估是从实施过程的角度测试项目是否按照原计划进行。

1. 护理人文关怀督查

护理部门的人文关怀工作可以定期或不定期地进行检查。例如,了解是否实施了人文关怀培训,护士是否了解人文关怀知识,护士行为规范是否符合上述要求,护士是否履行护理职责,科室人文关怀氛围,护士长对护士的关怀,人文关怀故事科室是否共享。表扬发展良好的部门,提醒尚未实施的部门促进其改进;对存在明显问题的部门,写出改进措施并实施。

由 McDaniel 设计,于 1990 年第一次出版的关怀行为检表(caring behavior checklist,CBC)可作为护理人文关怀巡查时的评价工具,该量表不是量化关怀行为的程度和量,而是衡量护士护理过程中是否存在非专业行为。量表包括 12 个条目,每个条目由一名有经验的观察者打分,并在 30 分钟内完成,每个条目只有“有”和“无”两个选择,最后的总得分为 0 ~ 12 分,分数越高,说明可以观察到的关怀行为越多。该量表的内容效度为 0.80,12 个条目的一致性为 0.76 ~ 1.00,其中 8 个条目得分在 0.90 及以上。

2. 护理人文关怀查房

护理人文关怀查房是护理查房的一种,强调了查房过程中人文关怀的内容。其目的是使护理管理人员通过护理案例了解临床护士对患者人文关怀的具体情况,并在此基础上予以肯定或提出改进的建议。具体操作步骤如下:责任护士汇报对患者人文关怀的措施和效果;病房工作人员到患者床边检查患者,与患者沟通,了解患者情况,如评估护士是否给予患者应有的人文关怀,并指出在今后的护理工作中应加强哪些方面的工作。参加查房的人也可以提出疑问。人性化护理病房巡查可以独立进行,也可以整合到日常工作中,但其中涉及护理过程中人文关怀的规划、实施和评价。

3. 护患关怀关系评价

患者、护士及管理者之间的关怀关系复杂却富有创造性,既是过程又是结果。在临床护理实践中,关怀性的护患关系对于患者康复有积极作用。2003 年,学者 Quinn 等设计了护患关系问卷(nurse - patient relationship questionnaire,

NPRQ)，用于评测护患建立关系过程中的护士人文关怀行为，即患者评价单个护士对其从不关怀到关怀的过程，可间接反映关怀的质量。

(三)结果评价

护理人文关怀结果即过程所带来的结局表现，目的是评价护理人文关怀的实施是否成功。护理人文关怀的结果可以从服务对象结果、医务人员结果及医疗机构结果等三个方面考虑。

1. 服务对象评价

患者是护理的主要且重要服务对象，患者对护理结果的评价影响着护理质量的持续推进。同样，患者对护理人文关怀的感知及行为评价指引着护理人员去实施最能体现患者需求的人文关怀护理。因此，从患者的角度出发，护理人文关怀结果评价可以考虑患者对护理人文关怀的满意度、患者的生活质量、患者安全等。

患者对护理人文关怀的满意度结合了人文关怀与满意度定义，应指患者基于健康、疾病、生命质量等诸方面的要求而期望护理人员能表现出让他们感到安全可靠的态度和行为，并测评自己所经历的医疗关怀服务情况是否达到自身期望的程度。关于患者对护理人文关怀满意度的测评，下列一些问卷可用。这些问卷既可用于调查在院患者，也可调查出院患者；调查频率可自行确定，并根据满意度结果进行调整。

(1)关怀满意度问卷(care/satisfaction questionnaire，CARE/SAT)：1993 年，Larson 和 Ferketich 在关怀评估问卷(CARE - Q)的基础上，挑选出患者和护士认为重要的条目而发展出关怀满意度问卷。此量表共 29 个条目，分为 6 个维度：可接受的(accessible)、安慰(comforts)、期望(anticipates)、建立信任关系(develops a trusting relationship)、监督及支持(monitors and follows through)、解释及帮助(explains and facilitates)。该量表为他评量表，采用视觉模拟评分法，主要是住院患者对护士关怀行为的评价。初始测验选取了来自美国西部 4 所医院的 268 名外科术后并将在 48 小时内出院的患者，经数据分析，其 Cronbach’sa 为 0.94；其结构效度通过与 1982 年 Hinshaw 与 Atwood 改进后 Riser Patient Questionnaire 比较，Pearson 相关系数为 0.80。

(2)患者关怀感知量表(client perceplion of caring scale，CPC)：由 Anma McDaniel 设计，于 1990 年第一次出版，它用来度量患者对护士关怀行为的反应，需要与过程评价中的关怀行为列表(CBC)同时使用，用来评价整体护理的人文关怀。该量表在观察结束后由患者完成，共 10 个条目，每个条目分 6 个等级，分别用 1 ~6 分表示，最终得分为 10 ~60 分。分数越高，表明患者能感知到的护理行为越多。该量表的内部一致性信度为0.81。

(3)整体关怀量表(holistic caring inventory,HCI):由 Christine Pollack Latham 设计,作为其博士课题研究的一部分,于1996年发表。HCI 用于评价整体关怀和患者对关怀的感受,其理论框架为 Howard 的人性关怀理论的整体观。该量表使用 Likert 4 级评分法,每一个条目包括从“非常不同意”到“非常同意”。平均分为1分说明感受到关怀,2分说明可以感受到一些关怀,3~4分反映关怀水平为中至高度。HCI 有4个维度(身体、解释、精神、敏感),40个条目。内容效度由两名关怀专家测定,4个维度的 Cronbach'sa 系数分别为身体 =0.90,解释 =0.89,精神 =0.91,敏感 =0.90。

(4)Methodist 卫生保健系统护理关怀工具(methodist health care system nursing caring instrument,MHCSNCI):由 Methodist 卫生保健系统下属的护理质量指标关怀小组设计,用于调查患者对护理的满意度。其理论来源于一系列当代的关于关怀的文献和许多不同的关怀理论,该工具有20个条目,采用 Likert 7 级评分法,相关度为0.98。

(5)患者对护理服务满意度常规问卷:不同国家的卫生行政部门、各医疗机构都设有测量患者对护理服务满意度的问卷,其中大部分条目也都涉及护理人文关怀的内容。使用这些问卷调查的结果,也可以用来衡量患者感受到的人文关怀程度。

患者生活质量可作为测量患者感受人文关怀的一个远期指标。相关问卷已较为成熟并广泛应用,此处不专门进行介绍。

患者安全人文关怀的主题也包括促使患者安全,关怀理论家 Watson 的10大关怀要素中的“提供支持性、保护性、纠正性的心理、社会和精神环境”也印证了患者安全是人文关怀护理所期望达到的目标之一,因此,对于患者安全的评价也可间接反映医院护理人文关怀结果。关于患者安全的评价,国内外有较为成熟的问卷,此处不做专门介绍。

2. 护理人员评价

(1)护士工作满意度

护士工作满意度是指护士对护理工作的喜欢程度,或护士对其工作或工作经验评价的情感反应。加强人性化管理是提高护士工作满意度的关键。提高护理质量和患者满意度的关键是护士能为患者提供人性化的护理,其核心认识是护士工作满意度在一定程度上与护士的人文关怀能力有关。因此护士工作满意度的有效评价也可以反映医院人文护理的效果。关于护士的工作或职业满意度调查表明,国外有许多成熟的量表,具有较高的信度和效度。中国护士工作满意度量表，最常用的两种分别是国家卫生计生委和第二军医大学的学者陶红制定的。

国家卫生和计划生育委员会编制的护士工作满意度调查表，包括福利待遇和同工同酬、护士收入、轮班工作等，多用于全国医院开展第三方调查，以了解我国护士对护理工作的满意度，为不断改善护士的工作条件和待遇，为护理事业的有序发展打下基础。第二军医大学学者陶红通过文献综述、专家咨询、前期调查和实证研究等方法进行了自我研究，编制了护士工作满意度量表，由8个因素（管理、工作负荷、与同事的关系、工作本身、工资福利、个人成长与发展、工作接受度、家庭/工作平衡），共38个项目组成。该量表可为一系列护士工作满意度影响因素及干预策略的研究提供现实依据。根据国外的研究报告“护士工作满意度与护士离职/留用率高度相关”，该量表能够全面反映和预测护士离职/留用决策的权衡。为管理者动态了解我国护士流动/留用趋势，提高我国护士留用率提供依据。

（2）护士工作环境满意度

护理工作环境是一种通过授权使护士拥有更多自主性，对工作有控制权和责任感的工作环境。大量研究表明，护理工作环境能直接影响护士工作满意度、离职率及患者安全等。健康的护理工作环境是指能最大限度提高护士健康及幸福感、患者照护品质和组织体系性能的环境，可见，健康的护理工作环境是充满关怀元素的。研究证明，好的护士工作环境可促进护士实施关怀，因此，护士对工作环境的满意度可间接反映医院护理人文关怀结果。

关于对护士工作环境满意度的测量，国内外使用较多且权威的问卷为“盖洛普工作场所调查”问卷（Q12问卷），由基本需求、团队合作、自我成长、护士长支持4个维度构成，其Cronbach'sa系数为0.8。浙江大学医学院附属邵逸夫医院学者叶志弘将该问卷引入我国护理领域，用以测量护士对工作环境的满意度。Q12并非简单的测量工具，更是一个管理系统。它从测量和行动两个方面，把基层管理维度化，并要求每一位管理者对其所处的基层职业环境负责，根据测量结果实施针对性干预，发动基层管理者和员工积极参与改进职业环境，其核心思想就是人本管理和优势理论。

（3）护士离职率

护士离职是指护士离开医院工作环境的一个过程，包括主动离职和被动离职。护士离职引发的一系列问题已成为影响护理专业发展及护理质量的重要因素之一。一方面是护理人才的流失，使医疗护理行业面临着护理人员资源紧缺的现状，导致护理队伍不稳定，影响了护理质量和护理安全；另一方面医院花费许多精力培养一批新护士，以使其尽快适应和胜任临床护理工作，然而培养成才后却逐渐离开岗位，这给医院带来了极大的损失与严峻的挑战。据调查研究，影响护士离职行为的因素有角色冲突、期望匹配度、工作满意度、工作压力、角色模糊等。关于护士离职率的测量，多采用统计学中概率的计算方法，但近几年，越来越多学者提出用护士离职意愿代替离职行为。有研究证明离职意愿是离职行为的前置反应，评估护士的离职意愿能很好地预测哪些护士将要离职，这样医院可根据测量时所收集的影响因素，积极改善，亡羊补牢。离职意愿的评估可采用 1982 年由 Michael 等编制，经李栋荣等翻译并修订后用于中国员工的离职意愿量表，该量表共 3 个维度，6 个条目。量表采用 Likert 4 级计分法，量表总分等于各条目得分之和，总分为 6 ~ 24 分，总分越高，表示离职意愿越强，量表 Cronbach's 系数为 0.767，内容效度为 0.68。

3. 结果评价

除以上从患者及护士角度评价护理结果外，还有医疗机构的一些量化指标可以用来评价护理结果。因关怀是护理的核心，无时无刻不于护理行为中体现，因此一些可评判护理质量的指标也可作为护理人文关怀结果远期评价，具体包括患者平均住院日、患者再次择院率等指标。

第二章　护理人文关怀实践

第一节　护理人文关怀模式与实践

一、护理人文关怀模式

模式是一组关于概念之间关系的语言表述，用来说明概念之间的关系，并对它们进行初步研究。提出如何应用这些内容来解释、预测和评价各种行为结果。模式是理论发展的早期阶段，也被认为是理论的雏形。护理人文关怀模式运用一套概念和假设来阐述护理人文关怀的现状。它不仅具有护理人文关怀的目的和范围，而且抽象性较低，实用性较强，对护理人文关怀也有较好的指导和预测作用[51]。

（一）在临床护理实践中的意义

护理人文关怀模式的形成源于护理实践，是护理学者或临床护理人员针对护理学本质及护理实践中的现象加以研究，从中发现规律，进而形成的模式[52]。发展而来的关怀模式对护理工作中专业性的关怀照护实践有一定的指导作用，如运用护理关怀模式帮助护士分析护理过程中是否从整体人的角度为患者提供照护，存在哪些问题，指导护士采取有效的护理措施，解决护理问题。护理模式产生于护理实践，在临床护理实践中又得到进一步验证、应用和不断发展。

（二）在护理管理中的意义

护理人文关怀的实践不能仅依靠护理人员自发的意识和行为，需要护理管理者通过一定的策略和手段。构建基于各医疗机构特点的人文关怀护理模式并在全院范围内实施，使全体护理人员从理念上得到统一，达成共识；从方法上得到指引，成为各自行动的方向和指南，因而能起到统领作用。模式的制订与实施也是医院护理核心文化的体现，因而对医院护理品牌的凝练和树立能起到积极的作用。

二、医院护理人文关怀模式

(一)美国 Winter Haven 医院护理专业关怀模式

Winter Haven 医院建于 1926 年,是坐落于美国佛罗里达州的一家非营利性医院。Winter Haven 系统包括 Winter Haven 医院、社区血液中心、妇幼医疗中心、Winter Haven 急诊中心、行为健康中心和周围多个家庭健康中心。2010 年该医院加入了华生博士的关怀科学机构。从 1994 年开始,华生博士在该医院进行了一系列的实践探索。2003 年,华生博士在该医院发表“将人文关怀转化成患者结果”演讲;2005 年,发表“最好的心灵实践”演讲;2007 年,发表“关怀科学,神圣的科学”演讲;2009 年,发表“前往关怀护理研究的心脏”演讲;2010 年,发表“关怀创新”演讲。美国佛罗里达州的 Winter Haven 医院相信,每个人都存在潜在的自我实现的愿望,可以通过关怀性护患关系实现。他们主张人文经验和阅历的多样性,接受一个人不仅仅因为是他或她,而是因为他或她可能成为什么样的人。他们相信,他们的个人乃至社会层面的伦理和社会责任可以保护人类及其尊严。

Winter Haven 医院的护理理念是:我们相信每个人都有自我实现的潜能,它可以通过护患之间的关怀授权;我们珍视人类经验的多样性,我们接受他人,不仅仅是因为他或她的现在,也包括他或她的未来。我们相信于个人和社会而言,我们有道德和社会责任感去维护人类尊严和人类社会。我们致力于团结协作,抛开个人,将患者和患者的社会支持系统摆在第一位;通过促进和奖励临床、管理、研究、教育活动,维持我们出色的关怀关系,以实现这些信仰。Winter Haven 医院的护理人员以理论为导向,通过循证实践去实现结果,具体是以华生的十大博爱理论为基础去关怀患者、家庭、社区,承诺给予服务对象感觉安全的、最好的、高效的、满意的服务。

(二)中国台湾花莲慈济医院护理人文关怀模式

慈济基金会创办人证严法师在长期的救助经验中,获得一个关键性的启示:“疾病是痛苦的根源,贫穷的由来。”因此,证严法师认为:“慈济除了救济之外,还必须建设医院,慈善与医疗结合,从根本上终结贫病相生的恶性循环,这才是彻底的救济[53]。”1972 年,慈济贫民施医义诊所在中国台湾花莲市开设,开启了职业“医疗站”“义诊”的关怀方式。在 1984 年 4 月正式兴建医院,1986 年 8 月 17 日正式开业。慈济医院包括佛教大林慈济综合医院、花莲慈济医学中心、台北慈济综合医院、台中慈济综合医院、苏州慈济健检中心,以及海外的印尼慈济医院。医院的理念为:医院,人文为尚;以患者为中心;医病医人医心;良医良护付出当本分；医疗要普遍化。慈济有四大志业、八大法印，四大志业为慈善、医疗（如慈济医院）、教育（如慈济大学、慈济技术学院、慈济小学、慈济中学）、人文（如慈济人文志业中心、大爱电视、经典杂志、檀施会、慈济月刊、外语期刊），另加国际赈灾（如援助震区）、骨髓捐赠（慈济骨髓数据库）、社区志愿者（慈济各分支会所）、环保（如慈济环保站）四项，统称八大法印。在慈济整体人文关怀中，护理人文关怀是其非常重要的一部分。模式的主要内容：

1. 慈济护理人文关怀理念与目标

慈济护理生命关怀本质的理念是因为需要而存在，因为尊重而关爱，因为关怀而团队合心，因为付出而感恩，培育良护典范。护理部门的目标是：社区化——全人全程，深耕社区；人文化——人品典范，大爱情怀；资讯化——行动资讯，互动卫教，护理行动工作车；国际化——志为护理，全球接轨[54]。

2. 护理人文关怀素养与培养

护理人文关怀素养是指护理人员能展现医院照护环境应有的态度与礼仪，能在临床工作中表现出对病患及家属的情感，尊重、关怀病患，同时表现出对护理的认同、情感，以及开放的态度与创意等人文素养。医院环境下的护理人文素养和个人价值观有很大的关系。慈济人文即是爱的启发，爱的行动。具体说来，是通过人文素养的培养启发每个人的爱心。因为有了爱心，才能自助助人。慈济人认为，人文教育就是把人当人看，是一种生活态度、人生观、人格修养的教育，就是做人的教育[55]。在人文关怀素养的培养上，慈济护理更关注人的行动，要在行动中体现人与人之间相互尊重、爱与关怀的生命态度。慈济人认为，教育是净化社会、引导社会风气的有力工具。证严法师说医生除了要掌握专业知识之外，还应该提高道德、伦理、历史文化素质、生活修养和人文关怀素养，只有这样才能培养真正有慈爱精神的医护人员。慈济人在人文教育中采用了“以做为学，以情为学”的模式。他们相信为了做更充实的自己，要在工作中学会成长，获取经验。系统人文理论课程培训、人文个案病房巡查、护患角色交流、情景喜剧表演、撰写反思性日记、积极参与各种社区护理服务活动等形式的人文教育是提高医务人员护理能力的有效措施。

3. 人文建设

慈济人文被称为“慈济人的文化”，其核心思想为“大爱和感恩”，并贯穿于慈济的“慈善、医疗、教育、文化”四大志业中。慈济人文建设在医疗志业中尤为突显。慈济人文建设真正体现了“以戒为制度，用爱做管理”的文化精髓和“以人为本，尊重生命”的护理人文理念。

人文环境建设：慈济医院在建筑设计上力求简洁明亮，环境布局舒适合理，空间布置艺术化，病房服务家庭化，随处可见温馨提示、随手可及便民服务。病区墙壁、公共服务区等随处可见入情入理的静思语，随处可听到温婉的问候语和敬语，随处可看到被称为“慈济面霜”的微笑，病区安静无杂声，这一切都极好地营造了尊重、关爱、静心修身的慈济人文环境[56]。融合新5S理念的理想境界——无论走到哪儿，整个医院给人的印象总是整洁、安静、舒适、温馨、环保，病房、医生办公室、治疗室、洗手间等物品集现代化、实用性于一身，固定放置，合理安排，便于操作，从而大大提高了工作效率。

护理文书统一管理：所有表格放入文件盒，分类清楚，标签醒目，护士拿取方便。由书记管理，定期补充。废弃的表格反面另作他用，不随便浪费一张纸。护士长的文档整齐划一，以护理部为中心的各种资料的收集、检查、反馈制度及评价、分析等标准化管理系统相当充实和完善。资料保存完好，可追踪查阅，下发的文件护士随时在院网浏览。可全员参与质量管理，各督导对质量检查中的问题多方面寻找原因，科质控小组主动开展活动，负责把督导检查的情况反馈，并做结果分析、整改，每一次会议都保存完整资料。

家属及外来人员自觉遵守规章制度，无闲杂人群：医务人员切实做到“四轻”，能够专心做好每一件事，减少差错的发生。为患者提供休养的环境，尽快康复。这是一种精神，一种无形的资产，直接影响到医务人员的工作质量。好的工作环境可造就精益求精的学习氛围，规范化、制度化、科学化的管理氛围可营造同事间良性的竞争氛围及充分信任、和谐融洽的团队氛围。

4. 人性化护理服务

根据不同群体的需要，医院提供人性化的护理服务，如轻度阿尔茨海默病患者游戏、生活护理和自理能力的轻安居（日间病房）；不同宗教信仰患者配有不同祈祷室，癌症晚期患者配有心莲病房，以保障患者的健康、生命的尊严，我们可以看到慈济人对生命的尊重和监护。慈济的护理服务注重沟通和细节，处处体现对患者的尊重，如护士与患者的沟通，就好像是他们在和普通人沟通一样；护理操作是耐心细致的，就好像是他们在无意中做的；护理记录是详细而具体的，就好像他们在叙述常规；护理的交接是严肃而严谨的，患者的病情和治疗是全面的移交。病区环境布局和护理设施安全、方便、舒适，符合患者的需要。

5. 重视健康指导

疾病健康指导被列为服务的主要内容，有完善的健康教育规范和程序，共分为两种：个人和团体。个人宣传是对患者病情、年龄和教育水平的有目的指导。小组活动由护士长在时间、内容、教育方式等方面制定，形式多样，讲课者与听课者之间相互促进。指导手册、温馨提示等在病房里随处可见，它们种类

治疗经验的患者，并将注意力转移到一些活动场所，以便在治疗和康复过程中享受家庭和社会的温暖。2011 年 3 月 29 日，在医院领导和各部门的大力支持下，按照“构建医患和谐、以人为本”的服务宗旨，快乐驿站正式成立。其人文关怀内容如下：

1. 每周二、周四、周六和周日下午 14:30—17:00，快乐驿站对患者开放，由 4 名志愿者参加活动。每次活动前，武汉市志愿者联合会负责人都会在网上发布志愿者信息。确认登记成功后，志愿者提前 15 分钟到达，组长分工，介绍注意事项，志愿者佩戴好志愿者证件，洗手消毒后组织活动。由两名志愿者前往病房，向患者或家属宣传快乐驿站的主题活动，邀请身体状况允许的患者参加；另外两名志愿者在欢乐驿站组织主题活动，激发欢乐气氛，如唱歌比赛、象棋比赛、非赌博麻将、扑克比赛、剪纸、十字绣教学、制作宠物娃娃、讲故事比赛、魔方游戏、阅读指导、绘画、写作等。此外，志愿者也会在网上自学剪纸，向家人或患者展示剪纸，教他们如何做康乃馨和玫瑰；每年冬至的饺子活动中，患者、志愿者及护士一起工作，制作饺子。在节假日或患者的生日，由地球保护者或志愿者为患者准备精美的礼物和生日礼物。活动结束后，洗手并总结想法和经历。

2. 病房陪伴活动。每周六、日上午 9:00—11:00，由 15 名义工对指定病区的患者进行服务。队长在服务前与病房护士沟通，选择最有需求的患者，帮助他们打开水、打饭、协助如厕、陪患者聊天、陪伴在院内散步等。

3. 周末影院活动。每周五下午 15:00 使用多媒体投影仪播放，由护士或义工陪伴，组织患者及其家属前来观看电影。一般选择励志、鼓舞类电影，希望通过不同途径，采取积极、主动的应对措施促进患者成长，提高患者生活质量。

4. 节日专题活动。在元旦、五一、春节等节日到来之前，由肿瘤中心护理管理者和义工负责人共同商议、策划大型联欢活动。患者、家属、义工、护士一同表演节目，义工和护士在快乐驿站主题活动中，用布料和棉花制作礼品，绣上蝴蝶结、小星星、纽扣等，送给患者，患者都非常感动和快乐。人文关怀效果如下：

（1）快乐驿站的创建改善了患者的负面情绪。肿瘤患者确诊后往往有较严重的心理问题，尤其是恶性肿瘤患者，一般预后较差，多数患者往往不能接受患病的事实。快乐驿站创建后，定期开展丰富多彩的活动，针对肿瘤患者放、化疗不良反应中恶心、呕吐发生率高的特点，开展了养胃操锻炼；为 PICC 患者设计了功能锻炼操；为乳腺癌患者开发了乳腺功能锻炼操；也有适合大多数患者的太极拳、广场舞等运动项目，改善患者的负面情绪，为增加患者的社会适应性行为奠定基础。

（2）快乐驿站的创建增进了护患与患患之间的沟通。快乐驿站为患者提供了固定的活动场所，身患同种疾病的患者往往有更多的话题，可以交流患病感受、应对措施、成功经验等，有助于患者寻找有效的支持资源，提高对社会支持的利用度；护士利用业余时间带领患者锻炼，不仅使患者感受到来自护士的关怀，也可避免患者盲目进行自我锻炼；由家属陪伴患者锻炼或担任临时带教老师，患者可以感受到更多家人的支持，也让家属充分体验了义工的价值和快乐。

（三）湖南省肿瘤医院心灵关怀项目

研究报告表明，癌症是导致死亡的主要原因。虽然癌症的治疗水平不断提高，但无论哪种先进的技术都不能取代舒适的心灵给身体带来的修复与安宁。如何使癌症患者从生理、心理、社会等方面得到全面的护理，实现全身康复仍然是一个难题。2007 年 3 月，湖南省肿瘤医院率先在中国开展临床心理护理项目，为满足这一特殊群体的需要，为癌症患者送去更多的温暖，将心理护理模式应用于临床实践，促进这一领域的发展。临床心理护理是为患者及其亲属提供专业、全面的临床心理护理服务（情感、精神支持和帮助），旨在解决患者在疾病和死亡过程中的心理问题。其目的是教育和培训一批临床心理护理者和志愿者，通过倾听和咨询给予患者心理护理，协助治疗，促进康复，提高癌症患者的生活质量。

1. 组织结构

临床心灵关怀项目由主任委员、副主任委员和秘书组成。

主任委员：医院党委副书记。

副主任委员：护理部主任、科护士长、护理学院党总支书记及医院身心健康研究所成员。

秘书：医院护士长。

2. 人文关怀内容

在医院内建立临床心理护理服务网络。每个病房有一两名“临床心灵关怀员”。他们在日常工作中注入心灵护理，在休息时间进行心灵探访，并在疾病结束时为紧张、恐惧、抑郁和各种精神和心理问题的患者提供专业而全面的临床心理护理。护理服务包括情感支持和帮助，在医务人员与患者、家属之间架起桥梁，帮助患者和家属恢复信心，积极配合治疗，促进康复，提高患者生活质量。每月开展志愿者社区活动，临床心灵关怀小组成员深入晚期癌症患者的家中，提供临床心理护理服务，并为癌症患者及其家属提供心理支持和咨询。

建立临床心灵关怀部门，建立值班制度。从星期一到星期五，两名队员都是志愿者。早上，他们接受患者和家属的预约和咨询。下午，心理医生去病房探访患者。在星期六、星期日和节假日，他们通过电话值班，以处理患者突发心理危机事件。

3. 人文关怀效果

临床心灵关怀通过关心、关爱、心理疏导等方式，为患者提供心理支持和帮助，分担患者内心的痛苦与恐惧，缓解其家庭压力，让患者感觉到爱和温暖，平静地面对疾病和死亡，提高癌症患者的生存质量。

临床心灵关怀对提高护理服务质量和建立和谐的医患关系有重大意义。91.6% 接受过心灵关怀的患者认为，心灵关怀对健康有帮助，使他们更信任医师，对未来的医患关系趋势更乐观，对医患关系的评价更积极。这说明接受过心灵关怀的患者减轻了焦虑情绪，内心更放松，对人、对事所持的心态更乐观。这对心灵关怀师的工作给予了充分肯定。

临床心灵关怀可以有效减轻患者的疼痛和症状。对被疼痛和症状困扰的患者实施心灵关怀时，关心、陪伴患者，使用联想、转移注意力、放松等方法减轻其症状困扰和疼痛，及时观察与评估患者的疼痛程度，并及时反馈给医师，必要时给予镇痛药；按三级镇痛原则，按时按量给药，从而减少焦虑、抑郁情绪的产生，提高患者的生活质量。

第二节　临床护理人文关怀标准与具体措施

一、临床护理人文关怀标准

（一）标准的定义

国际标准化组织将标准定义为“标准文件”，即文件类标准。根据 GB/T 2000.1—2002《标准化工作指南第 1 部分：标准化及有关活动的通用术语》中的定义，本标准是“为在一定范围内获得最佳秩序，经协商一致制定并经认可机构认可的通用和重复使用的标准文件”。它将“标准化”的概念描述为“为实际或潜在问题制定通用和重用条款的活动，以便在一定范围内获得最佳顺序”。

（二）标准的作用

标准通常用于判断事物。具有标杆、约束、引导、组织、传播等功能。标准（或规范）的作用是利用标准的影响或效果。

1. 统一作用。标准是基准，所有标准用户自愿遵循其内容，不同时空标准用户的执行结果是一致的，从而实现标准内容使用的时空统一。

2. 复制作用。标准的复制功能取决于标准的内容，相当于“产品”复制的基因。本标准对重复使用的用户具有“基因”的含义。

3. 保护作用。标准以协商一致为基础，以公共福利为责任，可以跨国界实施。它不仅可以表达管理关系，还可以表达技术关系。例如，企业排放控制标准、环境管理体系标准、产品质量管理体系标准、资源开发标准的制定和实施，对保护地球环境和公共利益都起到了有效作用。

4. 连接作用。不同层次的标准将与相应层次相关联，地方标准与地方标准相关联，行业标准与行业相关联，国家标准与省市相关联，国际标准与国家相关联。标准的内容不能以单一的方式完成，通常需要社会协作和合作。标准的实施通常会产生连接性。标准连接具有广泛的功能。

5. 简化作用。制定标准的过程是一个简化的过程，使用标准的过程也是一个简化的过程。标准的使用缩小了可能的选择范围，因此标准具有简化的作用。

6. 推广作用。制定标准科学、先进、合理。这些要求使标准的内容在一定时期内具有先进性甚至前瞻性，代表了技术或管理的发展方向。此外，标准普遍得到认可、权威和可信。执行标准，就是被认可或不误入歧途。标准对用户有吸引力。

7. 累积作用。标准的制定过程是技术和管理知识的提取、固化和保存的过程。本标准选用成熟可靠的知识，经过专家组的讨论和修改，体现了专家的集体智慧。标准的形成过程是有效知识的积累过程。在知识的整个生命周期中，通过标准来积累知识，并在必要时进行修订和改进，以保持积累内容的有效性。

（三）国际护理人文关怀标准介绍

1. 2003 年国际人文关怀护理协会（IHAC）专家 Wolf 探讨了多元文化背景下的国际关怀护理标准，规定了护士对护理服务对象的关怀服务实践标准，包括如何对患者进行基本关怀、安全关怀、治疗关怀和精神关怀 4 个维度，共 42 个条目。

2. 人文关怀标准介绍

（1）基本关怀

①通过关心、关怀患者，怀着增强患者福利的意愿接触患者（家庭、群体、社区）。

②应礼貌、尊重、公正。

③应富有同情心、温和、善解人意。

④以文化敏感的方式努力。

⑤基于实践支持患者的文化。

⑥保护患者的隐私，保守患者的秘密。

⑦建立与患者相互信任的关系

⑧鼓励患者提出问题，并提供诚实的答案。

⑨确保患者理解所提供的信息。

(2)安全关怀

①监测并警惕地观察患者。

②使自己可以帮助患者。

③提供一个安全的环境，保护患者免受伤害。

④在卫生保健系统中解决问题会侵犯到患者的权利，也可能会伤害患者。

⑤通过交流和计划促进照顾者和患者之间的无缝护理和合作。

⑥及时回应患者有恶化迹象的需求。

⑦实现对患者的承诺。

⑧迅速采取行动，以减少患者的不适，减轻症状和痛苦。

(3)治疗关怀

①了解患者的故事、现状和背景。

②以真诚的方式与患者建立治疗性关系。

③体验患者的感受。

④关注患者的想法，并给予回应。

⑤提供信息并接受来自患者的反馈。

⑥维护患者的自尊。

⑦支持患者的精神和情感。

(4)精神关怀

①鼓励患者说出他/她的信仰、担忧和正面、负面的情感。

②倾听并支持患者。

③接受患者的沉默。

④回应、安抚、同情、安慰患者

⑤支持患者当即或长远的决定。

⑥尊重患者对临终关怀的意愿。

⑦帮助患者及家人度过死亡和悲伤的过程。

(四)急诊护理人文关怀标准

1. 来历

2000 年美国阿克伦通用医疗中心的 Kipp 结合急诊特点，制定了以患者为中心和以团队为中心的急诊护理人文关怀标准，包括分诊时、治疗前、治疗中、被问及延误或有关治疗问题时、患者入院和出院时等护理服务各个环节的关怀标准;并设计了五种情形的关怀护理对策。

2. 标准介绍

(1)护士能与患者、家属、医生等医院工作人员及各科室有效沟通。

(2)护士应表现出礼貌、尊重和关心。

(3)护士能提高患者的安全性和舒适性。

(4)护士的关怀应扩大到包括患者、家属、部门工作人员、医院工作人员甚至每个人。

二、患者出入院、转科护理人文关怀措施

(一)平诊患者入院护理人文关怀措施

1. 站起来迎接,热情问候,自我介绍,用关爱的话语迎接患者入院。

2. 耐心仔细地倾听和回答患者的问题,保持与患者的眼神交流,获得患者的信任。

3. 不要机械地做出反应,用爱对每个患者和家庭成员做出个性化的反应。

4. 解释住院和床位安排程序。

5. 把患者带到病床上,在10分钟内把自己介绍给患者。指导患者使用床头铃和床头灯。

6. 了解患者喜欢什么称谓,未经允许不得直呼患者或其家属的姓名。

7. 礼貌、热情地介绍餐厅、浴室、护士站和医生办公室的位置。

8. 告诉负责病床的医生和负责患者当天的护士。

9. 对患者及其家属解释探视和休息制度。

10. 温馨提示,该科室24小时供应热水,使用时,先调整蓝色冷水边,再反向调红色热水边,以免烫伤。此外,该科室还配备便利箱,包括针线包、吹风机、雨伞等。如有需要,护士站可以免费提供。

11. 在准备为患者测量体温、脉搏、呼吸和血压之前,先自我介绍,然后解释每一项测量的步骤,并确保患者及其家属理解。进行操作时应注意保暖,保护患者隐私。

12. 持续向患者解释后续护理程序和治疗设想,以确保患者了解接下来会发生什么,并消除患者的紧张和恐惧。

13. 回答问题,确保患者和家属理解护士的解释。如果护士不知道答案,请告知患者您将了解更多信息,然后给出答案或答复。

14. 每次与患者互动时,护士都应该问患者,“有什么问题或需要吗?”

15. 为患者铺床,并通知医生去看望患者。

（二）急诊患者入院护理人文关怀措施

1. 电话应在三声响内接听。接电话时，应该介绍护士的科室和护士本人。电话交谈之后，应该知道患者的主要情况。

2. 合理放置床位。

3. 准备各种应急用品、仪器和药品。

4. 通知值班医生，简要介绍待治疗患者的主要情况。

5. 当患者在紧急情况下到达病房时，护士立即就位，迎接患者并将患者安置在适当的位置。

6. 关心患者的情况和情绪状态，了解患者的受伤过程和原因（如果患者处于昏迷状态或无法配合，注意准确了解护送患者到医院的过程）。

7. 及时运用同理心技术来感受和理解患者的情绪，如指导患者说出他们的不适。

8. 减轻患者应激反应的症状，提供疾病的诊断和治疗，提供转移患者注意力的措施，降低紧张和恐惧的程度。

9. 通知值班医生看望患者。

10. 在诊疗过程中注意保护患者隐私，及时使用屏风遮挡；注意保暖，操作后及时用被子覆盖患者。

11. 每次进行操作前，解释每项措施和步骤，确保患者和家属理解。

12. 继续向患者解释下一步的护理程序和可能的治疗，以确保患者了解接下来会发生什么。

13. 有效指导患者咳嗽、咳痰，保持呼吸道通畅，必要时进行吸氧或心电图监测。

14. 安慰患者和家属，及时使用治疗性触摸，比如拍拍患者的肩膀说："不要紧张，我们会尽力让您感到舒服，请您配合好吗？"

15. 一定要问患者"有人跟您来吗？"或者"有任何需要我们可以帮助您通知。"及时介绍病床医生、护士和病房环境。

16. 向患者解释预期护理过程每个阶段的实际（具体）时间和弹性时间，避免使用"立即"和"很快"两个词。

（三）对候床患者及家属护理人文关怀措施

1. 当患者及其家属进入该科时，护士要主动热情。邀请患者及家属在等候座椅上等待，主动自我介绍，建立相互信任。

2. 与患者或家属核对住院卡上患者的基本信息，确保向患者讲话正确、礼貌。

3. 与患者及其家属保持眼神交流，与患者及其家属进行有效沟通。

4. 解释等待程序，并要求患者及其家属耐心等待，获得他们的理解。

5. 等待指导，在等待名单上登记患者信息，留下有效的联系信息，通知等待名单床位电话，提供信息支持，显示可能的床位时间，给患者希望。

6. 关心患者的现状和个人需要，必要时指导患者到急诊观察室。

7. 积极与急诊观察室联系，告知患者基本情况，为接诊做好准备，使患者满意。

8. 在预计时间内有床位时，根据患者在候诊名单上的信息，通过电话通知患者及其家属到医院，注意电话礼仪。

9. 温馨提醒患者在就床时携带个人用品、病历等物品。

（四）患者转出时护理人文关怀措施

1. 在与医生确认转移和转移到科室的原因后，患者及其家属将以护理关怀语言通知。

2. 询问患者的需求（您对其他科室有什么特殊需求吗？我们将帮助您联系，尽力满足您的需求）。

3. 电话告知接收部门患者的基本信息和个性化需求，确定转移时间（提前做好接收患者的准备）。

4. 及时处理医生的转诊医嘱，整理病历，填写转诊登记表，电脑操作转诊手续。

5. 协助患者清理物品。温馨提醒患者随身携带贵重物品，妥善保管。

6. 用关怀的语言与医生、患者及家属进行有效的沟通，根据病情需要有选择地护送患者外出，保证各种通道的畅通，保证患者使用仪器的正常运行，并提供支持和保护的环境。

7. 确保搬运工具的良好性能和患者的安全。

8. 携带患者的住院病历、转院登记簿和剩余药品（确保无遗漏），护送患者到转院。

9. 转移到其他科室时，积极介绍患者情况，与后继护士一起转移患者就寝，妥善安置患者，保护患者隐私。

10. 交接双方应交接清楚，避免遗漏。

11. 积极介绍接收部的责任护士，使患者感到轻松满意。

12. 询问患者对前科住院治疗的意见和建议，对患者不满意的地方向患者道歉，谦虚地接受患者及其家属的建议。

13. 礼貌地向患者和家人道别。

14. 填写完整的转院登记表,并向接收方护士道别。

(五)患者转入时护理人文关怀措施

1. 接受医生的指导,了解电话转诊患者的基本情况。

2. 根据患者的情况准备一张合适的床,并通知管床医生。

3. 根据患者情况,准备好必要的仪器:心电图监测、供氧设备、吸引器等,确保仪器处于良好的状态和备用状态。

4. 当患者到达时,通知医生;主动问候患者"您感觉如何?"

5. 护送患者到病床上,并采取舒适的姿势。

6. 介绍自己,以友好的态度、温和的语言、友好的表情和得体的举止来表达对患者的关心(触摸患者的头部或轻轻握手,给予真诚的照顾,"请好好休息")。

7. 测量并记录生命体征,及时安慰患者,消除其紧张情绪。

8. 帮助患者尽快熟悉环境,与患者建立良好的关系,提供家庭护理环境氛围;详细记录患者情况,移交下一班工作人员。

9. 在交接过程中,要注意保暖,保护患者的隐私。

10. 填写交接登记表,礼貌地向交接人员道别。

11. 尊重患者的意愿,选择合适的称呼。

(六)患者转运中护理人文关怀措施

1. 护送人员与患者、家属、医生等医院服务人员应有效沟通。

2. 护送人员应彬彬有礼,尊重患者。

3. 护送人员维护患者转运的安全。

4. 适当地与患者沟通,并与患者保持眼神交流。

5. 自我介绍。

6. 介绍转运目的地及途中注意事项,耐心回答患者或家属的问题。

7. 在转运过程中,应根据天气情况选择合适的转运工具,尊重患者的需要,注意患者的冷暖,保护患者的隐私。

8. 选择安全平稳的运输路线。

9. 确保运输过程中不中断必要的治疗(如输液和吸氧)。

10. 在整个转运过程中仔细观察患者的情况,并询问患者是否感到不舒服。发现问题及时处理。

11. 转运后,将患者安全地移交给接收部门,协助患者转移到病床上。

12. 向患者及其家属解释并道别,并将转运器带回科室。

（七）加床患者护理人文关怀措施

1. 尊重患者的知情权，并提前告知。

2. 真诚地向患者解释额外加床的原因，并为此道歉，以获得患者的理解。

3. 选择遮蔽处、光线充足、温暖、墙壁和安静的地点增加床位。

4. 为了使护士熟悉附加床位的位置，将附加床位按顺序排列并固定，使患者在病情发生变化时能够准确及时地就位。

5. 根据患者的情况和生活需要，合理设置床位添加设施，如信号灯、电源插座、呼叫者和心电图监测。

6. 设置屏风以保护患者的隐私。

7. 优先考虑老年人、儿童和其他有卧床危险的患者。

8. 避免为危重患者在走廊里放置额外的床。

9. 护士主动探望和照顾有加床的患者。

10. 加强医生和护士之间的沟通，加快人员流动，尽快将患者转移到病房。

11. 注重患者的治疗，根据加床的数量、危重患者比例，合理灵活安排班次，落实护理责任制。

12. 床头标志清晰。严格执行三检七对，防止差错。

13. 做好安全教育，告知患者和家属随身携带贵重物品，做好家庭咨询，减少随行人员和医院的停留时间。

14. 当被问及床位调整问题时，避免对患者说“我不是你的责任护士”或“我不能解决”，应及时向主班和上级反映，积极帮助解决；当患者的要求不能立即得到满足时，真诚地向患者道歉并解释原因。

15. 当加床患者换床时，护士负责整个换床过程。同时检查腕带、病历夹、三用单、输液卡、清单、电脑、输液袋的位置，修改床号。换床后，由另一名护士检查物品以防泄漏。

（八）患者出院时护理人文关怀措施

1. 用关怀的语言通知患者出院，及时运用移情技术、语言和行为表达对患者情感的理解，如“您好，通过这段时间的治疗，您明天可以出院了，恭喜！”

2. 出示流程卡，逐一向患者讲解出院流程。让工作人员指导患者吃药，然后问“您还有什么问题？”直到患者清楚。

3. 沟通以了解患者是否出院带药。

4. 为相应疾病患者发放健康教育卡，并提供延伸服务的“联系卡”，包括介绍科室和专家、护士负责人姓名、病房查询电话等。

5. 出院前指导。

6. 每次与患者互动时，都应该问患者“您有什么问题或不清楚的吗？”

7. 为了解患者在住院期间的感受，请患者或家属填写满意度调查表，询问患者及家属对护理服务的意见和建议。

8. 协助患者出院。

9. 填写电话回访登记表，告知患者半个月内护士将电话回访。

10. 协助患者及家属整理物品，提醒患者不要忘记物品，当面检查贵重物品。

11. 当患者离开病房时，将其送到病房门口，握手或挥手告别。帮助需要联系交通工具的患者。

12. 通过电话复诊，对患者的具体情况进行有针对性的再教育。虚心接受患者意见，按时回访，定期总结所有患者回访记录，并提出切实可行的改进措施。

（九）患者离世时对家属护理人文关怀措施

1. 允许垂死患者家属在患者身边监护，让悲痛的家属在亲属死亡前履行自己的义务，得到一些心理上的安慰。

2. 患者死亡后，护士认真做好搬运尸体准备，注意动作轻柔，表情严肃，尊重和维护死者的尊严。

3. 尊重家庭成员的风俗习惯，尽可能满足他们的合理要求。

4. 当尸体处理完成后，家人可以静静地站在床边一段时间，然后恭敬地向死者告别。

5. 在病房内设置一个房间，以减轻已故患者家属的悲痛，让他们单独或与其他家属一起表达自己的感受。

6. 协助家属妥善安置患者生前使用的物品，不得在家属面前销毁死者的物品。

三、患者诊疗中的护理人文关怀措施

（一）患者采血时护理人文关怀措施

1. 积极热情地问候患者及其家属，言简意赅，举止大方得体，获得患者的良好感觉和信任，使患者能够舒适、安全地配合采血。

2. 自我介绍，和蔼可亲。

3. 确认患者时要有礼貌。

4. 说明操作的目的和意义，消除紧张，尊重患者，获得患者及其家属的配合。

5. 选取正确的体位，注意保暖，保护隐私。

6. 准备好一切，亲切地告诉患者采血方法（使用负压真空管）。

7. 对于紧张的患者，可以让他们盯着某一物体或把头转向一边。

8. 准确选择采血点，动作轻柔。

9. 随时关注患者的感受和反应，消除紧张，解释说明采血不会影响健康。

10. 经过仔细观察，对恐惧或应激能力差的患者可采取相应的治疗措施，如饮用温水和发宣传手册让他们阅读，在旁进行心理疏导，稳定患者的情绪，使其放松紧张的心情。

11. 待其放松后，按操作流程采血。技术娴熟，进针时要做到轻、稳、准、快，争取一次成功，把患者的疼痛降到最低限度。

12. 随时关注患者的感受，及时给予安慰，如指导患者握紧拳头，放松手臂，以减轻疼痛。

13. 出血后，为患者按压止血 3 ~ 5 分钟。血液病和凝血障碍患者可适当延长按压时间，直至出血停止。

14. 分享患者的感受并肯定患者的表现。

15. 帮助患者穿衣服，并采取舒适的姿势。

16. 说明解释采血结果的时间和获取报告的方法。

17. 温馨提示患者是否可以进食等。

18. 护士应耐心倾听和解释患者的问题，不要表现出厌烦。

19. 谢谢患者的合作。

（二）患者进行 CT 检查前护理人文关怀措施

1. 护士应热情欢迎患者并自我介绍。

2. 护士应告知患者具体的预约日期和大概的等待时间，并要求患者提前到检查室门口。

3. 特殊检查应提前邀请患者进行相关准备。

4. 当患者因等待时间长而不满意时，应耐心讲解解释，避免态度粗暴。

5. 根据患者需要提供舒适的环境，确保患者的安全，保护患者的隐私。

6. 对于患有急症、危重病、70 岁以上的老人和婴儿，应优先进行筛查。

7. 穿刺留置针应根据需要使用。对刺穿失败或造影剂渗漏的患者应积极处理，并根据事实道歉。

8. 做好患者及其家属的辐射防护工作。

9. 用鼓励性语言消除恐惧、紧张、焦虑等异常心理，积极配合操作检查。

10. 与患者保持眼神接触，训练他们吸气和屏气。

11. 患者对环境不熟悉时,护士应带患者进检查室。安置好患者后,向患者询问“有什么需要我帮助的地方吗?”

(三)患者进行核磁共振检查前护理人文关怀措施

1. 护士热情欢迎患者,并自我介绍。

2. 护理人员应告知患者具体的预约日期和大概的等待时间,并要求患者提前到检查室门口进行检查。

3. 特殊检查应提前告知患者进行相关准备。

4. 当患者因等待时间过长而不满意时,护士应耐心解释,避免态度粗暴。

5. 护士应向患者详细讲解核磁共振检查的注意事项,告知患者检查过程中有噪声是正常现象,避免患者紧张。对于特别紧张的患者,护士可以陪同检查,通过握住患者的手来缓解他们的紧张。

6. 穿刺留置针应根据患者检查要求使用。对于穿刺失败或造影剂渗漏的患者应积极处理,并根据事实道歉。

7. 在帮助患者移除所有金属物品时保护患者隐私。

8. 患者对环境不熟悉时,护士应带患者进检查室。患者安顿好后,护理人员应询问患者:“有什么地方可以帮助你吗?”

(四)患者进行 B 超检查前护理人文关怀措施

1. 确保 B 超检查正确。

2. 给予患者关怀的语言,缓解患者的紧张和焦虑,使患者能够平静地接受并积极配合 B 超检查的完成。

3. 评估患者的情况、心理状况、自理能力、合作程度,倾听和理解困扰患者的问题,并给出个性化的答案。

4. 一定要问患者“有人陪您检查吗?”病情严重或活动不便者,由医护人员陪同或联系进行床边检查。

5. 耐心详细地向患者及其家属解释 B 超检查的时间、地点、预约流程、费用和目的,以确保患者了解并做出正确的预约。

6. 协助患者做好 B 超检查(空腹水、膀胱充盈、灌肠、体位协调等)准备,确保患者理解和配合。

7. 确保及时向医生提交检查报告,以便进一步诊断和治疗。

(五)患者进行 PET 检查前护理人文关怀措施

1. 与 PET 检查员及其家属进行有效沟通。①每次进行操作前,应告知患者及其家属该操作的意义和步骤,并确保患者及其家属理解操作的意义和步骤;②向 PET 检查患者解释后续护理程序,以确保 PET 检查患者了解接下来会发生什么;③向 PET 检查患者解释预期检查过程中每个阶段的实际情况。避免使用“立即”和“很快”这样的词。

2. 要有礼貌,体贴,尊重和细心。倾听 PET 检查员的叙述性问题,而不是机械性地回答,应该充满关注,对每个检查员或家人的问题都有个性化的回答。

3. 促进检查者和家属的安全和舒适。①定期更换 PET 扫描床卧具,保证清洁整齐,候诊室温度合适,饮用水、纸杯充足,卫生用具配置齐全。②适时提醒检查者及家属保持安静,排好次序,保管好自己的贵重物品。

4. 关注对象应扩展到检查全过程及每一个人。①关注以下几类潜在不满的 PET 检查者并加强沟通,避免因等候性焦虑引起纠纷。如在大厅等候超过 30 分钟的患者,在注射室等候超过 60 分钟的患者,在 PET 中心等候已经超过 180 分钟的患者,要求不按次序提前做检查者。②在发生停电或由于设备故障造成 PET 检查延误时,应以积极态度说明情况,并对患者表示安慰或歉意。及时通报设备修理进展或调整检查安排,减少患者和家属的焦虑猜疑。避免因延误而责备其他部门或者同事。③在患者进入扫描间和走出扫描间时用亲切、明确的语言及时告知注意事项和大概等待时间。④在患者完成 PET 检查并可以离开时,告知可以进食和获取 PET 报告时间,并真诚感谢患者对检查工作的配合。

(六)患者经特殊检查回病房后护理人文关怀措施

1. 迎接患者,并肯定患者的积极配合。安置患者回病床上休息。

2. 帮助患者采取舒适的姿势。

3. 与患者沟通,仔细倾听,评估检查后患者的需求。

4. 根据检查项目,告知患者进食时间和特别注意事项,确保患者理解并能重复。必要时为患者准备适当的饮食。

5. 积极检查和了解患者的感受,如有异常及时处理。

6. 及时向主管医生报告结果。根据医生的建议,及时实施相关治疗和护理,并根据不同情况给予个性化的健康教育。

(七)患者使用特殊仪器治疗时护理人文关怀措施

1. 为患者提供安静、舒适、有序、整洁的治疗环境。

2. 遵医嘱。

3. 评估患者的病情、心理、自理能力和合作程度。

4. 耐心细致地与患者及其家属沟通。详细说明治疗中使用专用仪器的目的、注意事项、操作方法、配合方法及可能出现的不良反应和治疗措施。确保患者理解并在必要时签署知情同意书。

5. 给予患者关怀的语言，缓解患者的紧张和焦虑情绪，必要时家属陪同治疗，增强患者的安全感，使患者心态平和，积极配合治疗的完成。

6. 协助患者在治疗前做好准备（如空腹水、姿势协调技能等），确保患者理解和配合。

7. 如果治疗涉及敏感部位，应避免过度暴露，并进行有效的遮挡。

8. 在治疗过程中，可以轻轻握住患者的手或触摸，以稳定情绪。及时询问患者的感受，观察患者对治疗的反应。

9. 帮助患者在治疗后采取舒适的姿势，询问患者的感受，仔细倾听，检查后评估患者的需求。

10. 酌情向患者及其家属反馈治疗效果。

11. 再次告知患者及其家属治疗后的注意事项，以确保患者理解和配合。

12. 积极巡视，治疗后注意患者的感受，如有异常及时治疗。

四、患者手术护理人文关怀措施

（一）术前访视护理人文关怀措施

1. 介绍自己，给予患者关怀的语言，以减轻患者术前的紧张和恐惧。

2. 核实患者的基本情况，了解患者的病史，评价患者的整体情况，做好术前准备工作。

3. 耐心回答每个患者的问题。

4. 温馨提示术前禁食和禁酒时间，准备手术物品。

5. 术前通知患者更换衣服和不要化妆，保管好个人贵重物品。

（二）术前准备时护理人文关怀措施

1. 接收到患者拟定手术的医嘱，用温和的语言问候患者和家属，自我介绍并确认患者身份。

2. 认真听取患者对手术的意见，主动讲解手术目的和成功案例，缓解患者紧张情绪。

3. 与患者保持眼神接触，术前告知患者麻醉注意事项，并得到患者的配合。

4. 与家庭成员真诚沟通，理解他们的问题并给出答案。

5. 手术前双手清洁、温暖、轻柔，减少接触，保护患者隐私。

6. 注意患者的感受。

（三）接患者入手术室时护理人文关怀措施

1. 手术室护士到病房接诊时自我介绍并认真做好检查工作。护士在与患者交谈时，要注意观察患者情绪，与患者保持距离，消除他们的恐惧和紧张。

2. 将有关资料和文件详细交给病房护士签字。

3. 在接诊过程中，保持统一的速度，缓慢进行。对于患者，注意观察患者的反应和病情的变化，与患者亲切交谈，缓解患者的紧张情绪，注意保暖和治疗的连续性。

4. 在手术室等候期间，主动与患者沟通，引导患者深呼吸，做好心理护理。

（四）患者手术前准备时护理人文关怀措施

1. 巡回护士携手术安全核查单到护士站核对手术患者，确认信息无误后，进行自我介绍，并介绍手术间环境、手术方式及需要配合的注意事项。

2. 协助患者转移到手术床上，注意保暖，保护隐私并调节好手术间温度和湿度。

3. 向患者解释建立良好静脉通道的重要性，取得同意后合理安置静脉通道。

4. 耐心回答患者的疑问。

5. 不可在患者面前窃窃私语讨论病情，避免引起患者紧张焦虑。

（五）患者术后复苏时护理人文关怀措施

1. 巡回护士应守护在患者身旁，加强肢体约束固定。

2. 观察患者意识状态、生命体征及病情变化。

3. 当患者恢复清醒时，告知患者手术过程顺利，稳定患者情绪。

4. 为患者穿好衣裤，盖好被子，注意保暖，保护患者隐私。

5. 搬运患者时动作轻巧，注意保护伤口。

6. 及时告知家属患者复苏后的去向。

（六）从手术室返回病房后患者护理人文关怀措施

1. 主动迎接从手术室返回的患者，关心患者，保持 30 ~ 50 cm 距离，护士应语言轻柔地询问患者的感受。

2. 自我介绍，讲明自己的责任护士身份。

3. 观察并询问患者的疼痛耐受性，根据疼痛评分的数值给予患者妥当处理。

4. 关注患者的情绪，发现负面情绪及时进行针对性疏导，多用鼓励性语言。

5. 进行每一项操作或指导功能锻炼前，须解释每个步骤及配合事项。

6. 每次与患者沟通时，都应该询问患者的需求。

7. 态度温和，持续向患者及家属讲解接下来的护理操作及可能的治疗，以确保患者了解接下来会发生什么，避免患者产生紧张情绪，随时为患者及家属解除疑惑。

（七）术后回访患者护理人文关怀措施

1. 术后 1 ~3 天对患者进行手术访视。

2. 对患者进行自我介绍，询问患者术后恢复情况、伤口情况及是否感染。

3. 针对患者的不适进行相应处理，耐心解答患者疑问。

4. 询问患者对手术的满意度和建设性意见。

（八）对手术医生的人文关怀措施

1. 手术室护理人员以良好的心理状态与手术医生共同完成每一台手术。

2. 手术前与手术医生进行沟通，尊重手术医生的个人习惯并准备好所有相关器械及物品，尽量满足其需要。

3. 手术中调节适宜的温度和湿度，让手术医生在适宜的环境中进行手术。

4. 保持医生休息室整洁，让手术医生在连台手术之间得到充分的休息。

5. 就餐时播放电视节目，医院提供自选饮品，便于手术医生身心得到放松。

（九）急诊手术接诊时护理人文关怀措施

1. 积极主动接待患者，自我介绍，以和蔼可亲的态度、温和的语言了解患者的情况。

2. 倾听患者感受，有针对性地实施心理疏导，使其感到被尊重、关心，获得安全感。

3. 调节手术室内温度，让患者感觉舒适。

4. 优化家属等候区环境，及时将患者的信息提供给在外等候的家属，缓解其焦虑的心理，使其在外安心等候。

五、患者疾病及治疗相关护理人文关怀措施

（一）患者诊断未明确时护理人文关怀措施

1. 认真倾听患者的想法，了解患者现在的心理状况。

2. 与患者家属进行沟通，安慰患者家属，并指导帮助患者及患者家属建立完善的家庭支持。

3. 在明确诊断没有出来之前，给予适当安慰和解释。

4. 积极协助安排患者的相关检查。

（二）危重症患者护理人文关怀措施

1. 创造良好的治疗护理环境，合理安置患者，及时采取适当措施缓解患者烦躁、痛苦的症状。

2. 配合医生以高度的责任心进行抢救和治疗，做到紧急、细心、忙碌、不慌乱。

3. 与患者家属沟通良好。

4. 加强与患者的非语言沟通。对于无法通过语言进行交流的患者，通过面部表情、手势、口型、文字等与患者建立特殊的交流方式，及时满足患者的需求。

5. 在进行各种操作时，应轻柔、准确，注意提高患者的舒适度。

（三）患者病情加重时护理人文关怀措施

1. 确保病房干净、安静、舒适、安全。

2. 责任护士及时与医生、患者及家属沟通，使患者及家属了解患者病情进展。

3. 运用同理心，轻轻握住患者的手，安慰患者。

4. 密切观察患者情况，及时向医生报告患者的病情变化。

5. 及时准确执行医嘱。

6. 解释操作的目的和注意事项，以确保患者及其家属能够理解和合作。

7. 及时满足患者的合理需求。

（四）抢救患者时护理人文关怀措施

1. 发现患者病情变化，迅速通知值班医生；在医生未到场时，采取相应的抢救措施。

2. 用娴熟的抢救技能，医护团队密切配合，积极展开有效的救治。

3. 保护患者隐私，注意保暖，同时理解、体谅患者与家属的恐惧、焦虑心理，给予相应的支持与安慰。如“您好，请不要紧张，可以告诉我您现在感觉怎么样，我们竭力救治，请您配合”。

4. 安抚情绪过激的家属，及时介绍救治情况及病情进展，如“我们会尽全力抢救的，有什么事情我们将及时与您联系”。必要时安置在特定的休息室。

5. 抢救患者时应迅速，沉着冷静，配合默契，有条不紊，勿大声喧哗，切忌在床边讨论患者病情，增加患者的心理负担。

6. 抢救结束后，积极联系重症监护病房，进行相关的后续治疗。

（五）谵妄患者护理人文关怀措施

1. 谵妄患者多有意识或感知障碍，护士应先与患者家属进行有效沟通，再把自己介绍给患者。

2. 事先知道患者的名字，礼貌地向患者讲话。不要直呼床号或姓名。

3. 及时对患者进行动态评估，必要时采取保护性约束，实施人性化护理措施，抑制患者。

4. 根据医生的建议，及时对患者进行动态评估，并尽快使用止痛药和镇静剂。

5. 在所有护理操作前,应适当触摸,如拍拍患者的肩膀和手以打招呼,耐心向患者解释,征得患者的同意和配合,以减少患者的不安全感。

6. 尽量为患者创造良好的休息环境,保证光线柔和,温度和湿度适宜,避免仪器设备产生不必要的噪音;实现“三轻”(轻走、轻说话、轻操作)。操作仪器设备时,应选择适当的时间段,集中操作。

7. 根据不同的情绪反应给予患者解释和安慰。如果条件允许,握住患者的手或触摸患者的肩膀 3 ~5 分钟,与患者保持眼神交流。

8. 根据患者的情况和需要,播放一些优雅舒缓的音乐,以缓解患者的紧张和焦虑情绪,使患者在轻松的环境中早日康复。

(六)治疗不配合患者的护理人文关怀措施

1. 照顾患者,与患者建立相互信任的关系,用自己的言行感染和感动患者,让患者感受到护士为患者所做的。

2. 了解患者的需求,努力满足患者的需求。

3. 鼓励患者及其家属参与制订治疗和护理方案。

4. 责任护士应经常与患者沟通,告知他们不配合治疗不利于身体的恢复。

5. 向患者讲解疾病相关知识,并将同一疾病治疗效果良好的病例告知患者,以增强患者对疾病治疗的信心。

6. 安排治疗效果好的患者与其他患者适时沟通,介绍合作治疗的经验。

7. 与患者家属沟通,获得患者家属的支持与配合,最终达到配合治疗的目的。

(七)治疗效果不理想时护理人文关怀措施

1. 体谅患者的情绪,允许和接受患者适当的发泄,努力满足患者的需要。

2. 应该清楚患者的基本情况,能够准确回答患者的问题,避免因忽视患者的某一方面而造成不必要的误解。

3. 仔细倾听患者及其家属的看法,让他们充分表达自己的内心感受,并给予适当的回应。

4. 注意患者及其家属的精神状态,如有异常及时干预。

5. 回答患者及其家属的问题。

6. 沟通时与患者及其家属保持眼神交流。

7. 加强与患者及其家属的沟通,使患者及其家属能够了解疾病治疗的现状和结果,并获得他们的理解和配合。如果有成功的病例,可以与患者分享。

8. 及时响应呼叫铃声,避免延误治疗或使患者产生被遗弃的感觉。

9. 加强对患者的巡视,注意患者的言行,注意病房环境的安全,避免发生事故。

（八）实行保护性医疗患者护理人文关怀措施

1. 严格保守患者秘密，不向他人泄露患者隐私，不允许将患者秘密当作笑料。尊重患者的宗教信仰和隐私权。

2. 询问患者情况时，应仔细倾听患者的问题，并与患者保持眼神接触，以免引起误解。如果你不知道患者的情况，不要随便解释。可以询问医生，并和医生一起向患者解释。

3. 尊重患者。在实施保护性医疗措施时，不宜向患者解释情况，应将有关情况告知患者家属。

4. 在查房过程中，不允许向学生讲授和讨论病历，不许接听手机、谈话和大笑，不允许在患者床边或亲友在场的情况下讨论和解释病情。为满足教学工作的需要，现场教学不应泄露患者不应了解的情况，必要时应在病房外进行。

5. 不要在患者面前急于催款。给病房外的家人打电话或在患者入睡后和其家人低声交谈。

6. 听取患者及其家属的意见，体现人文关怀，使患者满意。

（九）化疗患者的护理人文关怀措施

1. 化疗前，告知患者化疗方案，如静脉化疗、腹腔或胸腔灌注化疗、化疗期间的预防措施、药物的作用、可能产生的不良反应、预防和治疗措施。

2. 在化疗期间告知患者饮食注意事项。

3. 积极与患者沟通，学会倾听，缓解紧张情绪。帮助患者获得家庭支持，并努力保持家庭陪伴。照顾和沟通的对象应包括家庭成员。

4. 化疗时，为女性患者提供舒适的病房环境，干净整洁的床，并在心电图监测中保护女性患者的隐私。

5. 及时检查病房，注意患者的需求，仔细观察患者生命体征和不良反应的变化，发现异常情况应及时通知医生。

6. 向患者及其家属解释化疗知识，鼓励患者积极面对化疗的不良反应。

7. 健康教育应根据患者知识水平来进行，不可采取强灌式，应与患者互动。避免使用医学术语，健康教育的目的是患者及家属能了解多少，而不是你说了多少，应确保患者和家属能理解接受。

8. 进行健康宣教时，量化需要表达的词语，不可使用笼统表达的方式，如让患者多饮水，应具体到量，让患者有清晰的概念。

9. 对于没有家属陪伴的患者应给予帮助和照顾。

10. 交接班时，应在床边交接化疗患者，主动介绍下一班护士，详细交代患者情况，让患者感受到任何时候都有护士照顾，从而获得安全感。

11. 关注患者化疗后的反应，及时向医生报告，遵医嘱给予相应的处理。

12. 帮助患者合理地修饰自身形象。

13. 关注患者的检查结果，及时反馈给患者，给予相应的饮食指导。

14. 告知患者下次复查的时间及疾病有关的康复指导。

（十）化疗患者发生严重并发症时护理人文关怀措施

1. 迅速、积极地处理患者症状。

2. 与患者、家属、医生及其他部门人员进行有效的沟通和交流。

3. 促进患者和家属的安全感和舒适感。

4. 缓解患者的焦虑与担忧。

（十一）睡眠障碍患者的护理人文关怀措施

1. 对新入院患者，护士要做好各种规章制度和环境及便民措施的介绍，满足必要的需求，尽快消除患者陌生感。

2. 入院评估时，若患者存在睡眠障碍史，应尽量合理安排床位，尽量不要和重患者、打呼噜的患者及儿童同住一室。条件允许的情况下，病房可特别设置1～2个温馨病房，环境方面应特殊布置，以利于改善患者睡眠质量。

3. 协助患者建立良好的护患关系、医患关系及病友关系。

4. 营造良好的睡眠环境，确保灯光柔和，温度和湿度适宜，避免仪器设备不必要的噪声。

5. 指导患者规律作息。

6. 指导患者睡前温水泡脚、喝热饮料、吃一些味道芳香的水果或听轻音乐。睡觉时，穿舒适、宽松的棉质衣服，以促进睡眠。

7. 责任护士及时有效地与病患沟通，密切观察患者的不良情绪，减轻患者压力和恐惧。

8. 护理操作时，应选择适宜的时间段，最好集中进行操作。操作时做到“四轻”（走路轻、说话轻、操作轻、关门轻）。

（十二）疼痛患者的护理人文关怀措施

1. 主动与患者沟通，鼓励患者表达自己的真实感受。

2. 富有同情心，运用关怀性的语言，减少患者不必要的思想负担。做好基础护理，减轻不良刺激。

3. 准确、动态地评估患者疼痛的原因、性质、程度等，主动对患者及家属说“您不要着急，我马上帮您找医生，医生一会儿就会来的。”

4. 根据患者疼痛的原因，及时治疗原发病。

5. 根据患者的兴趣爱好，鼓励患者参与活动，分散注意力，减轻疼痛。

6. 通过热敷、按摩、经皮电神经刺激疗法等，促进患者舒适，减轻疼痛。

7. 对于疼痛严重的患者，遵医嘱给予患者镇痛药，对患者及家属说："我马上要为您用药，用药后，您的不舒服一会儿就会好的，这种药不会对您有危害的，请您放心。"

8. 经常巡视使用镇痛药的患者，询问患者用药后的感受。注意药物的半衰期，按时给药，保持持续的血药浓度。

9. 镇静镇痛期间，每日执行唤醒策略，进行评估和相关治疗护理，停药后注意药物的反跳作用。

10. 疼痛缓解后，遵医嘱及时停药或减少药量，避免耐药和成瘾。

（十三）有自杀倾向患者护理人文关怀措施

1. 加强检查，密切观察，详细交接，做好相关记录。有自杀倾向的患者必须由家属24小时陪同，不得离开。

2. 有内向、孤立、自卑、抑郁、近期情绪和行为异常、重大生活负面事件者应作为自杀预防的重点；特别是近期自伤或自杀未遂者，应高度警惕，注意观察患者心理反应。

3. 对于自杀倾向明显的患者，最好在护士站附近安排病房，尽量安排床位，不设窗户和单人房。为了减少自杀的可能性，如从建筑物上跳下、割腕、吊挂等，房间应尽量不要放置任何患者可能用来伤害自己的物品，如水果刀、剪刀、剃须刀、锋利的物品、绳子、皮带、塑料袋、玻璃制品等。所有安全措施应分别执行。

4. 疼痛是诱发自杀倾向的一个重要因素。对于出现疼痛、癌病的疼痛和不适应及时发现和治疗，并密切观察其疗效。

5. 抑郁症患者可以咨询精神病学家，通过药物或心理治疗来缓解他们的异常心理。有严重症状的患者应转移到精神科接受进一步治疗。

6. 对于每晚服用镇静剂的患者，必须口服镇静剂，以免镇静剂累积后患者大量服用。

7. 做好心理咨询工作，准确掌握和记录患者的心理状态，为患者寻求家庭和社会支持。

（十四）临终患者及家属的护理人文关怀措施

1. 应尽可能为临终患者提供独立的单人房，环境安静温暖，并配备床位，以满足家属最后一次出行的需要。

2. 与其他医务人员一起，医疗技术被用来控制和缓解患者的最终症状，保持他们的舒适度，并将他们的痛苦降到最低。

3. 始终关心患者及其家属，与患者保持眼神交流，多听多安慰。

4. 运用案例分享、家庭系统安排、建议、隐喻等沟通技巧和方法，对垂死患者及其家属进行心理咨询，处理患者及其家属的负面情绪。

5. 以尊重患者的价值观和愿望为核心，在对患者进行评价的基础上，尽可能深入地与患者沟通，了解患者的愿望和想法，帮助患者实现愿望，使患者能正确理解死亡，有尊严、无痛苦地面对死亡。

6. 尽可能满足家属对临终关怀的需要，引导家属实施临终关怀，鼓励家属表达自己的感受，帮助患者营造家庭氛围。

7. 协助家属安排与死者死亡有关的事宜。

8. 处理患者死亡，鼓励家属发泄不良情绪，帮助家属解决实际问题。

六、特殊环节与时段护理人文关怀措施

（一）交接班时护理人文关怀措施

1. 礼貌地问候患者。接班护士礼貌地向患者介绍自己。

2. 注意交接的严密性，特殊患者的疾病情况不应该在办公室或病房走廊进行讨论，以免引起不必要的纠纷或给患者带来心理压力。

3. 仔细倾听患者的需求并回应必要的解释。

4. 夜间交接时，先在病房外逐个介绍患者的情况，再到病房里检查患者，以免影响患者的正常休息。

5. 移交时应使用医学术语。交接内容真实无误，避免不当语言对患者产生负面影响。

6. 交接应全面、重点。如果本班的工作没有完成，需要在下一班上完成，应将重点交给患者，并告知患者需要注意的事项，注意保持与患者的眼神接触。

7. 注意患者的感受，如舒适的姿势、伤口疼痛等。给予患者必要的安慰，及时回答患者的问题。

8. 当患者需要进行身体检查时，应注意保护患者隐私。

9. 注意患者家属的需要，耐心回答患者的问题。

（二）患者按呼叫铃时护理人文关怀措施

1. 患者入院时详细介绍和演示呼叫铃的使用方法，尤其是紧急呼叫铃的使用。

2. 值班护士主动巡视病房，及时发现患者需求，提供主动服务。

3. 交接班时对无家属陪伴者或行动不便者给予特别交接。

4. 夜间将呼叫铃声音调低，给患者创造一个安静舒适的睡眠环境。

5. 特殊时段如输液余量 100 毫升或患者术后 2 小时内等应加强巡视。

6. 确保呼叫铃响后及时来到患者床旁，将呼叫铃立即复位，询问患者需要并给予帮助。

7. 加强沟通，主动开展健康教育，对患者的需求给予及时反馈。

8. 每日工作完毕，统计响铃次数及原因，如输液完毕、治疗完毕、外出检查、机械故障等，月底进行分析汇报，实行呼叫铃信息量化统计，提高护理质量。

（三）巡视时护理人文关怀措施

1. 责任护士提前 15 分钟到岗接班，了解所负责患者病情，根据患者病情，确定巡视时间，提高护理工作的预见性。

2. 严格执行分级护理制度，建立护理巡视卡以利于患者和家属监督。

3. 对特殊病情要建立床边工作意识，向患者说明自己所在位置。

4. 巡视时要走到患者床旁，使用患者能理解的语言，有效沟通。

5. 巡视时发现问题及时解决，加强沟通。

6. 每次巡视时，都应该询问患者“您有什么疑问或需要吗？”

7. 对危重患者、新入院患者、手术患者及其他特殊患者应重点巡视，观察病情，了解患者需求。

8. 巡视时注意观察患者病情及进行中的治疗情况，重视患者诉求，进行必要查体，发现问题及时处理且详细记录。

9. 落实周到的生活护理措施，减少对呼叫铃和陪护的依赖。

10. 夜间巡视时对患者的异常行为及睡眠障碍患者给予特别关注，加强意识障碍患者家属陪伴教育，防止意外发生。

11. 护士长每天巡视病区三次，全面掌握病区当天所有患者的整体状况，并促进病区各项护理工作的落实。

（四）指导患者功能锻炼时护理人文关怀措施

1. 积极自我介绍，用关心的句子询问患者当前的功能锻炼。了解患者是否清楚功能锻炼的作用和重要性，是否能主动坚持功能锻炼。

2. 耐心倾听患者，了解患者的合作理解能力（当患者自身的合作理解能力不足时，可要求患者在家属陪同下进行功能锻炼）。

3. 应在患者精力充沛时进行功能锻炼，避开进食前后和休息时间。

4. 在锻炼过程中亲自演示功能锻炼，避免使用专业术语，并使用患者可接受的常见易懂的词语。

5. 观察并询问患者的疼痛耐受性，禁止在多次运动后不符合标准的情况下出现不耐烦情绪。应给予患者鼓励性的语言和轻柔的动作，以帮助患者进行功能锻炼。

6. 以亲切、真诚的态度向患者解释各阶段功能锻炼的时间、数量、活动和禁忌。

7. 每次与患者互动时，都应该问患者“您有什么问题或需要吗?”并倾听，观察患者的反应。

8. 注意保暖，保护患者隐私。

9. 运动后，患者的表现应该得到肯定和表扬，如您做得好，您很棒。

10. 患者提出的问题应耐心回答。鼓励患者克服疼痛，在条件允许的情况下，坚持用激励性语言鼓励患者功能锻炼。

11. 积极明确地通知患者后续练习时间。

12. 认识到患者的努力，告诉患者及其家人运动已经结束，此时他们需要休息。鼓励患者努力争取早日康复。运动结束后，你可以随时按铃呼叫医务人员。

（五）护理查房时人文关怀措施

1. 向患者及其家属做自我介绍（包括部门和职位）。

2. 介绍参加查房的护理人员，礼貌、恰当地称呼患者。

3. 向患者解释护理查房的目的、意义和流程以取得患者同意，并真诚地感谢患者的配合。

4. 与患者及其家属沟通时保持目光的交流。

5. 整个查房过程不影响患者休息、治疗，不加重其思想负担。

6. 查房不影响其他工作人员。

7. 倾听患者的疑问和顾虑，耐心解答。

8. 护理体检前解释体检项目和目的，确保患者和家属能理解并配合。

9. 确保护理体检时动作轻柔，注意保暖、保护患者隐私。

10. 护理查房完毕应协助患者恢复舒适体位。

11. 护理查房完毕后，感谢患者配合。

（六）延伸服务患者人文关怀标准

1. 责任护士应全面收集患者的相关信息（包括生理、心理、社会等方面），并制订随访计划。

2. 患者出院后两周内责任护士要做第一次电话随访。

3. 接通电话，问候接听者，表现出对患者的尊重及关爱。

4. 自我介绍，包括部门和职位，语气和蔼真诚。

5. 确认接听者身份,礼貌热情。

6. 介绍打电话的目的,了解其需求并最大限度地予以满足。

7. 关心患者,不要机械性回应。

8. 提供服务,回答咨询问题,指导康复事宜,预约上门服务等。

9. 征求患者对工作的意见,虚心接受提出的改进建议或措施。

10. 结束语:谢谢您的支持配合! 打扰您了,祝您身体健康!

(七)夜间护理的人文关怀措施

1. 夜班护理人员应坚守岗位,履行各项工作职责。

2. 及时观察患者病情,发生特殊情况向医生汇报,以得到及时处理。

3. 确保患者拥有足够安静、舒适的睡眠环境。

4. 患者休息时应尽可能少地被护理操作干扰,确保患者能得到足够的休息。

5. 夜间灯光亮度适当。

6. 及时回应患者的呼叫。

7. 确保患者能及时找到医务人员,以使病情得到及时反馈。

(八)节日护理的人文关怀措施

1. 护理人员应坚守岗位,履行各项护理职责。

2. 确保患者的就诊、治疗和护理等不受影响。

3. 及时回应患者及家属的呼叫。

4. 护理人员给予患者节日问候,使之感到亲切。

5. 确保患者合理的节日风俗及要求得到尊重与满足。

6. 特殊无陪护的患者也能得到足够的关心与支持。

七、患者特殊状况护理人文关怀措施

(一)无人探视患者护理人文关怀措施

1. 在与患者沟通之前,首先联系患者家属,主动告知患者现状,告知患者情绪及其对疾病康复的影响,并提出就诊需求。

2. 选择相对充裕的时间和合适的地址迎接患者。从了解患者睡眠和饮食的总体情况入手,可以采取护理措施。除了关怀的语言,我们还可以通过握手、触摸肩膀等非言语行为传递关怀信息。

3. 引导患者主动说出自己的需求,识别患者表达的抑郁情绪,帮助患者发泄消极情绪。

4. 客观分析患者家属不能探视的原因。

5. 陪同患者并鼓励患者在病房内活动，以促进患者康复。做好后续工作，如以患者为关注焦点，增加巡视次数。

（二）“三无”患者护理人文关怀措施

1. 把患者安置在舒适的床上。根据患者病情的判断，酌情询问患者的基本情况，确定患者的“三无”状态，然后自我介绍。

2. 本着高度的责任心和救死扶伤的人文精神，坚持急救原则，尊重生命价值。

3. 友善一点，温和一点。主动询问患者的姓名、地址、电话号码或单位。从关心和体贴的角度来照护，如“您好，请放心，我们会尽力抢救和治疗，也会尽快联系你的家人。”向医院相关职能部门报告备案，并开辟绿色治疗通道。

4. 积极与救援中心相关部门取得联系，安排护送。

5. 在治疗过程中，要理解和尊重患者，积极主动地工作，体谅患者，保护患者的隐私。

6. 与患者家属联系并及时向患者报告。如有需要，可向警署、社区及民事援助站寻求协助。

（三）患者对护士有意见时护理人文关怀措施

1. 把患者安置在接待室，泡杯茶，向患者自我介绍，包括自身的职位。

2. 尊重患者，提前了解患者的名字。不要直呼病床号码、患者或其家人的姓名。

3. 换位思考，倾听患者及其家属的诉说，满足患者及家属的合理要求；对自身不能解决的问题，及时寻求上级的指导和帮助。

4. 用关心的语言回答问题。每次和患者交流时，都应该问患者“您有什么问题或需要吗？”

5. 避免对患者说“我不知道”“我很忙”或“这与我无关”。

6. 要纠正工作中的问题或不足，出现问题时真诚地向患者道歉。

7. 不要因为相关的事情而责怪其他部门或同事。

8. 在措施实施后的 1～2 小时内询问患者：您还有其他问题或需要吗？以确认患者是否满意。

9. 告知相关护士患者有关问题，以改善护理人员与患者之间的关系。

（四）患者情绪激动时护理人文关怀措施

1. 通过触摸等方式来抚平患者的情绪，保持冷静，确保患者的冷静和舒适。

2. 用温暖温和的语气和患者交谈（用关心的话来理解患者情绪激动的主要原因）。如“请坐下，喝一杯水。如果你对我们的治疗和护理有任何疑问，我们可以向你解释……”

3. 耐心而认真地聆听患者对问题的原因和过程的解释，避免打断患者的谈话，不机械地反应，用一颗关心的心完成与情绪激动的患者的沟通。

4. 与患者保持眼神接触，以获得对患者的尊重。

5. 在沟通过程中，保持周围环境安静，疏散旁观者。可利用转换场地为患者提供光线及温度合适的沟通环境。

6. 帮助患者正确认识和治疗自己的疾病，控制患者的情绪，引导患者消除误解。

7. 积极主动巡房（至少根据护理水平的要求）。一旦发现患者情绪不稳定或有困难要解决，护理人员主动问患者“您需要我的帮助吗?”并在最短的时间内为患者提供帮助，以解决问题。及时反馈，并做好相应的记录。

8. 沟通结束后，立即向病房护士长报告整个事件，包括事件的原因、结果、负责护士所采取的措施和结果。特殊情况需要事先报告。

9. 在交接班时让接班护士留意患者的心理及情绪变化，并及时为患者提供帮助。

（五）患者对费用有疑问时护理人文关怀措施

1. 护士们在患者对费用有疑问时要保持冷静、心态平和。

2. 理解并接受患者的问题（如您对费用有什么不清楚的地方？请详细告诉我！）仔细听患者的问题。

3. 避免对患者说我不是你的责任护士或我不知道。通知患者，你会查阅有关的收费表，然后做出答复或回应。

4. 护士应态度真诚，语言委婉，耐心地向患者解释。详细介绍当前的费用细节，告知患者具体的检查方法，如有必要，患者可打印费用清单，以消除患者的疑问。

5. 通知患者的病床医生，并要求医生向患者解释手术期间花费的大量医疗费用，以获得患者的理解并建立信任关系。

6. 继续向患者解释治疗、药物治疗或护理的费用，以确保患者明白接下来会发生什么，可能需要准备什么。

7. 在详细解释患者的收费问题后，应主动问患者“您有什么问题或需要吗?”确保患者充分了解费用支付情况，理解并积极配合治疗。

（六）催缴费用时护理人文关怀措施

1. 先自我介绍，礼貌地打电话给患者，语气亲切温柔。禁止直接使用床号等不敬形式代替患者的姓名。

2. 告知患者目前的住院户口(如住院期间共支付××元,使用×元至今,户口内仍有×元)。向患者解释到目前为止所发生的费用的细节。

3. 向患者解释下一步的护理和治疗费用,并让患者知道接下来的费用。

4. 询问患者(例如,您对目前的费用有什么不明确的吗?)以确定是否需要更多的解释。

5. 为避免延误治疗,护理人员应将付款的时间、详情及地址,详细告知患者,以确保患者及其家人能够理解。在向患者解释时,应给予患者一定期限来支付款项,避免使用立即、马上等字眼。

6. 在特殊情况下,如家属要求在缴费提醒时不要通知患者,或患者因缺乏陪同、经济困难等原因不能及时支付,最好由护理人员预先准备提醒缴费。及时将患者的费用通知管床医生,采取个体化措施,如代付款、及时联系家属等。

7. 注意提醒的时机(避免患者疼痛,用餐或睡眠时)。

(七)约束患者护理人文关怀措施

1. 礼貌地给患者和他的家人打电话。不要直呼床号,必须使用普通话。

2. 在约束之前,先向患者及其家人介绍自己,包括自己的职位。同时向患者解释约束的必要性,并取得配合。确保患者或家属明白并同意约束患者,并签署知情同意书。

3. 对待意识清晰但有精神症状的患者应认真耐心聆听,或拍拍患者的肩膀和手,以增加患者的温暖和亲密感,使患者能够信任护理人员,积极配合护理人员工作。评估患者的具体情况,并根据患者的情况选择适当的紧身衣。

4. 当患者被束缚的时候,护理人员可以在抑制他的同时和他聊天,分散他的注意力。

5. 使用约束装置时,应经常检查巡视,观察约束部位的肤色,必要时应进行局部按摩,以促进血液循环。同时,应动态评估患者,尊重患者隐私,减少患者身体暴露面积。

6. 在使用约束时,患者的四肢被置于功能位置,使患者安全舒适。

7. 主动询问患者需要,注意患者的倾诉,尽量符合患者的合理要求,避免对患者说"我不了解""我很忙"。要主动照顾和爱患者,我们必须经常问患者:您怎么了?或者如果您感到不舒服请告诉我。

(八)患者跌倒后护理人文关怀措施

1. 患者跌倒时,护士应立即前往现场询问患者的感受,安抚患者的情绪,初步评估患者的伤势,通知医生并协助医生进行初步治疗。

2. 如患者跌倒后无人陪伴,应尽快通知患者家属,并积极通报受伤情况,建议家属到医院陪伴。

3. 护士一定要先为患者跌倒道歉,解释事件,取得家人的了解,并向家人介绍留陪制度。

4. 当患者因生病跌倒需要进行 CT 或其他特殊检查时,护士应向患者及其家人说明检查的目的并给予注意,并陪同患者进行检查。密切观察检查的过程,发现异常后及时通知医生,配合治疗。

5. 患者情绪及状况稳定后,护士重新评估跌倒的风险,与患者进行深入访谈,找出跌倒事件的根源,并给予患者有针对性的健康教育。

6. 护士与患者沟通或陪同时,避免以责备和提问的语气,引导患者积极表达预防跌倒的意识和态度。在交流过程中,注意倾听,正确运用身体语言。如果患者回想起跌倒事件,情绪激动,要在适当的时候安抚患者的情绪。

7. 当家属对患者在医院跌倒感到困惑时,应耐心地解答患者家属的疑虑,共同分析患者跌倒的原因。根据情况,建议家属留下陪护。

8. 当患者对自己的跌倒感到困惑时,应耐心地回答患者跌倒事件的疑问,与患者一起分析跌倒事件的原因,给予有针对性的健康指导,提高预防跌倒的意识。真诚地与患者交谈,说服患者正确评估自己的状态,必要时请护士帮助避免再次跌倒。

(九)护理发生失误时人文关怀措施

1. 病房管理者和当事护士一起到患者床边,态度诚挚地道歉。认真倾听患者的意见,允许患者发泄负面情绪,稳定患者情绪。

2. 陈述客观事实,向患者解释失误的原因,避免推卸责任。

3. 及时采取补救措施,并取得患者的认同。

4. 若患者对当事护士有顾虑可考虑更换其他人员实施补救措施。

5. 实施补救措施后,15 ~ 30 分钟巡视患者一次,必要时应陪伴在患者身旁。严密观察补救措施实施效果。

6. 评价补救措施实施效果。告知患者评价结果,并对之前的失误再次致歉。

7. 认真、细致地做好患者其他护理工作。

(十)特需服务患者的护理人文关怀措施

1. 在进入医院之前,根据患者就诊的信息,明确患者的称呼,增强患者的尊重感。

2. 护士应语言清晰准确、态度温和可亲,告知患者入院当天的相关注意事项,并对各种检查进行预约。

3. 检查房间设施,确保正常工作。

4. 住院时,调整病房的温度和湿度。

5. 热情接待患者,积极介绍责任护士的身份,并告知患者在整个治疗过程中,护士将陪伴患者,并安抚患者。

6. 通知医生并与医生一起参与患者的诊断和治疗。

7. 确保正确有效地检查所有医疗程序。在不违反诊疗规程的前提下,充分考虑患者的身体状况、思想和愿望,合理安排各种检查的顺序,以达成理解与配合。

8. 患者应耐心地解释手术的目的和可能伴随的不适。应密切观察患者的反应,并强调患者的感受。在手术中,护士应注意沟通中的语气和措辞,避免冷漠和指挥基调。当患者积极配合时,护士应给予感谢和鼓励。

9. 如果有必要外出检查,应帮助患者提前做好准备,注意保暖,保护患者隐私和安全;在等待过程中,您可以沟通并做好相关检查工作。当遇到一些特殊检查并且不方便陪伴患者时,应提前通知患者,如当您稍后进行检查时,由于特殊情况我将无法进入,但您不必担心,我会密切观察您的情况。如果患者不能容忍个人检查,护士应该做好个人防护,并陪伴患者直至检查结束。

10. 在检查过程中,要注意评估患者的状态,及时调整诊断和治疗的节奏,以避免患者的疲劳。要主动经常地询问患者的感觉。

11. 如果需要会诊,在明确协商安排的前提下,提前安排咨询室,并指导患者、家属和相关咨询教授就座。在咨询过程中,要注意会场的情况,及时满足咨询人员的需要,并注意听取和协助医生做出相关的咨询记录。

12. 勤勉地检查病房,善于观察,及时发现患者的需求,确保病房呼叫铃的使用率。每次查看病房时,护士都应该亲切地问候并询问患者的需求。

13. 当患者出现问题时,护士应立即就位,并在第一时间接待患者。

14. 当患者对治疗和药物有疑问时,应仔细检查患者的治疗和用药情况,耐心解释。在处理问题的过程中,我们必须保持严谨的态度,切不可草率和敷衍,真正让患者安心。

15. 等待时间过长时,先向患者道歉,简要说明长期等待的原因,并明确患者今后应进一步解决,以获得患者的理解。善于运用沟通技巧,缓解患者由于长期等待而引起的焦虑。

16. 离开医院时,为患者进行健康宣讲。

17. 协助患者整理物品,指导患者完成检查程序,并在必要时提供帮助。

18. 积极征求患者及其家属的意见。

19. 将患者送到电梯,礼貌地告别。

(十一)患儿家长遇到困难时护理人文关怀措施

1. 护士自我介绍,礼貌称呼患儿家长。

2. 倾听患儿家属的话语,鼓励其说出遇到的困难。

3. 告诉患儿家长我们会在自己的能力范围内尽可能帮助您解决困难。

4. 提出几种可行性方案,让家长进行选择,并协助实施。

5. 当困难不能及时解决时,要向家长解释,关心患儿及家属的住院需求,解决后顾之忧,给予患儿精神支持。

6. 困难解决后,询问其效果,并进行改进。

7. 通过询问您现在还有其他问题或需要吗,以确认患儿家长是否满意。

第三节　护理操作中的人文关怀

一、关怀式评估

基本护理操作是指护理患者过程中最基本的操作。这种操作是护士最常用的技术(如生命体征的关注、输液等),也是护士在与患者接触过程中进行互动的最常见的方式。在临床护理工作中,我们经常看到,患者会因为护理操作转向护士寻求帮助,从而开启了护士与患者之间的互动。因此,如何在基础护理操作中恢复人文关怀,使护士的人文品质和关怀体现在基础操作过程中,是当前护理理念亟待发展的领域。

二、评估内容

(一)评估患者的需求

毋庸置疑,患者的需求是我们所有护理工作的出发点和立足点。只有满足患者需求的工作才是有效的工作。但是,当我们确认我们的工作目标满足患者的需求时,我们在哪里,我们看到了什么?在马斯洛的基本需求层次理论中,生理需求只是最基本的需求。除了这种需要,还有多层次的安全,爱和归属,尊重和自我实现。将所有需求放在一起是患者的整体需求,才可以构成所有患者经历和感受的来源。

因此,当我们面对患者时,我们首先评估这个人可能需要什么,这些需求有多重要,如何满足他们?请记住,这是轻重缓急,并不是谁的选择。同样是高烧,患者可能会遇到不同的需求,我们可能需要在不同的水平上满足它们。例如,一名因高烧住院并接受我们护理的患者，这时，物理降温方法可能非常有效。但是，如果该患者总是试图脱掉冰袋，脱掉病服，出院回家，那么我们需要重新评估患者最渴望的需求是什么？爱和归属，还是安全？只有当我们清楚了患者最渴望的需求时，我们才能有针对性地照顾患者，因人而异进行不同的护理。

在基础护理中，我们非常注意"首优"的问题，例如无效的呼吸道清洁，低效的呼吸模式，以及患者目前所具有的各种症状。毫无疑问，这些"首优"问题是基础护理操作中首先需要解决的问题，因为它可能危及患者的生命。但是，如果我们将"首优"问题视为护理工作的全部内容，我们可能会不了解患者的其他需求。在这里，我们必须区分两个概念：首优和次优护理问题，而不是主要和次要护理问题。我们倾向于认为解决患者的"首优"问题可以解决所有问题并忽略似乎是次优的重要问题。

（二）评估患者的人，而不仅仅是症状

只有当我们清楚地看到患者的活力和生命历程时，我们才能完全看到一个人，而不只是他的症状。我们将看到这些不满对这位患者意味着什么，看他如何看待他们，如何感受他们，以及如何处理他们。这些疾病的重要性，疾病对患者的影响及疾病的治疗都植根于患者。这个人的感受、意见、期望、欲望和他自己对自己的看法极大地影响了他对这种疾病的看法。这植根于他的家庭，他的社会文化，他的教育和他所经历的生活。

三、评估方法

在基础护理操作中，我们需要首先评估执行操作的环境，患者的一般状况和当地条件（如皮肤状况、血管状况），护士自己的准备（如衣服、物品）等。如有必要，我们还需要使用一些专业的评估工具和仪器，如疼痛脸谱，问卷和量表，监测仪等。但是，如果我们只评估这些，就不能让我们具体地看到患者的状况。因此，只有当我们使用其他评估工具时，才能真正满足患者的"人性""人文"和"人"。

在传统的职业认知中，我们总是习惯性地将使用注射和输液等护理技能作为护理工作。然而实际上却并非如此。拿着治疗托盘，推动治疗车是一个有情感、体贴、有文化和知识渊博的人。事实上，这个人，这位护士，是最好的评估工具。我们可以"看到"心电监护仪无法捕捉到"患者的恐慌"，当然也可以"看到"患者在学习诊断时"无声地抽泣"。只有这样，才能在诊断明确之前感受到患者与家属之间在治疗意见上存在的差异。因为，就像患者一样，我们都是人类，他们一直在相同或类似的情况下挣扎。因此，当我们携带治疗托盘并将治疗车推到患者的床上时，请带上我们自己，我们的成长过程及该过程中出现的敏感性和敏锐。只有带上自己，我们才能去看患者的眼睛，真正了解患者未说的感受和需求。只有带着自己，患者才能看到把微笑和包容的心灵隐藏在燕帽下的护理人员，让患者把他的需求，他的感受，他的渴望勇敢而信任地告诉我们。而且这种陈述，这种表达，都是一种评估，也是一种治疗方法。

第四节　关怀式确认

护士和患者是旅程中的合作伙伴，只是这一旅程充满了疾病的痛苦和对死亡的恐惧。因此，在患者眼中这个旅程要么是黑暗的，要么是痛苦的。当护士了解患者的需求和目标时，就会点燃患者“走过去”的希望。因此，在我们开始之前，要考虑如何在目标层面上同意患者的目标，以便护士的力量与患者可以一起形成合力。因此，我们需要建立关怀确认。

一、建立信任关系

关怀式确认是温和、自然的，是一种自然的趋势。怎样才能使确认如此轻松灵活？建立信任是打开这扇门的关键。那么如何让患者相信我们呢？

（一）相信我们的技术

如前所述，基础护理操作是我们与患者建立互动的最常见的方式。在同患者开启真正的交流之前，患者以为医生的技术更加重要。无论我们是否首先来到患者的床边，是否用敏锐的眼睛看穿患者，是否准确可靠地回答患者的智力问题，都会给患者留下不同的印象。因此，无论我们是否已经拥有熟练的人文关怀技术，首先必须具备熟练的操作技能。对于患者来说，让我们的操作更柔软、更精确、更熟悉，是医院人文品质的体现。

（二）相信我们的同理心

在临床实习的护理学专业学生往往会处于双重而矛盾的角色中。他们反馈，一方面在操作技术时被患者“嫌弃”，另一方面在沟通过程中又受患者“欢迎”，究其原因，实习的学生是一个求知的角色，他们有时间“拜患者为师”，听他们唠唠叨叨，有时间倾听患者看起无关痛痒的家长里短，有时间帮助患者完成他们最微小的需求。而在这个过程中建立起来的同理心和信任的关系，就是关怀式确认的有力保障和良好开端。

二、借用冰山模型

维琴尼亚·萨提亚（Virginia Satir）是美国最具影响力的心理治疗大师，她的重要贡献被称为萨提亚治疗模式。萨提亚治疗模式创造性地提出了个人内在的冰山模型。实际上冰山是一个隐喻,它指一个人的自我就像一座冰山一样,我们能看到的是表面很小的一部分——行为,而更大一部分的内在世界却隐藏在更深层次中,不为人所见。在基础护理操作中,最常见的就是患者和护士的行为,但是如果要带着关怀的心,护士就需要了解患者的感受、患者所持有的观点,以及患者的期待和渴望。如果护士透过患者的表面行为,去探索其内在冰山,就能从中寻找出解决之道[57]。我们可以根据冰山模型(图 2-1)理论的隐喻确认患者的关怀式需求。

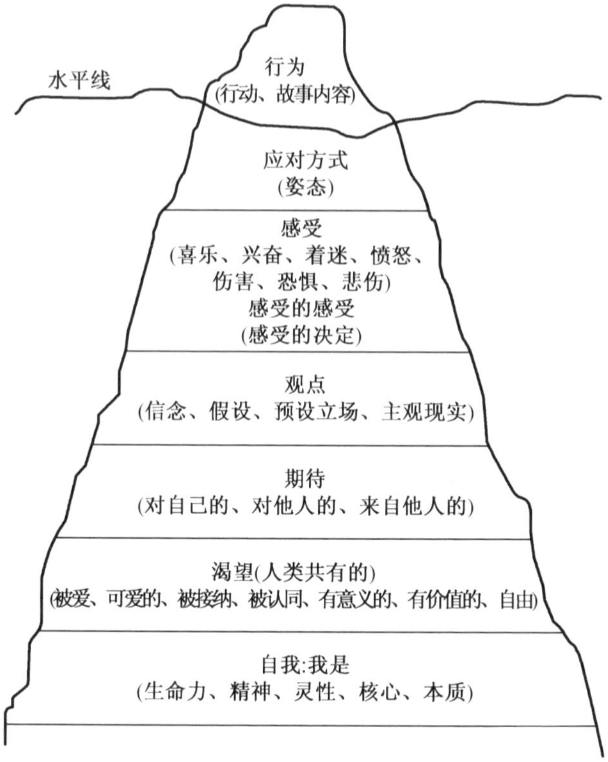

图 2-1　冰山模型

(一)行为-应对模式

我们可以通过在门诊病房观察来了解患者的行为,患者的故事等。

(二)应对方式

应对方式是指患者在压力下如何与其他人相处(如患者的疾病,受伤的人或外部刺激)。如果三者一致,那么患者将平衡自己、他人和情况。如果您忽略上述三种中的任何一种,患者可能会表现出应对方式,如愉悦、指责、超感等。

应对方式是患者在压力下存活的形式。

(三)感觉

感觉是指患者的体验,如快乐、兴奋、迷恋、愤怒、伤害、恐惧和悲伤。我们可以问“当你了解情况(疾病的诊断、手术的风险、化疗的副作用等),你有什么感受”,并开始评估患者对这种感觉的敏感性。感觉是指当患者经历上述感受时,他对这种感觉有什么样的意见和看法。例如,刚刚了解乳腺癌诊断的患者,她的感受是悲伤和恐惧,她会自责,并且觉得她不应该伤心,应该是强大等。这时,困扰患者的不是她悲伤的感觉,而是她感受到的感觉,即悲伤地自责。当我们理解这一部分时,我们可以看到悲伤可以发挥怎样积极的影响,使患者能够更大限度地接受和允许他们的悲伤。

(四)观点

观点指患者持有的信念、假设、思想、观念和价值观的认知水平。例如,一些患者可能有一些不合理的信念,如只有那些做错事的人才会得到这种恶性疾病,这会在患者受到身体伤害的同时对他们的价值感和自尊心造成第二次打击。当确认患者在认知水平上不合理时,我们需要了解这种不合理的认知如何用于帮助患者成长,现在有什么副作用,从而改变患者的不合理认知。

(五)期望

期望包括对自己的期望,对他人的期望及来自他人的期望。首先,作为护士,我们可以从患者的期望开始,并了解我们如何更好地响应患者的期望。请记住,这是对患者期望的回应,而不是全部都答应的完全满足。此外,我们还可以了解患者对自己及其家人的期望,特别是在他们生病时。当我们真正理解患者的期望时,我们可能知道如何理解患者的感受和行为。

(六)渴望——爱、接纳、归属、自由等

人类有一些共同的愿望,如被爱、被认可、接受、有价值、有意义和自由。当一个人生病时,最强烈的愿望通常是关于安全和价值。一方面,当个人生病时,对安全的渴望将会更加明显,对死亡的恐惧会变得更加明显和激烈。另一方面,在患病过程中,人们往往具有低自我价值感,认为被降低、不喜欢和抛弃。此外,由于缺乏女性特征,患有特殊疾病(如乳腺疾病、卵巢疾病患者)的女性患者对爱和归属的渴望也更强烈。

(七)自我

自我指患者如何看待自己,他是谁,他是如何与他的生命相互作用的,他在这个世界上存在的意义等。这往往是患者在夜深人静时思考的终极问题,也是许多垂死患者思考的问题。如果患者给自己一个满意的答案,那么他将获得完整的自己。如果患者对自己不满意,那么他将会有更多的遗憾和失落。

第五节　关怀式操作

一、隐私的保护

在基础护理操作中,有许多操作(如导尿、灌肠等)需要暴露患者的隐私。因此,这个时候,我们经常要求不相关人员回避,关闭门窗并屏蔽屏幕,以保护患者隐私。在医院走廊和电梯中,我们会看到各种提示,如“为了保护患者的隐私,请不要在公共场合讨论患者的病情”,以保护患者的隐私。在教授实习生时,我们会在医学报告或科研报告中反复叮嘱不要使用患者的真实姓名和联系方式,以保护患者的隐私。我们需要讨论的是什么是隐私,如何保护患者的隐私。

(一)什么是隐私

顾名思义,隐私是指隐藏的、未公开的私事。在汉语中,“隐藏”一词的主要含义是隐藏和隐蔽的。“私”字的主要含义是个人的、自己的、秘密的、不公开的。百度百科将隐私定义为一种与公共利益或群体利益无关的个人信息,当事人不希望别人知道或其他人不方便知道(只能向有保密义务的人披露),并且当事人不希望别人干涉。干涉的个人及当事人不愿入侵他人或给他人带来不便。根据这个定义,我们定义的隐私不仅是隐私,还包括对患者隐私的认可。由于隐私的主体是人,我们需要在基本护理操作期间咨询和理解患者对隐私的定义。有些患者认为他们的血型是个人的,所以在获得患者的知情同意之前,我们无权公布他的血型。有些患者认为自己的药物过敏或就医的历史是个人隐私,所以我们还需要注意护理过程。

(二)如何保护患者的隐私

在基础护理操作期间,我们经常强调我们应该给患者一个单独的空间,关闭门窗,并阻挡屏幕。无可否认,这是在操作层面保护隐私。需要在此处添加的部分是,在做事之前(不仅仅是暴露隐私网站的操作),我们需要定义和评估患者的隐私、咨询患者的想法和建议,以获得知情同意。例如,可以向患者询问药物使用水平,既往药物的历史,以及他们是否愿意让周围的人了解他目前的疾病状况和治疗过程。包括注射的液体和服用的药物。在此评估过程中,我们将患者视为疾病的所有者,并认为他有权公开或不公开其疾病状态。

事实上,隐私问题在很大程度上是边界是否清晰的问题。界限清晰,患者与医务人员之间的关系可以更加顺畅,每个人都可以履行自己的职责而不会忽视自己的职责。在我国,人们非常重视家庭。这方面有利于在治疗和康复过程中形成协同作用,发挥家庭在抵抗困境中的作用。然而,另一方面,它也无意中剥夺了患者自身的权利和义务,使患者的隐私在被咨询之前暴露,并且还剥夺了患者对疾病、健康或生命的需求。

那么,下次关闭门窗时,我们可以问患者自己的想法吗?因为它是隐私,所以是私事,我们需要在行动之前咨询个人意见。

二、接纳患者的感受

人,可以生活得如此丰富和鲜活,是因为人们有各种各样的感受。喜悦、悲伤、开心、恐惧,让人充满活力和张力。作为一种特殊的生活方式,患者也有各种各样的感受。也许正是由于疾病和治疗,患者的感受变得更加复杂和多变。这种多样化和复杂的感觉反过来会影响患者的诊断和康复,进一步影响患者的健康。因此,在基础护理操作期间,护士需要保持对患者的开放、敏感和可接受的心态。让患者在疾病的痛苦中尽可能感到放松。

(一)感恩信任感

因为医务人员的职业是拯救伤员和死亡,所以在患者的心中,看到了医护人员就看到了希望,他们对于医护人员有一种强烈的信任感和依赖感,“将他们的生命送到医院”,所以在基础护理操作期间,特别是在获取疾病诊断数据和治疗疾病(如测量血压、静脉滴注、输血等)时,我们会发现患者特别合作,因为仍然有很多的信任和期望。

面对这种沉重的信任感,毫无疑问我们要心怀感激,同时,我们必须练习基本技能和树立自己的外在形象。以强大的内部质量为患者提供满意的服务。然而,生与死是生活中不变的现象。疾病的产生和发展也受到各种因素的影响。因此,满意的服务可能无法带来满意的结果。我们已经接受了沉重的信任,但我们未必能够满足患者的所有期望。因此,在感激信任的同时,我们也需要理解和接受医学本身的局限性并关心自己[58]。告诉自己并在必要时告诉患者:谢谢您的信任,我们会尽力而为。虽然药物不是灵丹妙药,但我们的陪伴和支持将永远存在。

(二)患病耻感

在人们心目中,总有一种强烈的声音:新生命是美丽的,死亡是可怕的,疾病是不完整的,老是无能为力的。因此,当人们面临衰老或疾病时,总会有一丝失落和不满。然而,由于疾病引起的各种症状,特别是由疾病引起的生活,一些患者可能会感到自卑甚至耻辱。这些感受可能在一定程度上影响患者的治疗效果。因此，我们需要意识到并对这种感觉敏感。正常情况下，基本手术中的给药、输液和血压测量不会影响患者的自尊，因为患者认为生病后需要注射和服药或护士可以帮我注射。因此，他们会积极接受和合作。但是，如果手术（如口腔护理、导尿、灌肠等）影响患者的自理能力，患者会感到尴尬、难堪，甚至可耻。

（三）陪伴恐惧

从我们铺好病床的那一刻起，我们应该知道下一位患者将会到达。他的住院清单包含医疗记录、生活用品和别人看不到的恐惧。因为死亡是未知的，由于疾病和痛苦，几乎每个患者在住院期间，在接受护理的过程中，都是从一个不安分的求助者慢慢成长起来的。在这个成长过程中，护士的陪伴是一剂良药。

恐惧是我们天生就有的反应。当我们遇到对自身安全构成威胁的压力因素时，恐惧是我们的第一个应急计划。人们常常因为恐惧而退缩，这会使我们撤退到第二线并到达“安全区”。人们常常因为害怕而哭泣，但这种哭泣是心中恐惧的释放，这让我们慢慢变得勇敢。因此，事实上，在许多情况下，作为消极情绪的恐惧具有积极的作用。我们在穿越黑暗时可能会小心，因为害怕黑暗以避免受伤。由于患者害怕在手术过程中可能发生的事故，患者在做出决定之前会反复考虑并保持谨慎。但正是因为害怕未知的死亡，所以每个患者都充满了对生命的渴望，这突出了生命的能量。

从这个角度来看，恐惧不是一只看不见的老虎，给我们带来更多的威胁和恐慌。相反，恐惧可以默默地给我们一个非常重要的信息。因此，当恐惧来临时，你不必将其视为一个大敌，甚至不必一遍又一遍地告诉患者“不要害怕”，因为无论你是否害怕，这都是患者自己的感受，而不是护士使用和不使用的指示。相反，我们可以告诉患者“我知道您害怕。恐惧也是可能的。我们可以通过恐惧看到我们可以拥有什么样的收益，害怕这种感觉想告诉我们什么。”

此外，护士在面对疾病时，面对死亡的感受和所采取的行动也必须成为患者及其家属的榜样。我们相信南丁格尔被患者和伤者称为灯笼女神，不仅因为她手里有一盏灯，更是因为她的心脏充满了光亮[59]。因此，当护士来到即将接受手术的患者的床边时，在进行药物敏感性测试和胃管插入等基本测试时，如果你看到患者的恐慌眼睛，那么你可以轻轻地坐在他的床上握住他的手告诉他“担心和恐惧都没关系，我们会陪您。”

第六节 护理人文关怀教学与培训

目前，护理理论已在世界范围内得到广泛认可，为护理人员的实践提供了有意义的道德和理论依据，对护理教育也具有重要的指导意义。

护理教育以护理教育理论为基础，旨在培养护理人才。现代社会对护理人员的实践活动提出了更高的要求：护理人员必须具备良好的专业知识和精湛的护理技能，能够在护理实践中为患者实施人性化的护理。这一要求对传统护理教育模式提出了新的挑战，传统护理教育模式侧重于传授知识和技能，并为护理教育工作者提出新的主题。在教学过程中，传播护理理论，理解护理理论的本质，引导学生体验护理，培养学生的护理关怀能力，是护理教育的重要职责[60]。

一、护理人文关怀教学与培训的重要性

从人类文明的开始，关怀就是人类生活中不可或缺的一部分。美国教育学会主席诺丁斯的道德教育理论首先引用了一般词典中的解释：关怀是一种投注或全心投入的状态，即精神上有一种责任感。对某些事情或某些人有顾虑和担忧。诺丁斯将道德教育和教育结合在一起，并认为所有教育行为、过程和方法都应该是道德的，即关怀，否则就不称为教育。

诺丁斯以道德教育理论为核心，华生的人文关怀理论得到了不同国家和不同文化背景的认可，表明护理主题已成为当今世界人类共同关注的精神领域的重要课题。因此，护理教育中的关怀教育反映了当今社会护理教育的要求。关怀教育是培养护士的关怀能力和关怀意识，为患者提供人性化的护理，满足患者对护理服务的需求。此外，国内外研究表明，在临床实施关怀护理可以改善护患关系，提高护理质量，充分说明护理教育在临床护理中的重要性，主要体现在以下几个方面。

（一）培养关怀型人才的需要

1989 年联合国教科文组织在北京召开了面向 21 世纪教育国际研讨会，《学会关心》是提交的报告题目之一。报告中指出：学会关心将是 21 世纪教育所致力的目标。无论是解决一个国家的生存和发展问题，还是解决全球问题，都必须倡导全球合作的精神，并要求人们在全球范围内思考年轻一代的培训和教育，使他们不能够只关心自己。要走出自己的小世界，不仅要学会关心自己，还要学会关心他人，关心国家的经济和生态，关心利益，关心人权，关心其他物种，关心地球上的自然环境，关心真相，关心知识和学习。

关怀能力的发展需要教育指导。虽然一个人的关怀意识和关怀能力可以从个人成长经历和周围环境中逐步获得,但通过系统的教育和学习来获得更重要。目前的护理教育往往致力于知识转移,而大量医学专业知识的灌输只能使学生掌握技能。当然,在当今社会,知识型科技教育的重要性是毋庸置疑的,但专业知识只是成为一个人的条件之一,而不是全部。专业技能只是做事的一种手段,而不是目的。如果我们的教育不是建立在人的基础之上,那就是基于知识,手段是目的,人格理想、道德领域和社会责任的培养被忽视,最终它将成为知识的奴隶。梁启超先生曾指出过危险:如果你想成为一个人,知识越自然越好。如果你不想成为一个人,知识越多,越糟糕。在古代和现代,许多国家和人民的受害者都有丰富的知识,但他们已成为国家和人民的罪人。例如 1997 年度诺贝尔医学奖得主诺尔. 加吉西,由于虐待儿童而被押上了审判台,最终走进了监狱。从个人的自我实现来讲,他是个失败者。类似的例子还有很多,这不能不引起教育工作者的重视与思考。

随着经济的不断发展和现代社会的快速进步,人们对于健康的需求逐渐增加,自身健康意识也不断提高,对护理服务的要求也越来越高。在接受高科技治疗的同时,患者需要更多的人文关怀。除了丰富而扎实的护理知识和优秀的护理技能外,护理人员还应具备良好的关怀能力,以便在护理工作中运用丰富的知识和精湛的操作技能,为护理客户提供优质的护理服务。

在临床护理的实践中,护士护理的对象是人,因此做到认识和把握患者生病的体验是有效护理的关键。生病给患者以特殊的体验,使患者处于不协调、不平衡、失去能力和不舒适的状态,这种状态体现在患者对于自己所熟悉世界的一种丧失感,意味着一种生存状态的改变,一种个人在世界中存在的本质改变。当一个人生病时,他不仅仅在生物学躯体上具有某种特征,而且这些特征与他对自我的感受相关联[61]。患者不仅患有某种病症,而且生存于病情之中,例如患有多发性硬化症、关节炎、心脏病之类疾病的患者,他们是以非常特殊的方式生活于一个失控的躯体之中,而不仅仅是患了某种可以识别的疾病,也就是说,当身体出现问题时,将给患者带来恐惧感、孤独感和无助感,这就要求护士不仅关注于患者之身,更重要的是关怀他人,而这种从社会、心理和身体等方面关怀患者的意识和能力也需要通过学校教育来培养。

因此,在护理教学中,迫切需要加强关怀理论知识教育,培养护理专业学生的关怀理念,提高关怀能力,以满足社会对专业性关怀人才的需要。

(二)护理专业发展的需要

随着医疗模式的变化,护士与患者之间的关系也发生了变化。现代医学模式已从传统的生物医学模式转变为生物 - 心理 - 社会医学模式。在传统医学模式下,护理人员将护理看作单纯技术,简单地将复杂的生物——心理和社会属性人归类为多器官或系统的集合。因此,护理人员越来越注重技术对患者的疗效,但缺乏对患者心理和精神方面的全面系统的理性思考。这种技术至上的思想一度压倒了道德技术,成为关怀的阻碍。或是应用高科技而忽视了与患者的情感沟通,使人们在应用现代医学技术的同时也使医护人员与患者的距离逐渐拉开,也就是说护患关系的分离。这种距离需要通过关怀来缩小。

目前,完善的医学模式强调心理和社会因素对人类健康的影响,肯定人与人之间的关怀是促进健康的原因。现代医学模式同时包含关怀,并且只有提倡这种关怀,现代医学模式的理论基础才可以变为良好的实践。世界卫生组织对健康的定义是一种完整的身体、心理和社会的良好状态,而不仅仅是没有疾病或残疾。这种健康定义让人们对健康有了新的认识,人们开始摆脱原始医学模式的影响,寻求更健康的生活方式,包括物质生活和精神生活。人们更注重心理健康,渴望快乐的心理感受,寻求关怀和被照顾。简单的技术开发远远不能满足患者的需求。护士与患者的关系不仅是技术联系,也是情感与内心体验的联系。在护士与患者的关系中,护理离不开感情。护理是一种基于美德的建立,来自人类的感受。英国哲学家休谟认为,道德是某种内心情感,人们通常会赋予道德一种积极的德性。诺丁斯教授指出,这种积极的德性要求有两种,而不仅仅是一种感觉。首先是自然,即原始的,最初的感受,如母亲关心孩子;其次是道德关怀,即应该,以推动一个人对他人的关心,这也是对自然关怀的记忆或依赖。在护理活动中,更多的是道德关怀。

护理专业是一门艺术和一门科学。护理专业不能仅用一般自然科学的标准来衡量(即硬科学),也应该从社会科学角度来考虑。护理需要符合其专业特征的科学知识体系,正规教育方法和科学实践方法,以反映其专业特征和社会地位。但是,从护理专业发展的历史来看,一直都有对患者的关怀,它是护理专业的重要指导思想之一。护理的创始人南丁格尔提出“将患者置于最佳环境中,让大自然发挥作用”,突出强调新鲜食物、新鲜空气、活动和人性的关爱,充分休息是确保患者康复的首要条件,为后期护理学者研究护理关怀奠定了基础。

综上所述,关怀理论对专业发展的重要性在于其阐明了护理的本质,解释了护理现象,并指导护理实践不断完善、丰富和发展。

二、学校护理人文关怀教育

(一)关怀型教师应具备的素养

关怀教育学家诺丁斯认为关怀能力不是与生俱来的,而是通过后天培养学习来的。关怀对于护理专业来说,是至关重要的,甚至可以说,关怀是护理的核心。护理专业学生在校期间,教师是其专业知识的重要传授者,也是其对专业态度的重要影响者。因此,教师(尤其是关怀型教师)是培养护理专业学生关怀意识、关怀能力的关键角色。

1. 丰富的人文知识和关怀知识

人文知识是关怀型教师在教学中实现人文关怀的基础。作为护理专业教师,应充分了解各种人文知识,包括历史、哲学、艺术、道德和心理知识,丰富自己的文化底蕴,拓展自己的知识,形成高尚的人文品质[62]。此外,关怀知识的积累是教师关怀行为的最基本要求。关怀教师还应了解关怀的内涵,人文关怀的过程,影响关怀的因素,不同理论家对关怀的看法,以及关怀的当前研究状况。

2. 扎实的专业知识技能

华生认为,对患者的关怀不应只是一般的关怀(如善良的心灵),还需要有专业性的关怀。关怀型教师一定要有扎实的专业知识才能实施专业关怀,这些专业知识可以帮助护理人员找到问题、分析问题、解决问题,进行全面的健康教育。护理是一门实践性的学科,精湛的护理操作技术为患者、学生建立良好的人际关系提供了保证。这些都是提供人性化的关怀护理的专业保障和专业基础。

3. 重视关怀行为的榜样作用

关怀行为是教师最关键和最基本的要求。实施护理的目的不仅是服务对象,还有学生、同事和陌生人。通过尊重生命,善待他人,建立良好的人际关系,拥有高度的职业道德和专业精神,营造充满关怀的组织氛围,学生被置于其中,潜移默化地感受到关怀,关怀他人和关心他人。因此,对于教师来说,不仅要通过"说话"而且要通过"做"来反映教师对学生和他人的关心。只有关怀行为才是建立师生关怀关系的基础;只有关怀行为才能让学生获得更直接的关怀体验,让学生感受到什么是关怀,产生照顾他人的意愿,了解如何照顾他人,帮助服务对象达到身心健康。

4. 重视引导学生的关怀感知

关怀始于教师的关怀行为,完成于学生的被关怀感受。只有被关怀对象感知的关怀才是真正的关怀。不同的人对关怀的理解不一样,不是所有人都能感知到他人的关怀。研究结果表明,在我国,不同学历、性别、是否独生子女、所在学校及家庭的关怀氛围等均是影响学生关怀感知的因素。作为关怀型教师,在了解学生的个性特征及其对关怀的认知等基础上,要帮助学生正确认识周围的关怀行为,感知到他人的关怀,才能充分发挥关怀氛围的引导作用。

（二）护理人文关怀课程设置

关怀是护理的核心，人文关怀教育在培养合格的护理人员方面发挥着关键作用。Noddings 的护理教育理论和 Wason 的人性化照护理论都认为，建立关怀课程和实践关怀可以培养关怀能力，加强护理人文关怀教育是促进护理学科发展的重要环节。国内外许多学者对护理人文关怀课程设置问题进行了相应的探索，先后开展了护理教育的改革与创新，运用多种教学方法培养不同的群体。

1. 护理人文关怀课程概述

（1）定义：护理人文关怀课程是关怀文化的产物，是一种有意识地、连续的护理关怀实践方式。关怀课程的设置是为了建立一种真正的、平等的人与人之间的关系，并强调关怀课程的发展应该注重教学反思，且应关注于关怀的核心知识、技能与实践。

（2）起源与发展：1953 年，关怀课程首次出现在美国韦伯州立大学，其早期课程以 Nightingale 理论为基础，向本科护生教授关怀理论和整体关怀理论。从那以后很长一段时间，世界上很少有学校提供护理人文关怀课程。由于 20 世纪 80 年代美国缺乏社会关怀，倡导关怀思想的学者认为，学校应注重培养学生的关怀能力。因此，1986 年，美国护理联盟（NLN）将人文关怀定位为护理教育改革的关键，护理人文关怀才得到继续发展。2000 年，由美国护理学家 Bevis 和 Watson 发起的护理课程改革运动带来了护理人文关怀教育的新时代。从那时起，大多数护理课程都是在 Watson 理论的框架下建立起来的。

（3）重要性：护理专业的核心价值是关心、尊重和帮助。护理教育应充分体现护理的人文关怀精神。美国护理学会（AACN）在 2008 年版的本科教育实践标准中，提出了关怀和相关关怀价值观，关怀态度、关怀行为、关怀环境是护理教育的重要组成部分，强调关怀对护理教育的重要性。关怀课程是实施护理教育，提高护理人员关怀能力的载体和手段。关怀课程直接影响护理人才结构的形成和人才的培养和素质。因此，护理人文关怀课程对护理专业的发展具有重要意义。

2. 护理人文关怀课程设置

（1）护理人文关怀课程目标

在学校教育方面，不同教育水平的护理人文关怀课程目标有很大差异，但与不同国家和地区相比，教育目标没有显著差异。高校护理和本科护理课程的教学目标主要是掌握人文关怀知识，获得人文关怀知识、人文关怀能力，最终养成人人文关怀习惯，具备人文关怀行为；硕士水平护理人文关怀课程大多是以提高临床关怀能力、关怀教育能力、关怀管理能力和关怀研究能力为教育目标；在博士护理人文关怀课程中，受过教育的人们所处的环境，医疗系统，甚至整个社会关怀理念的传播与推广是主要的课程目标[63]。在医院护理教育中，课程的目标是提高护理人员的护理能力,提高临床护理质量和患者满意度,改善护患关系,营造关怀氛围。

(2)护理人文关怀课程内容

在学校护理人文关怀课程中,提供护理人文关怀课程的学校大多以 Watson 人文关怀理论为指导,并结合不同国家的文化特点,开展护理人文关怀课程。韦伯州立大学护理本科学生最后一个学期的人文关怀课程是基于 Watson 的人文关怀理论,旨在培养护理学生应用关怀的能力。该课程包括自我照顾、照顾患者、照顾同事、照顾社区,关爱环境,基于网络的护理互动等。课程的最后部分要求学生设计和完成基于以上主题的护理项目。华盛顿州立大学为期一年的本科护理课程以韦伯州的职业课程为基础,强调关怀与生活之间的联系。该课程包括三个部分,即华生关怀理论的概述和学生已学知识的联系;关怀和自我、患者、同事,社区,环境,网络互动的联系;护理传播基于十大关怀因素的关怀传递,关怀文章阅读和讨论,关怀项目开发。科罗拉多大学的本科护理课程结合了关怀和康复模式的最新研究和专业实践,以及关怀和人文科学的核心作为学术界的核心;关怀和临床护理是科学的核心;关怀和专业护理作为临床的核心;关怀跨学科核心展开,强调护理是系统的核心,以及人文课程,临床护理,领导力和公共课程的跨学科关系。南卡罗来纳大学的库克等人基于 Watson 的人性化护理理论,在大学护理专业学生中开展人文关怀课程,包括四个部分:让学生确定关怀概念,关怀行为,关怀和自我、同事、患者的概念;展示并强调健康服务系统中的关怀行为;演绎关怀价值。

(3)护理人文关怀教学方法

国内外学者在护理人文关怀教育方面采用多种教学手段。Diekelmann 首先将叙事引入护理人文关怀教育中,提出通过叙述生活经历和关怀实践经历可以培养学生的关怀能力。Shattell 运用解释性研究小组的教学方法,组织学生与患者或家属访谈,转录他们的谈话,在课堂上分小组演讲,并将谈话的内容进行解释和讨论。Purnell 等将关怀教育模式与网络媒体相结合,利用网络教学的多样性拓展了人文关怀教育的空间。Lee Hsieh 等基于患者对护生的关怀期望制订了包含 48 个条目的关怀准则,要求护生在临床实习过程中随身携带,并基于关怀准则与患者发生互动。Hsu 等以护士质性访谈的结果为指导,建立了护理人员关怀在线教育的 SHARE 框架,并拍摄了相关视频。四川大学华西医学院采用理论讲授法、讨论法、体验式教学、关怀小组学习法、反思日记法,利用学生第二课堂全方位、多渠道营造护理关怀环境。刘义兰等通过开展人文关怀理论的专题讲座、关怀事例分享、模拟情景训练等对护士进行关怀培训。相关研究还指出,典范塑造、临床关怀经验分享、角色扮演、撰写读后感、关怀审美、心理游戏、互动式工作簿、反思问题行动列表、博爱圈对话、视频播放(实事、案例等影片欣赏,课外关怀技能项目等)均有利于关怀环境培养、教师榜样作用,提高关怀能力。

(三)其他形式的关怀教育

1. 校园里的关怀氛围

良好的文化氛围可以培养情感,提高自我修养。校园的文化氛围涉及许多方面,可以从环境和精神文化等方面来营造关怀氛围。创造和改善学生的学习和住宿环境,使学生能够在校园内舒适地生活和学习。利用各种文化活动,增强学生、教师、其他员工和管理层的感情,关心学生的思想、工作和学习,关心教职员工,做实事,解决实际困难,让每个人都感受到来自学校各个层面的关注、重视和尊重,增强归属感,形成一个快乐的“大家庭”氛围。制订人性化的管理制度,谨慎使用惩罚,营造轻松和谐的“无责备”校园环境。注重物质文化、精神文化和制度文化的建设,如增加学校的绿化面积,增加学生宿舍的饮水机,丰富学生食堂的食物种类,提高空调的使用率。刷新教室、桌椅,更新黑板。校内张贴护理格言或引入护理前辈的先进事迹;通过各种活动或协会,建立学生与学校之间的沟通桥梁,倾听师生的声音,切实维护学生的合法权益;不断完善各项规章制度,营造具有健康和谐的人文学校的文化和文化内涵。在美丽舒适的校园环境中,学生可以在护理文化中培养他们的情感,并形成正确的关怀态度。

2. 开展第二课堂

第二课堂是在课堂外传授知识、培养能力和锻造个性的活动。它是第一次课堂学习的延伸、补充和发展。它可以拓宽学生的视野,激发学生的学习兴趣,培养学生的能力,提高学生的整体素质。Marilyn Ho(2005)的研究发现,教育环境中的关怀体验具有传染性,可以传授给临床实践。第二课堂是一个教学概念,可以基于现实的各种地点、内容和形式。例如,邀请国际和国内护理专家帮助学生获得理性和感性知识。还可以围绕学生开展各种社会实践,让学生感受关怀、实践关怀,将内化的理论知识运用于关怀实践中,体会关怀的乐趣,拓宽学生的关怀视野,提高学生的关怀能力。

三、护理人文关怀在职培训

关怀是护理的核心,是护理本质。这是护理人员在内化护理知识后有意识地给予患者的情感付出。人文关怀也是对人们生存状况、人的尊严和人的生活条件的肯定,以及对人类解放和自由的追求。如今,中国的一些医院将人文关怀视为护士在职培训的重要内容之一。核心内容是培养护士以人为本、关心他人和帮助他人的能力。

(一)护理人文关怀在职培训的重要性

1. 护理的核心是关怀

关怀是指关心、照护、关爱、爱护、帮助、护理等。关怀被广泛认为是护理的核心。关怀在护理工作中的重要性体现在以下几个方面:①现代科学和医疗技术无法治愈所有疾病,患者需要多关心护理人员;②人类疾病是生物、心理、社会、环境由于行为习惯等各种因素的综合作用,单靠技术手段难以完全预防和治疗疾病,护理人员需要注意患者的心理社会因素;③在临床工作中,与医生相比,护士有更多的机会陪伴和照顾患者,拥有更多的时间和空间来实施人文关怀。

2. 护士的基本职责是人文关怀护理

国务院于2008年颁布的《护士条例》对护士的义务进行了明确规定:护士应当尊重、关心爱护患者,保护患者的隐私,这就从法律的高度对护士的职责进行了明确规定,要求护士认识到自己对患者实施关怀的职责。由此可见,对患者实施人文关怀将贯穿于日常护理工作中,并成为当今护理工作不可缺少的组成部分。

3. 构建和谐护患关系的基础

由于目前社会医疗保障体系不健全,医疗卫生资源供给与医疗卫生需求存在一定的矛盾。此外,护理人员承受着巨大的工作压力和职业风险。在此背景下,护士与患者之间的关系不可避免地会出现紧张和护理纠纷等[64]。因此,提高护理人员的人文关怀质量,倡导护理工作中的人文关怀,建立护士与护理人员的和谐关系,提高患者对护理工作的满意度,对促进整体社会和谐具有重要意义。

(二)护理人文关怀在职培训内容

1. 护理关怀意识和情感

护理人文关怀意识是指在领悟人生价值和人性的基础上所具备的关爱生命、满足护理对象关怀需要的角色责任意识及人道主义信念和价值观相整合而形成的理性认识和行为准则;人文关怀情感是指护士实施护理人文关怀行动后,所获得的对自身和护理对象的情感态度的表达。

2. 人文关怀相关知识

人文关怀相关知识包括华生人性关怀理论、护理人文关怀基础理论、关怀的礼仪、关怀语言的培养,人文关怀的流程等。通过护理人文关怀的相关知识的学习,培养护理人员的人文修养,掌握护理人文关怀的内涵,从理论的角度学习人文关怀,从而获得人文关怀的理论知识与技能,提升自己的关怀能力与护理能力[65]。护理人员学习更多的人文关怀知识,是将理论应用于实践的前提,能将理论知识内化,形成一种关怀能力,为患者提供更好的服务。

3. 人文关怀品质

人文关怀品质是护理人员经过相关人文关怀知识的学习后，形成的具有稳定性，能够通过实际关怀护理活动体现出来的一种专业品质特征，包含着护理人员的社会责任、内心情感、知识、意志与能力。

4. 护理专业能力

护理专业能力包含着精湛的护理操作技术和对患者进行人文关怀的能力；护理人员在进行护理活动时应善于思考，发现问题、解决问题，应用自己的创造能力对问题有新的解决方法；创新能力是护理专业持续发展的动力源泉；学习能力是创新能力持续保持的基础，护理人员应养成积极学习的习惯，不断学习，不断成长。

5. 人文关怀能力

(1)人际沟通与合作的能力：人际沟通与合作能力是护士人文关怀能力培养的基本内容。人际交往是人与人之间信息传递的过程。对于护士而言，沟通既是科学方法，也是门艺术，是护理实践的主要内容。良好的沟通能力可以在护理工作中建立和保持良好的人际关系，使护理工作在和谐的氛围中进行[66]。护理工作中的人际关系包括护患关系、护护关系、医护关系及由此衍生的其他关系，要相互沟通，以便在工作中合作。护理工作不是由一个人完成的。在工作中，我们必须树立团队精神，尊重他人。与同行和相关合作伙伴友好相处，学会与他人合作，充分发挥每个成员的作用，形成协同效应，实现目标。

(2)心理支持能力：用自己的同情和关怀情绪，积极的情感，幽默的语言，自信和意志力来对患者提供更好的护理，感染护理对象，让患者放松和快乐，让他们摆脱痛苦，抗击疾病恢复健康，适应环境。

(3)人际协调能力：护士从满足护理对象的护理需求的角度出发，有效地协调护理对象与家庭成员及其他医疗系统相关人员之间的关系，共同创造为患者恢复健康的和谐人际环境。

(4)解决问题的能力：护士不仅可以发现患者的问题，还可以将学习的知识与患者的实际健康问题相结合，采用符合患者个性、生活状况和社会文化背景特点的方式进行人文关怀。人文关怀方法可以有效地帮助他们解决护理需求中的问题，促进生命的整体和谐。

(三)护士人文关怀能力培训办法

1. 营造深厚人文氛围

医院及科室应营造良好的关怀环境，让护士感受关怀气氛。各病房要结合自身专业特点，制作“人文关怀护理服务”展板，提供患者、护士、家属交流的机会，以全方位、多渠道的方式营造护理关怀环境，还可以通过宣传栏、网络、广播等手段，开展丰富多彩的护理文化活动和关怀教育、实践活动，从各方面陶冶情操。

2. 构建临床人文关怀培训课程

有学者分别针对医院护理教育者、护理管理者、临床护士开设了人文关怀课程。美国爱诺华·亚历山大医院的 Herbst 等基于 Watson 的人性化照顾理论对 108 个护理单元的护理教育者进行了为期三年的关怀培训，这些护理教育者同时将学习内容不断地介绍给自己护理单元的护士，其关怀培训项目由三部分组成：理论培训会、大范围的人文关怀研讨会、连续的教育者支持。Nybery 对护理管理者进行管理理论、关怀理论、医疗卫生事业、伦理、妇女问题、组织效能等 6 个方面的培训，以期提高其关怀能力。中南大学的焦杰设置的临床护士关怀培训包括 20 学时，分别从以下 7 个方面进行：人文关怀与人文护理概述及课程简介，医院文化、礼仪与沟通交流，心理健康与应激应对，临终关怀（安宁照护），特殊问题探讨（自杀及安乐死），优质护理服务，生命的意义与价值。

3. 采用多种教学方法

（1）小组学习法

采用小组的形式培养护士的关怀能力和团队协作精神。每个关怀小组设置 1 名老师，包括 8 ~ 10 位学员。每周进行对话活动，以提高护士的表达能力，增加交流沟通，彼此支持。通过这种学习方法可以有效提高护士的关怀能力、团队协作能力。

（2）角色扮演法

角色扮演是一种学习方法，其中演员和观众是学生在可控的非威胁性环境中表演，学生可以在这种环境中回应并回答他们所执行的问题或情况。通过对教师角色的观察，Nelms 等人发现学生学会了关怀行为，并发现学生可以从与教师、患者、护士，其他实习生的互动中学习，并在他们自己创造的护理经验中学习。可以看出，角色扮演方法可以激发学生的学习兴趣，提高沟通和适应能力，加深他们对护理意义的理解。

（3）反思法

反思包括回忆、描述、研究、分析、修订和重试。在整个教学过程中，护士的人文关怀培训中，护理管理人员（如护士长）和高级护理教师不断反思他们的护理关怀的榜样作用并总结工作中的经验。年轻护士在学习过程中反思人文关怀的态度和行为，以便不断修正。在发展人文关怀课程的过程中，中国台湾学者 Lee - Hsieh 采用了反思性的教学策略，教师不断反思自己在教学过程中的榜样作用，同时学生反思他们的关怀和关怀体验，从而改善教师和学生的人文关怀能力。可以看出，反思法在培养护士的关怀能力方面起着极其重要的作用。

(4)叙事教学法

叙事教学法是通过文学、电影等方式来达到教学目的。在护士人文关怀能力培养的过程中,运用讲故事的方法,如亲身经验的讲述、教学案例的学习、电影故事分析等,让护理人员感受到关怀的过程,触发护理人员自身的情感,自然地表达人文关怀。这种方法可以激发护理人员内心的情感,逐渐形成自己的关怀能力,最终在日常的护理活动中实践。

四、人文关怀与实习教学

(一)人文关怀在实习教学中的重要性

1. 良好而充满爱的关怀的实习环境是激发护理学生关爱他人的重要条件。

2. 关怀的教学行为不仅可以巩固人文素质教育的成果,还可以提高护生的关怀能力,建立人文关怀的传递链。

3. 人文关怀教学实践使护理学生亲身体验到患者得到人文关怀的治疗效果和专业价值,有利于巩固护生的专业思维,有助于他们逐步建立正确的职业生涯规划。

4. 教师的关怀行为对护生有潜移默化的影响,并在行为模式教育中发挥作用。

5. 人性化的教学环境有利于建立和谐的师生关系,良好的师生关系直接影响教学质量。

6. 各种与人文关怀相关的教学讲座和活动,可以帮助学生实现关怀理论与实践的相互转化,培养护生的关怀能力。

(二)实习教学的人文关怀氛围

临床实习是护生完成"从理论到实践"的重要教学环节。这也是护理学生获得护理技能,理清护理专业人员责任感的关键时期。临床实习环境是护生在离开学校后学习专业知识的主要场所,包括与临床人员、学生、服务对象、教育机会和学习资源的联系[67]。实践教学中的人文关怀氛围不仅与实习质量密切相关,而且对护生的职业生涯规划和就业前景也有影响。因此,如何在这个阶段营造关怀氛围尤为重要。

1. 优美的自然环境

医院是护生、教学教师等人员的主要工作、学习和生活场所。良好的工作环境不仅需要先进的设备和完善的设施,而且还要便于医务人员使用。在这个环境中的人工作、学习和生活都能感到舒适,体会到关怀的感受。例如,一些部门专门为实习生安排橱柜放置个人物品,以及更换衣服的地方。在科室实习的护生会觉得这种安排很人道。

2. 和谐关爱的精神环境

营造相互关怀的人文环境，包括教师对护生、医护之间、医患之间的人文关怀，以及本科教室与其科室、科室与医院管理者之间的人文关怀。教师应根据学生不同的性格特点、背景和实习阶段，根据实习计划的要求和学生实习的需要，实施不同的教学内容，从而帮助学生顺利完成本科教学的临床实习目标。例如，在实习初期，护生对整个环境并不熟悉。在这一阶段，教师应注意科室的布局、物品的布置、各班的工作内容、科室的其他医务人员等，使学生能尽快熟悉环境。帮助他们确定自己的学习目标和方向。此外，教师还可以倾听学生在生活、考研、职业规划等方面的想法，结合个人生活经验，帮助学生分析利弊，指导他们在整个实习期间积极面对问题。

3. 良好的管理环境

在传统管理理念的影响下，大多数医院都在实施"以制度为中心"的管理模式，管理体系主要以惩罚为基础，虽然它有助于医院的管理，但是这种管理模式在一定程度上不利于调动医务人员和护生的积极性和创造性，不利于实现其潜能和自我价值。例如，如果医院护理学生上班迟到，他必须根据"实践准则"撰写书面检讨，除了完成原来的班次外，他还必须增加为期两天的补班以示惩罚。惩罚的作用是抑制不良行为。这是为了提醒护理学生类似的情况不能再发生。却没有让护理学生协助完成科室的班次，但要考虑一下。这个提醒是否必须受到惩罚？是否可以根据学生迟到的原因采取不同的方法？或者对惩罚艺术给予应有的重视，使学生不仅能够深刻体验到制度的不可侵犯性，还能体会到管理系统的人性化。例如，对于同样的迟到问题，某个部门的做法不是定期轮班或罚款，而是让迟到的人买一盆绿色植物。一方面，它作为警告，另一方面它可以美化环境。对于实习护生，他们必须应对病房环境和教学安排、临床工作、入学考试和就业的压力。如果能够营造"无惩罚"的管理氛围，可以帮助他们减轻压力。让他们在相对轻松的环境中完成临床实践，不仅可以提高护理专业学生的临床实践质量，而且对整个护理团队的发展起到一定的积极作用。

（三）实习护生人文关怀能力培养策略

1. 教师对护生的关爱

当学生到实习医院的某个科室时，最先接触的是病区带教老师。从学生接触带教老师的那一刻起，带教老师对实习学生是否关爱的态度将留给学生深刻的第一印象。可以说带教老师是护生临床实践的启蒙者，在临床教学中其师德、师才、师风等直接影响着护生的心理和行为。

一方面，许多学生在进入临床实习之前就有紧张的情绪，他们担心自己无法将在学校学到的知识运用到实践中。从学校的实践到模拟人到真实患者的临床实践,实习生经常感到恐惧。特别是随着患者权益保护意识的增强,一些患者担心实习生不愿意让学生自己操作,这将给学生带来很大的心理压力,学生的操作机会将是有限的[68]。同时,由于实习生不熟悉教师,他们不敢问他们不理解的问题。他们充满了矛盾,感到筋疲力尽。在这种情况下,教师应首先主动向学生询问其学习和生活中的困难和需求,并为建立和谐的师生关系提供相应的指导和必要的帮助。其次,教师与老师应建立学生与自己之间的心理桥梁,关心学生,消除学生的恐惧心理。另一方面,教师必须给予患者必要的解释和指导。说明培养年轻一代接班人的重要性和必要性,引导患者关心学生,配合学生实习,能够在实习过程中理解和容忍学生的错误。在确保护理安全的前提下,鼓励学生大胆操作,不要害怕,确保学生在实习期间掌握各种临床技能。每当学生完成内容时,他们会给予适当的鼓励,以激发学生的成就感,让学生感受到爱的温暖和关怀的力量。在教学中,教师应该耐心细致,引导学生发现问题,积累知识。通过这种方式,教师在教学行为中不断表达和传授专业知识,同时也意味着对学生的尊重、信任和关怀。

2. 教师关怀护理的示范

教师言行中透露出的知识水平和专业素质直接影响着学生的身心发展和教学效果。例如,护理教师的着装仪表,与患者交谈的方式,观察病情的动作及技术操作的熟练程度都对护理学生产生了潜移默化的影响。因此,教学教师要端庄、优雅、慷慨、健谈、温柔;积极与患者沟通,了解患者的心理状况,及时报告治疗进度,保护患者隐私等,为护生提供良好的榜样。

具体而言,护理教师对关怀的护理示范反映在对实习生的教导、对患者的耐心和生活琐事中,另一方面反映在为患者实施护理的过程中。在实习期间,学生和教师在工作时间几乎是不可分割的,教师的一言一行都被护生看在眼中[69]。每个人都知道"身教重于言教"。在实施患者护理的过程中,教师对患者的态度和言行是学生的最佳示范。有教学的教师应负责指导学生为不同疾病和同一疾病的不同阶段患者的身体和心理及社会需求进行关怀,并找到有关导尿和灌肠患者等代表性病例。在暴露于身体隐私之后,护士应该在治疗室中操作或使用屏风遮挡患者。在手术前过于紧张和恐惧的患者,护生应该安慰患者使其放松。大多数成功案例都说明了,临终前患者大多存有对生命的眷恋,护士可以握住患者的手以显示舒适和鼓励,并尽可能地守在患者的床边。总之,教师应向学生表明护士应尽最大努力满足患者的生理和心理需求。

3. 建立和谐的师生关系

教学和学习是教师和学生之间的双向互动关系。这种关系的和谐直接关系到教学质量。为了培养学生对患者实施人文关怀,学生必须首先从老师那里获得人文关怀。人性化的支持环境取决于临床教学中师生之间的人际关系。事实上,学生在临床实习期间获得的关怀对他们未来的发展至关重要。如果学生在实习期间感受到照顾,他们将能够在未来的工作中充分展示出来。

因此,在临床教学过程中,教师应给予学生充分的尊重、理解、信任和关怀,自觉培养师生的感情,对学生友好、接纳的态度,营造一个舒适的人文关怀环境,以便学生能够实现自身价值。建立和谐的人际环境有利于建立一种新型的师生关系。不要指出学生在实习期间在患者或其他工作人员面前出现的问题或错误,应在事情之后在寻找学生进行交谈,再指出错误和不足[70]。教师要适时组织讨论,鼓励和激励学生在讨论中独立思考,并注意学生在学习中的感受。要用目光接触和肢体语言,给予学生关爱。在每批实习生离开科室之前,应该举行实习生会议,及时耐心地解答学生问题,征求学生的意见,及时解决他们提出的问题,并给予正确指导。

4. 让护生体会到来自他人的人文关怀

要开展多种形式的人文关怀,让护生积极地参与到当中。举办人文知识讲座,由有经验的护理人员为护生讲解,树立榜样,起到榜样作用。在日常的护理工作中,开展护理教学查房也是进行关怀教育的好时机,通过责任护士对患者的病情介绍及采取的护理措施,实习生可以小组讨论,最后由护士长或带教老师点评。现场的教学方式会给实习生留下深刻的印象。

(四)对实习生的人文关怀措施

1. 实习生入科时的人文关怀

(1)带教老师亲自将学生送到学区的病房,并与病房的护士长、教学团队的负责人护士长进行沟通。

(2)护士长和病房组长或副校长热情地接待学生。

(3)病房带领团队领导带领学生熟悉部门环境,包括病房环境及物品和设备的放置。

(4)病房带领团队领导带领学生熟悉部门其他人员,特别是教师的特点,让学生初步了解老师。

(5)病房有一个负责人来解释科室的规则、系统、日程安排、劳动纪律等。

(6)病房与教学团队负责人讲解本科教学目标、具体要求、考核内容和标准,使学生能够明确界定学习内容和目标。

(7)团队负责人向学生介绍科室常见疾病、多发病和重症,介绍病房内的患者,帮助学生尽快熟悉环境,消除学生带来的陌生感和焦虑感。

(8)带教老师主动了解学生自己的喜欢的称呼和讨厌的称号,用他们的喜欢的称呼来称呼学生,禁忌采用其讨厌的称号。

2. 实习生操作失败后的人文关怀措施

(1)带教老师帮助学生向患者解释,安抚患者,为学生争取后续操作的机会。

(2)避免在患者及家属面前指出学生操作中的错误及问题,尊重学生。

(3)用关怀性的语言安慰学生并通过目光、触摸、肢体语言等表现出对学生的理解、信任及关爱。

(4)与学生一起分析操作失败的原因,给学生提供改进的措施。给学生倾诉自己的时间和机会,鼓励学生不要放弃,不要灰心。

(5)鼓励学生继续尝试。

(6)帮助学生与患者建立良好的关系,以便为学生创造再次操作的机会。

3. 实习生被患者或家属数落后的人文关怀措施

(1)将学生快速带离现场,做好保护学生的工作,安慰学生。

(2)与患者、带教老师等了解真实情况,有效沟通,分析原因。

(3)将学生带到一个安静、相对私密的房间,引导学生倾诉自己的情绪与内心的想法,要有眼神的沟通,肢体的触碰等,让学生感受到关怀与信任。对学生抒发的不良情绪进行疏导。

(4)在了解情况后,如果学生确实出现了错误,须让学生认识到自己的不足与错误,认识到由此对患者带来的伤害,并能及时进行反思,正确认识到自己的错误,主动向患者道歉。

(5)如果学生不存在错误,应充分理解学生受到的委屈,引导学生换位思考,理解包容患者,避免学生产生心理阴影。

(6)对于心理承受能力差的学生,如情绪过于敏感,必要时应请心理老师对学生进行心理辅导。

(7)向学生传授护患沟通技巧,提高其人文沟通能力。

五、对研究生及进修生的人文关怀措施

(一)对研究生的人文关怀措施

1. 提前通知入学材料

发放录取通知书的同时发放入学所需资料的清单,将相关信息在校官网通知栏进行通告,避免出现漏拿资料的情况,方便入学手续的办理,使学生感受到人性化的流程。

2. 做好入学教育

(1)思想道德教育:教育研究生爱国、爱党、爱人民,拥护党的路线、方针、政策;关爱集体,维护集体的荣誉、利益,积极参加医院的各项公益活动;勤于思

考、刻苦钻研,不断提高综合素质,培养积极向上的思想情操:热爱护理事业,积极投身于护理事业的发展。开展思想道德教育,树立更加积极、健康的态度,有利于研究生顺利完成学业。

(2)校规教育:各级研究生的要求包括学分、专业实践和科研成果。严格遵守学校和国家的纪律和法律法规,遵守医院的规章制度,坚守岗位,不调换岗位,离开岗位,脱离岗位等。近年来,越来越多的事情涉及研究生的切身利益,如结婚、买房、出国旅游、国际学术交流等。因此,我们应该在新生入学之初就向他们解释具体的操作步骤,以免在遇到类似的需求时盲目。

(3)专业教育:向研究生传授护理专业的前沿知识、学科研究内容、相关学科的进展情况。介绍本院系或医院本专业的特色及研究方向,使新生进一步了解护理专业,热爱本专业,激发其学习内驱力、创新灵感和科研潜力。

(4)科研教育:在科研过程中,教育研究生不应急功近利,而应脚踏实地,甘于寂寞的科研精神,在科研过程中注重团队精神和合作精神。开展学术诚信教育,研究成果必须真实可靠,不得篡改、伪造数据研究资料等。

3. 提供优质的生活环境

高校后勤应为学生提供优质的服务,舒适的住宿条件,温馨的学习环境等。

(二)研究生在读期间的人文关怀措施

1. 课程设置

课程的设置应以学生为中心,应符合培养目标,尊重学生的想法。适当地扩充护理研究生的课程范围、增加跨学科课程,课程的设置要突出护理专业的特点。课程设置要适应学科发展和学生个人的发展,每年根据反馈情况更换主题,扩展学生的视野。

2. 指导及帮助课程的选择和学习

入学初制订课程学习计划时,研究生对专业知识及课程信息了解不深入,学校应制订可参考的选课计划,最好实施阶段性的选课机制,允许学生跨专业、跨学科、跨学院进行学习;导师应根据研究方向及其知识结构指导选课。研究生在课程学习过程中,学校应筛选优秀的授课老师,授课教师应遵守教学准则,教书育人、为人师表;导师应关心学生学习,为其推荐参考书籍。

3. 妥当安排临床实践

指导研究生按学位类型完成临床能力实践所规定的时间,并根据培养目标、学生研究方向和兴趣与学生制订轮转计划。教育学生严格行医,注意医疗安全。研究生未取得护士执业证书或没有长期从事临床护理工作的,必须严格遵守《护士条例》,在带教老师的指导下完成各项操作[71]。服从轮转安排,填写《护理研究生临床轮转科室考试表》,通过转学考试和阶段考试。促进研究生与护士长或临床教师的沟通，积极解决临床实践中的各种问题。积极参加各种临床护理学术活动，培养临床护理分析和批判性思维能力。严格遵守医院的护理礼仪和行为规范。遵守医德规范，尊重、关心、体谅患者，语言文明，热情、耐心地为患者服务。

4. 注重各种能力的培养

应培养研究生的自主学习能力、科研能力、临床护理能力等。鼓励学生积极参与相关课题的研究，根据学生兴趣、能力的不同，分配不同的任务。促进学生与老师的多方面交流，学习到更多经验。

（三）对进修护士人文关怀措施

1. 进修生入科时的人文关怀措施

（1）进修生到进修报到处报到后，电话联系进修科室的负责人派专人前来迎接进修生入科室。

（2）病房护士长及临床培训老师热情接待进修生，相互介绍，并介绍科室其他人员，便于相互之间初步了解，促进进修生尽快融入集体，消除陌生感。

（3）临床培训老师带领进修生熟悉科室环境，包括病房环境及物品、器材的摆放位置等。

（4）临床培训老师向进修生讲解科室规章、制度、排班、劳动纪律等。

（5）临床培训老师向进修生讲解进修期间相关的培训及考核安排，便于进修生明确学习内容，制订学习计划。

（6）临床培训老师向进修生介绍科室的常见病、多发病及危急重症，介绍病区的患者，帮助其尽快熟悉环境，消除新入科带来的焦虑感。

（7）临床培训老师与进修生进行沟通，了解其所在医院及科室的工作状况、具体需求，根据其特点制订个体化的进修培训计划。

（8）护士长及临床培训老师关心进修生的工作及生活状况，为其食、住、行提供必要的帮助，并鼓励科室其他护士多关心进修生，以消除其心理上的孤独感。

2. 进修生进修期间的人文关怀措施

（1）护士长与临床培训老师要随时关注进修生近来的工作状况、身体状况及思想动态。

（2）在进修生不适应临床工作的进修初期，护士长应多给予进修生关心、鼓励，协助其完成工作。

（3）根据进修生的进修需求，制订与进修生相适合的具有个体化的进修培训计划并实施。

（4）为进修生提供参加医院相关内容培训或学术交流、讲座的机会，为其提供学科发展新动向的信息，扩大其专业视野。

（5）由于临床工作十分忙碌，进修生可能会出现压力过大的时候，护士长与临床培训老师应及时与进修生进行有效沟通，寻找有效释放压力的方法，如果压力过大可适当提出休息调节，以免在临床工作中发生护理安全不良事件。

（6）当进修生出现压力过大或情绪不佳时，可请求院心理小组成员进行疏导，并为其提供假期，鼓励其回家探亲以缓解不良情绪。

（7）主动为进修生提供必要的生活帮助。

（8）当进修生身体不适时，在班次上给予适当的照顾。若疾病情况严重，需要住院，护士长与培训老师应联系其家属。

第七节　新生儿的照护与人文关怀

一、新生儿的生理需求

胎儿经过母体漫长时间的孕育，最终脱离子宫，成为一个新的生命，开始走向独立。现实世界充满着新奇和体验，都深深地吸引着新生儿，同时新生儿也会对外界的刺激产生反应。新生儿通过学习和实践来完善自己，进而形成自己的个性，构建心灵。新生儿被外界的环境吸引着、激励着，来促进新生儿的生命发展。

（一）新生儿柔弱而顽强

新生儿的器官还没有完全地成长，骨骼也没有得到完全的硬化，运动神经也没有完全开发，无法完全传达大脑的指令。因此，新生儿的反应还处于迟钝的阶段。新生儿的提问调节能力还没有形成，并且没有适应环境变化的能力，呼吸系统发育不完善，消化系统发育不成熟。脱离母亲的子宫之后，这个小生命来到充满各种挑战与刺激的新世界，会显得有些柔弱，但新生儿具备一些基础的感觉，如味觉、触觉、视觉等，对光的强弱会有反应，小生命会渴望探知新世界，不断地适应新世界，来展现这个生命顽强的生命力。新生儿就像从土壤中钻出的新芽，脆弱而坚强。

伟大的生物学家J·H法布尔说过：各种生物都应该感谢母爱为他们的生存提供保护。如果逃避灾难仅仅依靠生存技能的话，那么这些小生物在具备生存技能之前又怎样保护自己呢？老虎的小崽生下来是没有牙齿的，小鸟刚出生时是没有羽毛的。因此，为了物种的延续，首先就需要父母的保护。如果仅仅靠着强壮的身体来生存，那么物种就不能延续。生物物种延续的主要原因是成年个体对幼儿的保护与爱，人类也是如此。

（二）新生儿需要舒适的环境

新生儿出生后，应该保持给新生儿一个与子宫环境相似的环境。新生儿在母亲的身体里处于相对安静与安全的环境，并且处于恒温的状态。所以新生儿需要一个温度、光线、噪声方面都相适应的环境。

（三）新生儿需要母乳

新生儿在出生后，不具备完全的消化能力，不能吃人们吃的食品，需要母乳的喂养。新生儿在分娩后，只是与母亲的位置发生了分离，但母子的联系是不可割断的，母乳的喂养就是母子之间最紧密的联系行为。任何一位母亲都具备哺育新生儿这与生俱来的能力。母乳是新生儿最好的食物和营养，是任何食物都不能代替的，只有母乳才能满足新生儿的生长需要。

二、新生儿的照护原则

（一）模拟子宫环境

新生儿出生后，应该保持给新生儿一个与子宫环境相似的环境。医院在新生儿出生后经常将婴儿放进保温箱里，是一个玻璃房子，要严格控制保温箱里的温度，并且逐步变化最后与外界温度相同。为了使光线柔和，玻璃采用的是蓝色玻璃。新生儿使用的衣物也应是经过严格挑选的，应选择柔软、吸水性好的纯棉材质，衣服的样式简单，宽松舒适，避免摩擦皮肤，并且穿脱方便。包裹新生儿的被褥不应用带子捆绑，不要太紧，使得新生儿四肢不能自由伸屈。同时，应预防感染，对新生儿进行严密的监护，避免发生意外。应该严格按照规定来移动或是触摸新生儿。不应将新生儿突然放入水中洗澡，会给新生儿过多的刺激。可以将新生儿放入一个温暖的房间里，可以用像吊床一样的被子来抱新生儿，动作要轻柔。一定要避免突然抱起或放下的动作，以免对新生儿造成伤害。

（二）进行母乳喂养

首先，母乳喂养可以降低新生儿肠道和呼吸道感染的概率，减少由牛奶或是其他食物喂养带来的过敏问题，并且对降低新生儿肥胖、心血管疾病发生率是有帮助的。喂食母乳能够增强新生儿的安全感，对提高新生儿情商也是有帮助的。其次，母乳喂养有利于产妇子宫的恢复，能够降低子宫出血的可能，改善营养状况，并且可以帮助产妇加速恢复至产前的状态，还可以降低更年期乳腺癌与卵巢癌的发生风险。

产妇一定要有母乳喂养的信心，循序渐进，做到科学喂养；应尽早进行母乳喂养，并且要注意喂养的姿势与时间，防止新生儿进食太多或不足；产妇也要做好乳房的清洁与护理，防止乳头皲裂。如果不能进行全母乳喂养，可以用配方奶粉或其他乳品代替母乳，甚至可以进行全人工喂养。

(三)合理刺激感知觉

新生儿的培养不应只是将其放在一个舒适的房间隔离起来，并让其尽可能的睡觉，这是不合理的。新生儿出生后已经具备了基本的感知觉，如听觉、视觉、味觉和触觉。新生儿可以通过眼睛、表情等来代替语言，新生儿的眼睛明亮而充满希望。儿童的眼睛不仅对光敏感，而且可以接受不同的信息，他们会用眼睛不停地去寻觅。范兹的视觉偏好研究表明，即使是出生不久的新生儿也具备辨认东西的能力，并且可以对图案进行精细的分辨。

巴普洛夫说过:“如果从第三天起对新生儿进行教育，那么就迟了两天”。新生儿出生以后，多数家长会选择把新生儿安置在一个安静的环境中，使新生儿保持舒适。其实，这样是不对的，从怀孕后的第 28 周开始，胎儿的听觉就已经形成了，且已经习惯了有些嘈杂的环境。如果出生后突然变得特别安静，会对新生儿的发育造成不利的影响，限制新生儿对新环境的认知。因此，新生儿的生活环境应与母体中的环境相似，不能过于安静，也不能过于吵闹，光线要柔和，并且要保证在这个环境中新生儿能接触到正常发育所需要的各种刺激。

1. 为新生儿的成长创造丰富的视觉环境

既然人的正常面孔、活动的物体、鲜艳的色彩等都能给新生儿带来刺激，我们就可以将这些刺激作为新生儿获得丰富视觉的良好参照，比如我们可以在婴儿床的床头放置一些色彩鲜艳、能发出声音的铃铛或者父母的照片等。

2. 为新生儿营造一个有声世界

为新生儿提供有声的玩具；为新生儿播放音乐，节奏轻柔、优美的音乐可以给新生儿带来足够的安全感，让新生儿对音乐产生兴趣。但要控制放音乐的时间，不可太久；还要与新生儿聊天，特别是父母的话语，会让新生儿学会初步的情感交流。

3. 触摸、抓握练习

从出生开始，应当适当的与新生儿进行一些触摸或是抓握的游戏，让新生儿感受到不同质地和形状的东西，如硬的积木、软的毛绒玩具等，都能给新生儿带来丰富的触觉体验，锻炼手的抓握能力。

4. 新生儿的抚触

对新生儿进行抚触有助于新生儿各个系统的发育，并对新生儿的神经系统发育有着重要的作用，有利于母子间情感的交流。新生儿的抚触应由专业人员进行指导，注意避免对新生儿的皮肤、关节造成损伤。

三、新生儿的心理需求与人文关怀

（一）心理需求

1. 渴望探知世界

新生儿来到世界上，是生命新的开始，是生命新的跳跃。心理学家发现新生儿在出生三小时之后就具备了丰富的心理活动，可以认为婴儿在精神方面具有特殊的天赋。但在成人看来，新生儿似乎不具备什么能力，因为新生儿不能做任何事情，甚至不能移动身体，翻身都成为难题，肢体功能不完善，也不能说话，所以，一直以来，婴儿的创造潜能被人们所忽略，而新生儿的精神力量实际超乎我们的想象。

出生不久的新生儿只能通过躺着来保持自身的平衡，因此，新生儿只能看到自己身体上方的环境，并从中得到最初的印象。心理学家注意到这一点后，对此进行了实验设计。他们将一只彩球悬挂在了婴儿床上，用其分散新生儿的注意力[72]。新生儿渴望得到环境中一切事物的印象，他会盯着眼前不断晃动的物体。但是，新生儿不能够自如转动自己的头部，只能通过转动眼球来捕捉晃动物体的节奏。新生儿渴望探知世界上一切的事物，他们需要机会去感知世界。

2. 出生恐惧

新生儿的出生通常被认为是相对母亲而言的，多数人认为这是一个母亲所经历的，却很少有人注意到新生儿出生的这个艰苦旅程，母亲可以表达出这个过程中承受的痛苦，但新生儿却不能，因此只能啼哭。现代心理学家采用“出生恐惧”来描述新生儿的这一心理活动。

新生儿突然来到这个陌生的世界，来到一个与母体完全不一样的生活环境中。新生儿必须要适应这个新的生活环境，而又无法通过语言来表达这一艰难的过程。新生儿是一种无意识的恐惧。新生儿潜意识里对分娩的痛苦是有意识的，对外面世界也充满了恐惧，成人一定要帮助新生儿面对并适应新的世界。新生儿第一次洗澡的时候，将他放入到水中，他们也会因为害怕自己掉到地上而有“抓”的动作，这是一种恐惧的反应。现代心理学家认为，正因为新生儿感受到精神饥饿，所以才会啼哭不止。正是心理的无助才使新生儿感到害怕和恐惧。

3. 皮肤饥饿与依恋

在母体内，胎儿被羊水包裹着，随着母亲的动作变化，胎儿与羊水发生摩擦，这种摩擦是十分轻的，是羊水对胎儿皮肤的摩擦。出生后，若有父母的轻拍或是摇晃，是不会使新生儿出现皮肤饥饿的状况的；如果没有父母的抚触，只将婴儿放在婴儿车内，会很容易发生皮肤饥饿。

母子之间有一种与生俱来的联系，心理学上将此称为“依恋”。儿童与父母之间建立的一种特殊的情感关系就是依恋。接触性安慰是依恋形成的主要因素。新生儿出生,最先接触到的就是父母。早期的亲子关系是新生儿降临于世后最初的也是最重要的人际关系。新生儿出生后最需要的是父母爱的抚慰与触摸。良好的早期依恋有助于新生儿健康成长,父母温暖的怀抱是新生儿最好的港湾。早期依恋是新生儿心理成长的过程中必不可少的。

(二)新生儿的关怀

1. 构建心灵,挖掘潜力

人类知道世界万物,知道如何在贝壳里挖掘珍珠,知道如何在矿山中挖掘金子,却对人的精神世界知之甚少,对新生儿内心所潜藏的创造力更是知之甚少。在特定的敏感期内,新生儿通过感觉来了解并发现世界。新生儿能够频繁地与世界交流,这种能力是随着每一次的交流来不断提高的。如果错过敏感期,新生儿与世界的交流就会减少甚至消失,造成新生儿对这个世界的漠然[73]。无论环境多么复杂、多么陌生,新生儿都能从中感受到有兴趣的东西,就像海绵一样从周围环境中汲取有趣的部分。新生儿在新世界中学到的东西都是新生儿构建心灵的基石,并成为新生儿个性的一部分。

新生儿所具备的认知能力远远超过我们的认识。新生儿所具备的视觉能力、听觉能力和模仿能力都是新生儿的交往能力。新生儿母音分辨实验发现,新生儿的辨音本领令人惊奇。虽然新生儿还不能够用语言表达,但却具有分辨能力,这种分辨能力甚至可以接近成人水平。父母应该认识到婴幼儿极强的认知学习能力,并在这一阶段充分发掘新生儿的潜能,有利于新生儿健康心灵的构建。培养新生儿的交流和模仿能力时应做到以下两点:

(1)交流时表情要丰富:在新生儿刚刚睡醒时,要与新生儿对视,父母应该与新生儿进行语言交流,不管新生儿是否能够听懂,给新生儿尽可能多的模仿机会,促进其模仿能力和交流能力的发展。

(2)多互动多模仿:父母在和新生儿说话时要注意说话节奏,语速放慢,句子之间要有一段时间的停顿,甚至像唱歌一样和新生儿说话,不断地重复自己的话语与动作,以便于新生儿能够清楚地观察与模仿。在与新生儿说话的时候,父母也可以模仿新生儿的行为。父母要调动新生儿的积极性,吸引新生儿密切关注自己。

心灵的构建需要的是来自亲人的爱与关怀。新生儿最需要的是亲人的陪伴,亲人的陪伴与关怀是成长的阳光与雨露,为新生儿的成长提供必不可少的养分。个体的心理发展是从量变到质变的运动变化过程,也可以说是一个阶段性的过程,这一阶段为下一阶段的发展提供基础。新生儿时期新生儿的心理构建是未来新生儿心理发展的基石,而在早期的阶段,父母对新生儿心理的构建起到重要的作用。

2. 抓住敏感期，给新生儿安全感

(1)重视敏感期：唐·沙桐医生对新生儿的实验表明，新生儿出生后的15分钟时间里，母子间的接触对新生儿产生的影响很大，甚至可以延续到2年以后。因为新生儿从母体子宫出来，来到陌生世界会特别警觉，对外界的刺激特别的敏感。在新生儿出生后，对新生儿稍做处理之后，要马上进行母子接触，通过母亲的怀抱与抚摸，让新生儿感受到母亲的爱和温暖。同时，母亲与孩子的接触会让母亲进入角色，激发母亲对孩子的爱，熟悉新生儿，进而建立良好的亲子关系。

(2)保持母子身体亲密接触：新生儿非常需要母亲温暖的怀抱，新生儿也会感受到父母与之接触时所传递的爱与安全感。因此，妈妈应保持与新生儿身体的亲密接触。心理学家认为母乳喂养不单单能给新生儿带去营养，还可以让新生儿在母亲的怀抱里感受母亲的温暖，消除新生儿的皮肤饥饿。新生儿是极需要安全感的，这也是新生儿成长的关键，有了安全感，新生儿就可以积极地认识这个世界。因此，家人应尽可能多搂抱自己的宝贝，避免新生儿感到皮肤饥饿。

四、新生儿家庭的需求与人文关怀

(一)家庭中心的偏移

新生儿诞生后，家庭原有的平衡将会被打破，会短暂出现混乱。因为家人会将注意力集中在新生儿身上，原本平衡的相互关心都会被改变。同时，每个人又都希望自己得到他人的关注，但每个人将有限的关注都集中在了新生儿的身上，最后每个人都会被忽略，会给家庭和家人造成冲击，这一点对于刚刚经历分娩痛苦的母亲来说，是最为印象深刻的。新生儿的母亲在经历分娩痛苦之后，不仅没有轻松下来，反而要面对更为慌乱的情形。新生儿嗷嗷待哺，所有的事情对于一个新手妈妈来说，都那么的慌乱、不知所措，再加上家人之间不同的意见，会给新生儿母亲造成很大困扰。

对于新手爸爸，工作的需要与父亲的责任使得他们充满了压力。社会学家将这种努力去满足两种角色的需求但又很难同时兼顾的经历称为角色冲突。初为人父的男人总是希望自己能够给妻子足够的支持，这种支持包括感情的支持与实际的支持，但这个时候，家人也希望看到爸爸能够不断努力工作来满足不断提高的家庭经济需求。在底特律的研究中，人们发现初为人父的男人们多是积极努力的，他们对工作更加的认真。随着新生儿的出生，爸爸们的压力也逐渐增大，一时难以应对。

（二）家庭平衡的重新架构

家庭原有的平衡被打破后，就要寻求新的平衡。在寻求新的平衡过程中，沟通与换位思考是必不可少的。多数母亲会认为，新生儿出生后，自己就升级为母亲，自己的长辈也升级为爷爷奶奶等，大家的中心将都会在孩子身上。但是最后改变思想，换位思考后，所有的问题都会迎刃而解。家庭成员之间真诚的沟通与相互理解能够形成更和睦的家庭氛围，而健康的、良好的关系与和睦的氛围是新生儿成长和发展的土壤，因此，家庭成员之间应该相互理解、相互谅解，共同为家庭奉献自己。

五、患病新生儿的需求与关怀

母体子宫腔内的问题、新生儿先天发育或者是后天外界刺激等因素都会导致新生儿不同类型的疾病。由于新生儿的抵抗能力较弱，加之疾病的影响，会带来更复杂的问题。下面以早产儿为例来阐述新生儿的需求与人文关怀

（一）患病新生儿的生理需求与关怀

早产儿由于在预产期之前就来到这个世界，所以相对正常新生儿来说会有诸多的问题。早产儿的皮肤会比较薄，不能抵御外界的损伤，不能很好调节体温；肺部还没有发育完善，会容易产生呼吸暂停等问题；消化系统不够完善，不能很好地吮吸；消化也不能很好地进行，容易出现喂养困难的状况。早产儿的大脑相对正常新生儿不够发达，免疫力也低于正常水平，容易感染。

早产儿需要更多的照护与关注。在住院期间，护理人员应给予早产儿科学的照护。同时，护理人员应教会早产儿的父母如何在家照护早产儿，实现持续性照护。

1. 关注早期吮吸

早产儿出生后会被直接送进监护室，接受营养护理。虽然静脉给养足以满足新生儿的发育需要，但早产儿的先天吸吮能力不足，胃肠功能发育不全。婴儿的非营养吮吸（安抚奶嘴）可以缓解早产儿的紧张情绪，促进早产儿成长以及胃肠功能的发育，为营养性吮吸做准备，提高早产儿的吮吸能力，还可以起到镇静作用。

2. 关注保暖

早产儿的体温调节能力不足，再加之皮肤薄，皮下脂肪少，因此，要十分关注早产儿对周围环境中温度与湿度的要求，但保暖并不是把早产儿包裹的过于严实。根据早产儿的体质、重量和孕周来设置保温箱的温度与湿度，模拟子宫环境，将其体温维持在 36.6 ~ 37.0 ℃。

3. 关注营养

早产儿从母亲获得的营养常常不足。与正常新生儿相比，早产儿会通过排尿流失钠元素。早产儿在出生两周内要补充盐分，对他们的身体和智力有益处。一定要关注早产儿的营养情况。

4. 预防感染

早产儿的抵抗力低，要及时预防感染，保持环境卫生，定时消毒、杀菌。护理人员与接触早产儿的亲人应做好个人卫生处置，如有感染，注意与新生儿隔离等。

（二）患病新生儿的心理需求与关怀

1. 新生儿的恐惧

早产儿提前从温暖子宫分娩出来，身体暴露在暖箱里，缺乏安全感。与正常新生儿相比，早产儿自身发育不成熟，对外界充满了恐惧，与此同时，因为疾病等原因，会使得早产儿突然面对很多的痛苦与刺激。这个时候新生儿急需母亲的爱护，需要母亲的怀抱，母亲的温暖，但早产儿被安置在暖箱里，与母亲分离，会增加新生儿内心的恐惧。

2. 鸟巢护理法

胎儿在子宫内是被温暖的羊水包裹的，分娩出来的时候早产儿喜欢蜷缩着，像在“鸟巢”里一样。早产儿由于过早地离开了母亲子宫的保护，在暖箱里会感到不安。鸟巢护理法是在暖箱中设置一个 U 型的保护，营造似鸟巢的子宫环境，可以让新生儿感到安全、舒适。

3. 抚触护理

护理人员对早产儿进行抚触护理，用双手在早产儿身体的各部位进行按摩，通过皮肤感受向大脑传递信号，同时也给早产儿听觉和视觉上的刺激，给早产儿一个全方位的舒适体验。要在早产儿清醒状态时，进行抚触护理，抚触前先涂抹润肤油，然后动作轻柔地抚触早产儿的头面、胸腹、四肢以及背部，进行依次按摩，同时进行语言、眼神的交流，每天一到两次，每次 10～15 分钟，出院后指导父母继续进行抚触护理[74]。

4. 连续性爱护

早产儿的照护是一个持续、漫长的过程。就像接力赛一样，护理人员照护后，要将早产儿稳稳地交给早产儿父母。因此，在出院之前护理人员要对早产儿的父母做好指导工作，确保早产儿在出院后得到持续的照护。袋鼠保养法推荐：母亲平躺，将早产儿抱置两乳之间，让早产儿俯卧，使早产儿与妈妈的皮肤亲密接触。这种姿势就像袋鼠的育儿方法。通过母亲与早产儿的身体接触，可以保持早产儿的体温。

第八节 婴幼儿的照护与人文关怀

一、婴幼儿的生理分期

(一)新生儿期

胎儿分娩肚脐结扎后到出生后28天之间是新生儿期,这一时期包含在婴儿期内。新生儿期因新生儿的生长发育具有非常明显的特殊性,因此列为婴儿期中的一个特殊时期。新生儿期是新生儿面对外部环境逐步调节自身的最初阶段,在此期间新生儿的生理调节与适应能力不够成熟,所以发病率与死亡率都比较高[75]。此外,先天畸形等常在这一时期表现出来。因此新生儿期需要加强护理,保证新生儿的健康。

(二)婴儿期

婴儿期是新生儿出生后至一周岁之间。在这一时期,新生儿生长发育非常迅速,因此对能量和营养的需求相对较高。在此期间,新生儿器官的生长发育也在进行,但还不够成熟与完善,尤其是消化吸收功能。不够成熟的消化系统不能够适应大量食物的消化吸收,容易造成消化不良或营养缺失情况。6个月后,新生儿体内来自母体的抗体逐渐减少,而自身免疫能力还没有成熟,容易发生感染,需要有计划地进行预防接种,完成基础免疫程序。

(三)幼儿期

新生儿自1岁至3岁为幼儿期。在这一时期,新生儿的生长发育速度会稍有变缓,而智力发展速度则非常迅速,同时新生儿学会说话、走路,开始逐渐接触社会事物。新生儿的语言思维能力逐渐增强,适应社会能力逐渐提高,开始逐渐自主、独立,但危险识别和自我保护能力不足,需要注意保护新生儿不要受到意外创伤。此阶段新生儿的消化能力仍不够完善,对营养的需求仍相对较高。断乳与其他食物的添加都在这一阶段完成,因此,为了保持新生儿的正常生长发育需要适宜的喂养。另外,新生儿开始逐渐接触外界环境,需要预防各种传染病。

(四)学龄前期

新生儿3岁到入小学前的这一阶段是学龄前期。这一阶段新生儿们好动、多问,语言思维能力进一步发展,智力逐渐发育成熟,自理能力增强。新生儿这一阶段进入幼儿园,生活范围逐渐拓宽,社交对象也变得多元,随着进入幼儿园，新生儿的生活也变得规律。学龄前的孩子虽然免疫能力逐渐增强，但因为生活范围的扩大，接触细菌的机会增加，仍然需要预防各种传染病。

二、婴幼儿的性格特点

根据目前的一些情况研究，1 岁左右的孩子已经开始形成自己的个性。根据他们在日常生活中的个性表现，基本上可以将他们的个性分为以下三类：

服从型：大多数婴幼儿属于这一类。他们可以很快为自己建立一个惯性生活过程。他们很容易接受家人照顾他们的方式。他们可以愉快地、轻松地适应新的环境、新的事物和新的接触。他们很少给父母和家人带来麻烦。

慢热型：对外界事物刺激的反应比较慢，个性偏向害羞。对于外部刺激，最初的反应大多是稍有保留，情绪比较易变，必须花很长时间才能逐渐适应。

调皮任性型：无论是吃饭还是睡觉，养成有规律的习惯是不容易的。对于新的食物或任何新的活动，都是不容易做到适应接受，尤其是爱哭。

对上述各类婴幼儿应采取不同的交流方式。对于听话型的孩子虽然喂养相对容易，但不要因为他听话而忽视他真正需要的爱和各种有益的活动；对于慢热型的孩子不要因为他反应迟缓而气馁，而是要多给点诱导，多付出点耐心。如果有一个“固执的婴儿”，就必须付出极大的耐心，才能灵活地回应他的要求。

弗洛伊德认为孩子在 3 ~5 岁养成的个性特点对孩子的一生起到关键作用，也就是说在 3 ~5 岁期间是孩子性格养成时期，5 岁后性格可能会稍有变化，但在本质上不会发生太大改变。因此在婴幼儿阶段对孩子的教育训练是十分重要的，过于内向的孩子，在与其他孩子建立友谊关系时，心理上容易出现自卑、缺乏安全感等消极情绪。所以家人一定要做好这阶段孩子性格的培养，陪伴孩子健康成长。

三、婴幼儿的照护原则

（一）注意观察

在婴儿刚出生时还不会使用语言，多是通过肢体语言来表达新生儿自身的状态与感受。因此，照顾新生儿的家人一定要细心，通过对新生儿外在表现的全面观察来判断新生儿的各种需求，适时、适量、适度的满足新生儿的需求。

（二）全面关注

照顾新生儿的家人要全面关注新生儿的反应，敏锐识别出新生儿的各种需求，如新生儿饿了、渴了、困了、冷了、热了等。因为新生儿的语言表达能力还不够成熟，因此全面的关注能够确保及时发现新生儿的需求，并给予及时的照顾。

(三)积极回应

新生儿在0～3岁时,是安全感和信任感构建的主要时期,而新生儿的安全感与信任感是家人与婴儿高效互动的过程中实现的,其中最重要的是满足婴幼儿的各种生理需求。婴幼儿需要母亲和家人满足其基本的需求和成长物质来获得成长,当自己的需求得到积极的回应时,婴儿会认为自己是被爱的,外界是可以被信任的;如果婴儿的需求没有得到回应,饥饿、不适等生理和心理上的需求没有得到及时的满足与关注,婴儿会觉得自己不好,不被爱,这个外界对他来说是不被信任的。因此妈妈和家人要全面的观察婴儿,并给予积极的回应。

(四)适度的给予

满足婴幼儿的需求时,要注意适度、适量、适时。如新生儿饿了的时候,要吃得适量,不要喂食太多。衣服也要穿得合适,不要太多,也不要太少。成人不能以自己的感受来评估孩子,也不要完全按照育儿书籍上的方法,而是要细心观察,根据孩子的独特生理特点来给予关怀和照护。

四、婴幼儿的生理需求与人文关怀

(一)婴幼儿的生理特征

1. 生长发育速度快

新生儿离开母体温暖、舒适的子宫,需要经历生理上的变化,才能适应外界环境。婴儿期的生长发育是最快的,因此,婴儿对能量与营养的需求量是相对较多的,而其消化吸收能力还不够成熟,所以容易出现消化紊乱和营养不良的情况[76]。随着胎儿的生长,胎儿通过胎盘从母体获得的免疫物质逐渐减少,而自身免疫能力还不够成熟,所以容易患有肺炎等感染性疾病。到了幼儿期,生长发育速度逐渐减慢,但神经系统与心理发育迅速,行走能力和语言能力增强,开始有自主与独立的能力,活动范围扩大,与外界环境接触增多,对外界有强烈的好奇心,乐于模仿与尝试,但这时的免疫能力仍然不够成熟,且对危险事物的识别能力差,因此,这一时期的感染性疾病或传染病发病率仍然较高,意外伤害的发生率也较高。

2. 婴幼儿生长发育的规律

虽然每个孩子的生长发育模式都不同,但不同孩子在婴幼儿期的生长发育也有可遵循的共同规律。一是婴幼儿的生长是连续性和阶段性的。即在整个幼儿期,孩子的生长发育是一个连续的过程,但生长速度是阶段性的,如体重和身高的增长在出生的前三个月是最快的,之后生长速度逐渐减慢。二是孩子各系统器官发育的不平衡性。孩子的各系统器官是遵循一定规律来发育的,与其不同的年龄和生理功能有关。如神经系统发育较早,在出生两年内大脑发育是最快的,淋巴系统在儿童期迅速生长,生殖系统发育最晚。三是孩子生长发育的顺序性。生长发育通常遵循由上到下、由简单到复杂的顺序。如婴儿的运动发展是先抬头,然后抬胸,再学会坐、立。四是个体的生长发育的差异,每个孩子的生长发育不是完全相同的过程,在孩子生长发育的过程中,没有绝对的标准,医护人员与家长应该考虑各因素对婴儿的影响,全面而辩证地看待孩子的生长发育。

3. 影响孩子生长发育的因素

在孩子的成长过程中受诸多的因素影响,通常是受到两方面的因素影响,即先天因素与后天因素。先天遗传因素决定了生长发育的可能性,但生长发育的可能性与潜力又受到环境因素的影响[77]。个体的种族、家族的遗传信息十分深远,如孩子的皮肤的颜色、身材的高矮等都与遗传因素有关。而后天的环境因素则包括给予孩子的生活环境、养育方式、家庭教育等。

(二)婴幼儿的生理需求

1. 吃——营养的满足

(1)母乳喂养与辅食添加:母乳是孩子最好的食品。在孩子一岁前,提倡母乳喂养。母乳喂养能够满足婴儿的营养需求;能够提高孩子的抗病能力;并能够很好地促进母亲与孩子的交流,有助于婴儿良好心理的建立。孩子来到世界上的第一感觉是在吮吸乳汁的过程中得到的。对于孩子来说,在饥饿的时候,能够在温暖的怀抱中吮吸乳汁是最美好的体验。妈妈在哺乳是与孩子对视,让孩子在享受吃奶的过程中与母亲有眼神的交流,也是培养与孩子亲密接触的良好时机。这有助于孩子建立安全感与信任感。随着婴儿月龄的增加,要为婴儿添加适当的辅食,增强营养,根据孩子的生长需要来补充维生素。在孩子长出乳牙时,可以适当地让孩子吃点较硬的食物,有助于孩子牙齿和下颌骨的发育。

(2)断乳:断乳是对孩子进食方式的改变,也是孩子与外界关系的改变。一般在断乳是在婴儿 6 个月以后。断乳前,要为孩子及时添加换乳食品,为断乳做好准备。妈妈要掌握换乳食品添加的顺序与食物的选择,以免孩子以后出现挑食、偏食等情况。要给孩子积极的进食体验,提升孩子对母乳以外食物的兴趣,引导孩子享受进食的过程。在添加换乳食品过程中,妈妈要注意孩子粪便的形状,来判断换乳食品是否恰当。在断乳期间,妈妈也要观察婴儿可能出现的啼哭、焦躁等表现,要及时给予关心和爱护。

(3)1 ~3 岁喂养:婴儿的胃容量较小,消化和吸收能力还没有完善,而且乳牙没有长齐,咀嚼能力较弱。因此,婴幼儿的进食需要注意摄入量与质量,做到合理搭配。妈妈应该给孩子提供生长发育所需要的能量与蛋白质,保证各种营养的充足和均衡,并培养孩子良好的进食习惯。同时妈妈也不要主观臆断,要观察孩子的心情与行为,尊重孩子的进食体验,要满足孩子的生理和心理。吃饭也是孩子与食物、与他人接触的一部分。

2. 穿——保暖需求的满足

婴幼儿的皮肤散热较多,自身产热较少,体温调节能力不够完善,因此妈妈应注意及时给孩子保暖。穿着、包裹的方式要“软、宽、松”,衣服应清洁、柔软、方便穿脱。如包裹和被子应柔软、透气、保暖,要勤洗、勤换、勤晒。包裹的时候要避免过于紧身。一岁以后,孩子学会走了,活动范围逐渐扩大,活动能力逐渐增强,这时需要舒适、宽松的衣服,便于新生儿的行动。

3. 睡——睡眠需求的满足

充足的睡眠是保证孩子健康的条件之一,如果睡眠不够充足,孩子会烦躁、食欲减退。每个婴儿所需的睡眠时间不同,每个孩子在不同的年龄需要不同的睡眠时间。总的来说,新生儿的睡眠时间一般是每天 16 ~ 18 小时;在 0 ~ 3 岁时,随着月龄的增长,孩子的睡眠时间会逐渐减少,两次睡眠之间的间隔会增长,2 岁孩子的睡眠时间一般是每天 13 个小时。家人要观察孩子的睡眠特征,了解孩子的睡眠需求,注意并培养孩子良好的睡眠习惯。孩子要有自己固定的睡眠场所和固定的睡眠时间。孩子睡觉时应保持自身的干爽、舒适。

4. 哭——及时沟通交流

在婴儿学会用语言表达之前,哭是孩子最重要的表达方式。孩子哭的原因有很多,如饥饿、困、身体不舒服、不开心等都会引起孩子的啼哭。新生儿时,哭是孩子与人交流的方式。哭代表着孩子的某些需求,可能是告诉父母新生儿饿了,新生儿身体不舒服。出生一周以后,所有的新生儿几乎都会有一段时间是哭闹的。当孩子啼哭时,家长要根据哭声来寻找原因。饥饿、尿湿或是困乏时的哭声一般不大;剧烈的哭声往往是因为疼痛引起的,这个时候需要及时处理。

五、婴幼儿的心理需求与人文关怀

(一)婴儿感知觉发展的需求与关怀

婴儿在出生后就已经具备了很多的感觉知觉能力,婴儿感知到外面世界与成人感知到的几乎是相同的;而在一些其他方面,则需要积累经验才能和成人获得同样的感受。这表明,感知觉的发展是生理成熟与经验共同作用的成果,婴儿正处于遗传和教养两端之间的某个位置。

1. 婴儿神经系统的发育

新生儿脑容量是成人的四分之一，神经细胞数量已与成人相同，但树突与轴突相对少而短。出生后脑容量的增加主要是来自神经细胞体积增大和树突的增多和增长，以及神经髓鞘的形成和发育。婴儿一出生就具有吮吸、吞咽和握持的一些非条件反射。

2. 皮肤感觉的发展

婴儿皮肤感觉包括触觉、痛觉和温感。新生儿触觉已经很灵敏，尤其是手掌和足底等部位最为敏感，而大腿、躯干等部位相对较迟钝。在三岁前，触觉还是婴儿认识活动的主要方式，之后视觉、听觉逐渐完善与触觉相结合。2 到 3 岁时幼儿能够通过触觉来区分物体的软硬、温热等。新生儿就已经具备了痛觉，但比较迟钝，痛觉刺激后出现泛化的现象，从第二个月之后才会逐渐改善。新生儿的温感十分灵敏，冷刺激比热刺激更能引起刺激反应，如离开母体温暖的环境，温度骤降，新生儿就会啼哭。

3. 新生儿的味觉是最发达的

当婴儿出生后，他们的味觉发育得已经很完善了，新生儿能够分辨酸、甜、苦、咸这四种基本味道，并能够用面部表情来表现这四种味道。新生儿在出生的第一天就具备了嗅觉功能，并能形成嗅觉习惯。出生一周内就已经能够分辨几种不同的气味，并偏爱母亲的体味。

4. 视觉与听觉的发展

新生儿已经具备了视物的能力，但因为视网膜黄斑区发育不够完善和眼外肌协调能力差，所以视觉不够敏锐，只能在 15 ~ 20 厘米的范围内看清楚事物。婴儿在清醒和安静的状态下可以短暂追随移动物体。新生儿的视觉感知会在后期迅速发育，比如，两个月后，婴儿就能头眼协调，六个月后就可以眼手协调。新生儿在刚出生时，一位鼓室已经没有空气，听力较差，但对强声有震颤等反应；出生 3 ~ 7 天后，婴儿的听力已经处于良好状态；3 到 4 个月后听到悦耳的声音会回以微笑；6 个月后能够分辨爸爸妈妈的声音；7 个月后能够确定声源，区别语言的意义；等到 4 岁的时候，新生儿的听觉会发育完善。听觉的感知会直接影响婴儿的语言发育，听力障碍如果不能在早期发现就会导致因聋致哑。新生儿听力筛查能够早期发现听力障碍。

（二）婴幼儿自我意识的发展和关怀需要

婴儿出生后的一年里并没有自我意识，在吸吮自己的手脚时，就像吸吮自己意外的东西一样。婴儿在 1 岁左右，会在活动过程中通过自我感觉来逐渐认识作为生物的自我。这时婴儿开始能够把自己的动作和动作作用对象区分开来,进而将自己与自己动作区分开来[78]。例如,婴儿开始知道由于自己扔玩具,玩具就掉了,并能够从中认识到自己与食物之间的联系,认识到自己的存在和自身的力量,这样宝宝就会产生一种自豪感。婴儿1岁以后,开始知道自己的名字,比如妈妈会叫他"宝宝",婴儿就会称自己为"宝宝"。婴儿会开始认识自己的身体,认识自己身体的各个部位,也意识到自己身体的感觉感受。他可以告诉家人"这是宝宝的脚"。从2到3岁,婴儿的生活范围不断扩大,社会经验与能力也在不断增长,语言能力逐渐提高并开始逐步掌握自我。这是婴儿开始掌握代名词,如"你""我"。对于宝宝来说,掌握代名词是一个充满困难的过程,因为代名词具有十分明显的相对性。当婴儿开始掌握"我"这个代名词的时候,宝宝的自我意识发生一个质的变化,从此,宝宝的独立性逐渐增长,这也就是婴幼儿常说的"我自己可以"。自我意识是婴儿开始知道了自己的存在,并且明白自己与别人的不同。这是婴幼儿社会发展过程中的一个重要时期。

(三)婴幼儿人际关系发展的需要与关怀

成人都是由婴幼儿成长发育而来的,成人的人际关系模式,可以分为三种典型的模式:第一:我愿意接近其他人,相信他们,或者让他们相信我,我不害怕其他人和我亲近,我想这就是他们信任我和依赖我的方式;第二:当我与他人接触时,我有时会感到不安,因为很难完全信任他们,如果有人想接近我,我就会感到紧张和不舒服;第三种:我真的希望人们愿意接近我,但是我经常担心他们并不是真的喜欢我,我常常怀疑他们是否并不想和我在一起。我想和他们一起,但有时这会把人吓跑,让我觉得很痛苦。根据精神分析对象关系的理论,这三种互动模式概括了三种典型的人际交往关系,即个体婴幼儿时期的三种依恋关系:安全型依恋、逃避型依恋和焦虑矛盾型依恋。依恋是用来解释婴儿与主要照顾者之间的情感联系,它是个人与其他具有特殊意义的人形成强烈情感联系的倾向,它能给人一种安全感和舒适感。依恋在婴儿和母亲之间的互动中产生。

1.婴儿依恋的类型

(1)安全型依恋:这种类型的婴儿醒来后可以和母亲舒服地玩玩具。他们对陌生人的反应会比较积极,而且并不总是和母亲在一起。

(2)逃避型依恋:这种类型的婴儿对母亲的存在或缺席没有什么太大区别。他接受陌生人的安慰,就像他接受母亲的安慰一样。事实上,这种婴儿不会形成对人的依恋,所以也被称为"无依恋婴儿"(此类型估计约占20%)。

(3)焦虑和矛盾型依恋:这种类型的婴儿在母亲离开时总是很警觉。如果他的母亲离开他,他会表现出极大的反抗。然而,当他和他的母亲在一起时,他又不能把他的母亲作为他的安全基地(此类型估计约占10% ~15%)。

2. 婴幼儿安全型依恋的需要

安全型依恋是指当婴儿和母亲在一起时会将母亲作为“安全基地”,并能主动探索环境。当母亲在的时候,孩子会感到很安全;如果母亲不在,就会明显地表现出痛苦和不安;当母亲离开再回来的时候,会立刻寻求与母亲的接触,很容易得到安慰。安全型依恋是婴幼儿的心理保护因素,它为婴幼儿提供了安全的基础,并在今后与他人建立支助关系方面发挥了示范作用。安全型依恋与自尊、积极的情绪、良好的同伴关系、成人的婚姻关系和强烈的个人自主感有关。

因此,为了建立安全型依恋,父母需要创造一个温暖稳定的家庭环境。父母需要对孩子的信号和情绪表达(帮助、身体运动等)很敏感,能够及时理解孩子的想法,鼓励孩子去探索,并且喜欢和孩子有密切的接触。在婴儿期,最好在供养者和婴儿之间保持稳定和一致的关系,并积极调整成人自己的行为,以适应婴儿的行为,及时满足婴儿的合理需要,提高养育质量。

(四)婴儿社会心理发展的需要与关怀

1. 精神分析的性心理发展理论

弗洛伊德所代表的经典精神分析学派的理论关注儿童性心理的发展,他们对自己身体的欣赏,以及与他人关系的建立。该理论认为,性本能是个性发展的一个重要因素,它用“性心理学”来描述感官愉悦的体验。认为人的性心理发展分为五个阶段,如果在某一阶段的需求不被满足,就会出现心理和情感上的问题,并可能影响下一阶段的发展。弗洛伊德将0－3岁婴幼儿发育分为口腔和肛门两个时期。

(1)口腔期(0 ~1 岁):婴儿专注于与嘴有关的活动,通过吮吸、咀嚼、吞咽和其他活动感到满足、快乐和安全。此时,母亲的乳房是幸福的重要来源,可以让婴儿享受到这种体验。在此期间,如果婴儿的愿望得到满足,将有助于婴儿情绪和个性的正常发展。如果这一时期发展不顺利,未来就可能会引起自恋、悲观、退缩、依赖人格特质的现象。

(2)肛门期(1 ~3 岁):在这一时期,幼儿开始关注与肛门有关的活动。小孩子对消除排尿过程中的紧张感到满足。排泄环境对幼儿的个性会产生深远的影响。如果父母在此期间适当的训练孩子的大小便,孩子就可以与父母建立和谐的关系,养成有规律的习惯,并学会控制自己。并为将来的人际关系奠定基础。如果父母对子女的教育、尿液训练有问题,或子女有与排泄有关的不愉快经历,他们可能会发展出缺乏自我意识或自以为是、无情、顽固、小气、易怒等人格特质。

2. 埃里克森的社会心理发展理论

埃里克森将人的生活分为社会和心理发展的八个阶段，并认为每个发展阶段都有一些具体的发展问题。这些问题是在个人人格的形成和发展过程中必然会遇到的挑战或危机[79]。如果我们能在各个阶段成功地解决发展问题，就能健康顺利地进入下一阶段。反之则会导致不健康的结果，进而影响下一阶段的发展。埃里克森将0至3岁婴幼儿的发育分为两个阶段。

(1)第一阶段：婴儿期(0～1岁)基本的信任感与不信任感

信任是健康人格发展的最重要因素。人生第一年的发展任务是建立对抚养者的信任感，学会爱和被爱。培养婴儿信任感最基础的是做到良好的照顾。婴儿来到一个陌生的环境，必须依靠他人来满足自己的需要。如果母亲或其他照料者的喂养、抚摸等行为可使孩子产生这种信任感，那就能给婴儿带来愉悦感。孩子对父母的信任为未来孩子对外界和他人产生信任创造了希望。建立信任的结果是乐观的。相反，如果婴儿经常感到痛苦、危险，而且没有人爱，就会把对外界的恐惧和怀疑带到发展的后期。

婴儿时期的社会信任表现为良好的食欲、良好的睡眠和通畅的排便。社会信任的最初成就是能够在母亲离开自己的视线时没有焦虑与不安。信任和不信任是通过母亲的照料形成的，取决于母亲和孩子之间关系的质量。母亲要照顾好自己的孩子，对孩子的需要做出敏感的反应，从而培养孩子的信任。基本的信任和不信任之间的冲突将永远存在，人生充满了感情斗争。然而，在生命的最初阶段建立了信任感之后，就可以成为一个在未来的社会中容易信任和满足的人。否则，很容易成为一个不信任别人，苛求和贪婪的人。

(2)第二阶段：幼儿期(1～3岁)自主与羞怯、怀疑

在这一阶段，幼儿通过攀爬、行走、跳跃等动作来探索外界，明确独立与依赖的区别，并开始察觉自己的行动会影响周围环境和环境中的人，从而形成一种独立自主的感觉。他们开始在许多领域进行独立的探索，通过模仿他人的行为和动作来学习。同时，由于缺乏社会规范，幼儿的任性行为达到顶峰，喜欢用“不”来满足自己独立的需要。当幼儿的自我实现得到满足和鼓励时，他们的自主性就得到发展。在这一点上，如果父母为孩子做了一些事情，不允许孩子做自己想做的事情，或者父母对孩子的独立行为不耐烦，并加以嘲笑、否认和指责，孩子将会觉得羞怯、会怀疑自己的能力并停止一切尝试和努力。因此，父母必须支持和鼓励幼儿的合法和自主行为，避免过度干涉，同时以温和适当的方式管教幼儿，使他们能够以社会可接受的方式行事，并学会适应社会规则。这一时期成功发展的结果是学会自我控制并形成了一种自信坚定的品质。

在这个阶段，幼儿学习各种动作，学会说话，做事，要求独立，渴望探索新世界。埃里克森建议，当环境要求孩子独立时，父母必须保护他，否则他会感到害羞和怀疑。这是爱与恨、合作与专横、自由表达或自我控制的决定性时期。幼儿在这一时期有自信，并将成为永久的自主和自我控制；相反，失去自我控制或受到过度的外来控制将成为永久的羞怯和怀疑。

六、婴幼儿的家庭需求与人文关怀

对于每个家庭来说，新生命的到来都是一段意义重大的事情，也是一段从未经历过的新故事。这是家庭生活中新生命的诞生和成长；是家庭生活的发展和延续；是父母婚姻生活甜蜜却又沉重的负担。关注婴儿的需要就像观察土壤、阳光、空气和水的样本，这些样本是孩子的小树在生长过程中所必需的。

（一）给孩子创造安全成长的空间

根据婴幼儿的特点和需要，应创造一个安全、真实、舒适的家庭空间和心理环境，以满足儿童的运动和听觉探索。如家居墙面装饰、家具、用品要舒适、安全，适合婴幼儿的年龄特点；光线、温度和湿度应该合适；家具用品要安全，能有效避免和减少意外伤害，必要时对家具进行改动，以适应婴幼儿的活动[80]。如果家里有小孩，就不需要用桌布，防止小孩在拖下桌布时被桌上的东西伤害。使用隐形插座盖、安全门卡、安全桌角、茶角等。必须有儿童玩耍的必要空间，必须有适当数量的符合儿童年龄特点和需要的玩具，例如推、拖、拉的玩具，用手演奏的玩具，颜色比较鲜艳的积木。内容和形式与孩子的认知特征相对应的图片、图画书、各种不同质地的动物玩具等。

除了物质环境的准备，家庭成员之间的关系、对子女的关注和关爱、家庭成员之间良好的互动等方面也需要做好准备。如何养育一个孩子，如何与一个只会叽叽喳喳、发出不清楚声音的小婴儿互动，如何分析新生儿的各种需求并做出积极的反应，将会影响到孩子未来的情感、精神和个性的发展。美国心理学家 Wayne Dennis 对孤儿院的孩子进行的一项研究发现，许多孩子无人照管只能在小床上度过一天，他们在一岁的时候仍然无法坐起来，4 岁时仍无法行走，智力测验得分很低。Dennis 也追踪了孤儿院中一些儿童的收养情况，发现在 1 岁前被一个正常家庭收养后，经过几年的教育，智力几乎达到同龄儿童的平均水平，但在 6 岁以后被收养的孩子，他们的智力永远不会达到正常水平。因此，对于有孩子的家庭来说，尽管婴儿从出生到 1 岁都不能与成年人说话和交流，但他们从出生之日起就表现出强烈的愿望，要接近周围的世界。他们总是以不屈不挠的精神探索周围未知的世界。他们的微笑、哭泣是他们对知识的渴望和成为社会人的愿望的最好表达。父母一定不要错过这段宝贵的时间，用热烈的爱对待自己的孩子，为孩子的成长创造一个良好的环境。父母应该多和孩子说话交流，多关注孩子的愿望，善于理解孩子的想法，及时回应孩子的需要。只有这样的家庭才是适合孩子发展的合格家庭。

（二）做好当妈妈的准备，做一个“足够好”的母亲

“足够好”的母亲是英国精神病学家 Wennikete（温尼科特）提出的。早期的母婴关系在婴儿成长的心理分析中具有重要的甚至是决定性的意义。客体关系理论家认为，真正影响一个人精神发展过程的是婴儿与父母特别是母亲在出生早期阶段的关系。这种关系是影响幼儿成长后人格形成和发展的至关重要的因素。它甚至可以决定孩子自我的形成，而这种自我会影响孩子与人打交道的方式。可以肯定的是，与母亲有温暖、亲密和持久关系并从母亲那里获得满足和快乐的婴幼儿是确保心理健康的重要因素[81]。在母亲的关怀中，婴儿所感受到的内在的亲子关系是“一个被爱的孩子和一个专注的、有爱心的母亲”。这种原始的自我体验有助于塑造孩子愉快积极的情感体验；如果婴儿的其他需求由于各种原因没有得到母亲的回应，婴儿所经历的内在母婴关系是“一种挫折，一个饥饿的孩子，一个无法找到的、缺席的母亲。”这种令人沮丧的消极自我体验常常导致消极情感的产生，孩子对此会感到愤怒甚至害怕。早期与母亲互动的方式不仅奠定了他们爱的基本范式，婴儿也对这种互动有强烈的依恋，并以这种互动为核心，建立未来的情感生活和偏好行为。

（三）做好当爸爸的准备

孩子生活在家庭中，需要父亲的爱、母亲的爱共同滋润，无论缺少哪一种，孩子的心理发展都会是不平衡的。在生活中，母亲的照料超过了父亲，但父亲的行为往往给孩子留下较为深刻的印象。母亲的爱是无条件的、自然本能的，父亲的爱是有条件的，是社会的理性的；母亲的爱是细腻的，父亲的爱是粗犷的；母亲的爱是对生命的关怀和物质的供给，父亲的爱是在成长道路上的精神关怀和指导。在孩子的成长过程中，父亲的爱和母亲的爱都是不可或缺的。

（四）其他家庭成员关系的调整

在中国，祖父母对孙辈的期望往往是热切的，他们也更有可能溺爱孩子。同时，在抚养孩子的过程中，相比于孩子的父母，祖父母往往承担大部分工作，特别是父母有自己的工作和职业时。因此，对父母和祖父母来说，就养育子女的问题进行沟通并达成共识是特别重要的。家庭成员需要相互理解和支持，他们需要认识到，孩子不是用来竞争家庭地位的筹码，也不是成年人争夺的私有

财产。这个孩子是独立的,除了他自己,他不属于任何人。大人只有养育的责任,可以去爱,但不能去占有和控制。

第九节　学龄前期的照护与人文关怀

一、学龄前期的生理特点

1. 较平稳的生长速度

学龄前儿童的体重会平稳增长,每年约增长 2 千克;身高也会每年平均增长 5 ~7 cm;上臂围增长相对缓慢,为 1 ~2 cm。学龄前儿童生长发育具有明显的个体差异性,主要受遗传因素和环境因素的影响。

2. 系统器官发育速度不平衡

学龄前期幼儿的淋巴系统发育相对较快,在青春期前会达到高峰,在这个时期,幼儿容易患有免疫性疾病。生殖系统还处于幼稚期。在出生后两年,神经系统发育最快。头围是反映颅骨生长和脑发育的一个重要指标,头围的大小受父母头围的影响,在两岁时头围会达到 48 厘米,15 岁时会接近成人水平。肌肉系统的生长与体格生长在 5 岁以前是平行的,在 5 岁后的肌肉增长会相对明显,存在性别差异。其他器官的生长会与体格相平行。

3. 在 2 到 2 岁半的时候,婴儿的乳牙全部长齐,共 20 颗,6 岁左右开始出现恒牙。7 岁后,乳牙逐渐脱落,改为恒牙。儿童 1 岁以后就可以站起来了,第三生理弯曲开始出现,随后韧带会逐渐生长完善。6 至 7 岁时,生理弯曲固定,能够使身体保持平衡,直立行走。若学龄前儿童的坐姿、站立姿势及行走姿势不标准会影响脊柱的发育,应该特别注意这个问题。学龄儿童骨化现象仍在继续,骨化中心的发育顺序如下:3 ~5 岁为月骨和大、小多角骨的发育期,5 ~6 岁为舟骨的发育期。

4. 消化特点

幼儿的消化功能尚不完善,胃可容纳的食物量是有限的。此外,幼儿活泼、动作活跃、胃排空时间不足 4 小时。这使得幼儿需要每天比成年人吃更多的食物,两餐之间的间隔也比成年人短。如果间隔过长,饥饿会影响幼儿的生长发育;如果间隔太短,婴儿胃里的食物还没有被消化,此时被迫进食,会造成消化不良。因此,应根据幼儿的生长速度、体重、活动和温度等因素调整幼儿的食用量和吃饭时间间隔。

二、学龄前期的照护原则

1. 性格培养的关键时期

3 岁以后到进入小学前这一时期是学龄前期。体格发育速度会减慢，逐渐达到稳定的增长，而智力发展更加完善，对知识有强烈的渴望。孩子可以做出更复杂的动作，学会照顾自己，并进一步发展语言和思维能力。要根据这一时期的高可塑性特点，从小培养良好品德，养成良好的卫生、学习、劳动习惯，为小学教育做准备。在这个阶段一定要做好孩子的品德教育与性格培养，因为这个阶段的性格基本会成为孩子今后的个性特点，所以在这个时期要给孩子足够的关爱，适当的满足其需求，形成良好的性格。

2. 预防疾病

学前儿童预防疾病的能力得到了增强，但由于接触面广，仍可发生急性肾炎和风湿等传染病，一定要做好预防准备，防止对孩子造成伤害。在这个时期孩子喜欢模仿，没有经验，所以有很多意外事故。家长一定要做好孩子的榜样，避免不良行为被孩子模仿学习。根据这些特点，应该做好预防保健工作。

三、学龄前期的生理需求与人文关怀

1. 合理膳食

合理的饮食是满足适龄儿童正常成长和发展的前提。喂养时应根据不同年龄儿童的消化、吸收特点和营养需要科学合理地安排用餐时间，每餐间隔，每餐热量分布[82]。具体而言：

(1)从幼儿每天的活动来看，睡醒后精力旺盛、消化能力强，这一餐可较成人适当增加热量比例，但临睡前摄入过多或过少都会影响幼儿的睡眠质量，所以临睡前热量摄入要合理。为始终保持幼儿日间精力旺盛，可在正餐之间加些点心。有专家学者建议 3 ~6 岁幼儿每日三餐一点，三餐指的是早、中、晚三餐，一点指的是两顿正餐之间的点心。早、中晚三餐的热量所占比例分别是 25%、35% 和 30%，一点热量所占比例是 10%。

(2)保证充足的热量和蛋白质：专家一般建议 3 岁幼儿每日摄入热量为 5.0 MJ(1 200 kcal)，蛋白质 45 ~50 g；4 到 6 岁幼儿每日摄入热量为 6.0 ~7.8 MJ(1 440 ~1 870 kcal)，蛋白质 50 ~60 g。热量比例适当，其中蛋白质占热量总量的 15% ~20%，脂肪占 20% ~30%，糖类占 50% ~60%。

(3)保证充足的维生素与矿物质：学龄前期幼儿需要大量的钙、铁、锌等矿物质来支持他们的生长发育，所以在学龄前期要注意幼儿的膳食搭配，选择富含身体所需矿物质的食物。

(4)充分考虑孩子的消化吸收特点:学龄前幼儿不宜吃粗糙、油炸等难消化的食物,故烹调、加工食物应做到软、烂、碎、易消化,如珍珠汤、馒头等。此外,幼儿的排便能力较弱,容易便秘,因此食物中的膳食纤维是不可或缺的。

(5)增进幼儿的食欲:有很多学龄前幼儿会挑食,不爱吃蔬菜。此时,需要家长们耐心对待,家长可以把食物做成可爱的模样,引起孩子的食欲。

2. 适当运动

适当的体育锻炼可以增强体质,锻炼幼儿的毅力,培养他们的耐心和斗志。3 岁的孩子不再单纯地蹦蹦跳跳,这时,他们可以自由控制身体的各个部分来完成复杂的动作,例如随机调整跑步速度、急转弯或是配合音乐的节奏跳舞,有很强的平衡能力,可以骑自行车。3 岁孩子手指的灵活度也提高了,他们会用筷子,会画画,会折纸。随着年龄的增长,孩子手指变得更加灵活。他们也从运动中获得快乐和满足。

3. 培养广泛的爱好

三岁的孩子对周围的一切都很感兴趣。他常问:"这是什么?""为什么?""怎么会这样?"有时若父母不能正确回答,孩子会一直问。他们努力观察周围的事物,学习,询问,并学会理解周围的事物。在这一点上,父母应该尽力培养孩子的兴趣,发展孩子的智力。

4. 用语言表达自己

3 岁以后,孩子可以用许多词语来表达自己的想法。语言的一致性进一步提高,可以说较长的句子,如"喜欢奶奶,想和奶奶一起生活"等。4 岁就可以与人交谈,表达自己的想法,大大提高了自己的语言交流能力。这一时期是词汇量增长最快的时期,特别是代表新事物的名词的出现。他们也可以从卡通图片中学习抽象名词,例如空间和外星人等。他们能够理解并学会使用位置词,例如向前走、向后走等。

四、学龄前期的心理需求与人文关怀

(一)学龄前孩子的心理特征

根据幼儿不同的心理发育规律,不同的心理学派有各自的心理分析理论。其中有两个著名的学前儿童心理分析理论,一是弗洛伊德的心理分析理论;另一个是埃里克森的心理分析理论。

1. 弗洛伊德的心理分析理论

弗洛伊德创立的心理分析理论主要认为幼儿的发展经历了一系列“性心理学”的发展阶段，这与性本能的驱动有关。在其发展过程中会产生特殊的心理冲突。心理冲突解决后，幼儿才可以成熟，成为一个心理健康的人，学龄前是人格发展的关键时期。3～6岁的儿童在性器官期。他们喜欢暴露自己的生殖器，喜欢触摸自己的生殖器官，产生性幻想，但这种幻想行为往往不被社会规范所容忍。这就转化为对同性父母的认可。如果性器官期的心理冲突得不到顺利解决，将导致未来的攻击性行为和“性偏差”人格。

2. 埃里克森的心理分析理论

埃里克森的理论和弗洛伊德的心理分析“性心理”发展的观点是不同的，他强调“自我”在心理发展中的作用，和孩子的行为模式，心理因素，社会因素等相比，他更强调“自我”与周围的环境相互作用的过程中的整合效果和主导作用。埃里克森认为，成功与失败在儿童心理发展的各个阶段都是两个极端的方向，成功会形成积极的品质，失败会形成消极的品质。3～6岁的学龄前儿童经历了心理发展的第二和第三阶段。第一阶段主要发生在3～4岁这一时期。在这个阶段，孩子的自主性与害羞和怀疑是对立的，积极的作用是产生顺从和自主性。这时期的孩子应该被给予一些自由去做他们能做的事情，从而获得自主权并感受自己的力量。如果对孩子控制过多、责怪过多，会使他们产生羞怯感，进而怀疑自己的能力和力量。第三阶段通常是从4岁到6岁，这一时期性意识萌发，性别概念出现，男孩开始依恋母亲，女孩开始依恋父亲，但可以从现实中认识到这种心理的不现实。在这一时期，儿童的语言能力得到了提高，他们的独立性和自主性进一步加强。应该鼓励他们主动克服内疚感，创造性地掌握技能，完成新的任务。

此外，这一时期幼儿的注意力、思维、情绪和性心理各方面也都发生了显著的变化。在注意力方面，学龄前儿童仍然多是被动注意，只有鲜艳的色彩和生动的形象才能吸引他们的注意力。不同时期的学龄前儿童的集中注意力的时间是不同的，3～4岁儿童的主动注意时间约为10分钟，5～6岁儿童的主动注意时间约为15分钟。注意力时间随着年龄的增长而增加。鉴于这一规律，在对幼儿进行知识教育时，不需要长时间的灌输，也不需要长时间的学习，否则就会事倍功半。在思维发展方面，这一时期的儿童摆脱了运动的束缚，但仍然离不开物体及其外观。在玩游戏和听故事的过程中，孩子们表现出丰富的想象力，从小的简单模仿到大的创造性游戏。在这一时期，儿童的思维活动发展迅速。在情感发展方面，3～6岁学龄前儿童基本可以体验到成人的情绪，如喜悦、恐惧、悲伤等，但仍不能很好地控制自己的情绪。从性心理发展的角度来看，性别认同和性别规范形成的关键时期就在3～6岁的学龄前期。在这段时间，孩子们可以通过选择玩具来反映他们的性别角色，比如女孩更愿意玩洋娃娃，男孩更愿意玩枪。

（二）学龄前期孩子的心理需求与关怀

1. 给予鼓励

3～6岁的孩子正处在一个自主发育的阶段，需要鼓励。有时家长们会发现，当一家人准备吃晚餐时，孩子会笨拙地为晚餐准备盘子筷子，这时，家长一定要鼓励他、赞美他，帮助他养成自主的习惯，即使他们把盘子打碎了或者把盘子放得不好，也不要责怪他们。因为父母的责备会使孩子产生退缩心理，结果会导致被动和不负责任的未来。

2. 正确对待产生性别概念的孩子

性别概念在儿童处于3～6岁的学龄期时已经开始产生，并进入了性萌芽期。他们会对彼此感兴趣，他们会嫉妒。父母应该开始有区别地对待，比如父亲给男孩洗澡，母亲给女孩梳头。这段时期的孩子会问他们的父母“我从哪里来？”“我能和某小朋友在一起，生个小孩子吗”，等等。当面对这种情况时，愤怒和批评会导致孩子们误解他们问错了问题。作为家长，我们应该从孩子的角度来理解问题，正确回答问题，做好早期性教育。

五、学龄前期的家庭需求与人文关怀

（一）父母的爱

没有父母不爱自己的孩子，但是父母爱孩子也要做到张弛有度，不要过分溺爱，也不要让自己的爱太过含蓄。在学龄前期，孩子是十分渴望得到父母的关注的，父母一定要做到多关注自己的孩子，营造一个和谐的家庭氛围，有助于孩子良好性格的养成。

（二）对孩子的尊重

在学龄前期的孩子开始有自主性，也许在自主性行动的过程中孩子会做错事情，这个时候需要的是父母对孩子的尊重，是认真的教育，而不是责备，特别是在有其他人在场的时候，一定要尊重孩子，如果当场责备、训斥孩子，会让孩子羞愧，对孩子性格的养成造成不好的影响，所以父母要给孩子足够的尊重。

（三）良好家庭网络的建立

学龄前孩子已经具备了和成年人一样的情感，会感受到来自他人的关心和爱。良好的家庭网络会营造一个幸福和谐的氛围,促进孩子心理上的健康愉悦。在孩子的祖父母或是其他亲属来看望孩子的时候,一定要热情招待,为孩子做好榜样。

第十节　儿童期照护与人文关怀

“真实的、有意义的、有目的且适合儿童需要的工作,是那些依照儿童本质的、天生的需求,具有明显的教育意义的活动”。在经历过襁褓之中的哺育、蹒跚学步的喜悦、牙牙学语的好奇和幼儿园的无拘无束之后,经历了岁月的浇灌和爱的滋养之后,儿童慢慢进入了学龄期。这时儿童将开始宣告他生命的独特性,因为在这个阶段,根据自然发展的基本规律,孩子们需要有能力改变自己,使自己的生活变得独立。因此,我们需要了解学龄期儿童的需要,并提供有针对性的陪伴和支持,以便能够真正地增加生活的篝火,绽放生命的光辉。

一、儿童期的生理特点

(一)新陈代谢速度较快

新陈代谢是人类生活发展的重要过程,而学龄儿童的新陈代谢速度最快。代谢包括同化和异化两个方面,同化是指身体从外界获取养分,并将其转化为自己身体的一部分以进行能量储存的过程;异化是指在同化发生的同时,持续氧化、分解、释放能量、驱逐分解产物的过程。学龄儿童正处于身体发育的过程中,他们在新陈代谢中的同化作用大于异化作用。因此,有必要确保儿童在这一阶段摄取更多的营养,以确保正常生长的需要。

(二)体格发育快速增长

6～12 岁是儿童身体发育的关键时期。在这一阶段,儿童将进入青春期早期。一般来说,6～10 岁属于儿童期,11～12 岁属于青春期早期。因此,儿童在小学的成长和发展既有儿童的特点,也有青春期早期的特点。如果儿童的身体发育基本稳定,平均身高每年增加 4 至 5 厘米,平均体重每年增加 2 至 3.5 公斤。在 10 岁以后,身体发育速度会加快,男孩的身高每年可以增加 7 至 12 厘米,女孩一般每年可以增加 5 至 10 厘米(视人而定)。在这个阶段,每年孩子的体重可以增加 4 至 5 公斤,或 8 至 10 公斤。女孩的身高大约从十岁开始增加。这时,女孩的身高开始追上并超过男孩。男孩于 12 岁左右身高开始突然上升,而 13 或 14 岁的男孩则处于较高的生长水平,逐渐追上并超过女孩。由于男孩身高的大幅增加和持续时间的延长,大多数男孩的身体形态指标到成年时都高于女孩。儿童身体发育的这一阶段带来的另一个变化是，青春期将开始，副性征将开始出现。

(三)骨骼逐渐骨化，肌肉力量较弱

小学生的骨骼会继续骨化。骨骼中含有较多的有机物和水，而钙、磷等无机成分较少。由于骨化尚未完成，儿童的骨骼有弹性但硬度小。虽然这一阶段的儿童不容易出现骨折，但他们容易发生骨骼变形。不正确的坐姿、站立姿势和行走姿势会造成脊柱侧凸、后凸等变形[83]。因此，在小学阶段，学生必须注意保持正确的坐姿、站姿和走路姿势，预防骨骼变形的情况发生。

在小学阶段，儿童肌肉多是纵向生长的，肌肉纤维比较细，肌肉力量和耐力相比成人来说较差，容易疲劳。因此，在工作或运动时，要避免儿童负荷过重，以防止肌肉或骨骼的损伤。花太多的时间写作、绘画和做作业都可能会对儿童的骨骼和肌肉造成损伤 。

(四)乳牙脱落，恒牙萌出

人们一生中会有两次机会生长牙齿，乳牙和恒牙。一共有 32 颗恒牙牙齿，上下各 16 颗。从中线向外依次为切牙 2 颗，尖牙 1 颗，前磨牙(双尖牙)2 颗，第一、二、三磨牙各 1 颗。恒牙萌出时，乳牙相继脱落。儿童一般在 6 岁左右开始有恒牙萌出，最先萌出的恒牙是第一恒磨牙，俗称六龄齿，它生长在全部乳牙之后，然后乳牙按一定的顺序脱落，逐一由恒牙取代。6 至 9 岁，萌出 8 颗双尖牙，第一、二乳磨牙脱落；9 至 14 岁，前出 4 颗尖牙，乳尖牙脱落；12 至 15 岁，萌出第二磨牙(即 12 岁磨牙)；17 至 30 岁，前出 4 颗第三磨牙(即智齿)，有的人不会萌出智齿。12 至 13 岁时乳牙即可全部被恒牙替代，进入恒牙期。这时应该高度注意口腔卫生。

二、儿童期的照护原则

(一)营养的补充

在这个时期，孩子的同化作用大于异化作用，因此孩子需要摄取的营养物质是比较多的，能量的贮存才能促进孩子体格的成长，因此在这个时期，家长一定要给孩子提供足够的营养，搭配好食物，补充身体所需的维生素与矿物质。

(二)姿势的矫正

这个阶段孩子的骨骼在继续骨化，虽然不容易发生骨折等意外，但是孩子的骨骼较软，容易发生骨骼变形的情况，因此这个阶段一定要矫正孩子的坐姿、站姿、行走姿势等，避免造成骨骼变形。学习时间也不要过长，一段时间后，要

有一个身体的放松，避免造成脊柱侧弯等情况。

（三）注意口腔卫生

这个时候孩子的乳牙开始脱落，恒牙开始萌发，一定要注意孩子吃糖的问题，在这个时候，孩子最容易出现的口腔问题就是虫牙问题，要注意保护孩子的牙齿健康。另外，要有规律的刷牙漱口，早上晚上都要刷牙，饭后要漱口，保持口腔清洁，保护牙齿健康。

三、儿童期常见的生理需求及关怀策略

（一）营养需求

9 岁以下儿童的热量摄入量没有性别差异，但 9 岁以后，由于男孩和女孩的生长差异，热量的摄入量逐渐不同。女孩在 9 至 12 岁之间成长得更快，而男孩在 10 岁之后开始经历更多的活动。在此期间，儿童家长应注意饮食中必须富含蛋白质、维生素和矿物质，以满足学龄儿童的生理需要。

一些研究表明，目前学龄儿童的谷类、肉类和水果的摄入量高于建议摄入量；水产品、牛奶和奶制品低于建议摄入量；6 岁儿童的蛋白质摄入量未达到建议摄入量；除了 10 岁至 11 岁的儿童外，其他年龄段的儿童的蔬菜摄入量都没有达到建议摄入量；8 至 9 岁男孩的大豆和坚果摄入量没有达到建议摄入量[84]。此外，35.6% 的学龄儿童有选择性的饮食和偏食习惯；20.0% 经常喝咖啡；23.2% 经常喝碳酸饮料。

（二）活动需求

7 岁之前，孩子们的成长环境需要更多的爱与和平。从 7 岁开始，往往需要通过体育活动来感受自己的成长，感觉自己正在变得更强壮。因此，对于学龄儿童来说，体育可以最好地促进生命能量的爆发，安排或支持儿童的体育活动，使体育活动的每一步都能让儿童感受到成长的力量。而且，这种感觉给孩子带来了快乐和舒适的体验。这种快乐和舒适的经历常常源于孩子们的运动，让他们对生活更感兴趣。

孩子的骨骼很娇嫩。如果一个姿势保持得时间太长，孩子的部分骨骼将承受非常沉重的压力。如果时间稍长，孩子就无法承受压力，此时需要改变姿势使自己感到舒适。这就是为什么孩子一直在动。因此，除了提供合理的饮食外，对儿童生理的关注也是必不可少的，要允许他们根据自己的意愿在户外自由运动，不伤害自己和他人。这就是孩子与生俱来的生命力，他们需要去感觉和发展。在运动的喜悦中，他们慢慢形成一种自我力量、自我意识和自我价值。

（三）信息的需求

信息需求是人类的基本需求之一。信息需求的满足可以解决个人问题或

缓解现存的困难。人们之所以需要信息,是因为他们意识到自己思想上有某些缺陷需要用其他外部知识来填补。因此,当一个人认为自己在日常生活中遇到了某些问题,但自己目前所拥有的知识不足以解决这些问题时,需要其他信息来帮助解决这些问题,就会产生信息需求。

儿童的信息需求类型主要包括生活信息需求、学习信息需求、兴趣信息需求、休闲娱乐信息需求等。儿童喜欢使用非正式的口头交流作为获取信息的渠道,网络渠道也受到孩子的喜爱。我们应该积极引导孩子利用图书馆来获得信息,为此,图书馆应积极开展各种形式的教育活动,使儿童能够独立获取信息,并扩大他们获得信息的机会。

四、儿童期的心理需求及关怀策略

(一)安全的庇护

除了需要安全的住所和环境、安全的交通和安全的饮食之外,学龄儿童还需要内心深处的安全感。如果一个安全的外部环境能够为儿童的成长提供物质保障,那么内在的安全感就能够为庇护活跃而脆弱的心灵提供稳定的基础。有安全感的孩子更有可能以好奇心和开放的心态获得新的体验。而那些认为这个世界是危险的、不可预知的孩子在接触到新事物和陌生人时会非常小心。

节奏和重复给孩子带来有规律的感觉和学习体验。节奏是一种有规律的生活,通过有规律的生活带来良好的感觉和学习经验。我们可以引导孩子发现和感知世界呼吸的节奏,心跳的节奏,每天睡觉和醒来的节奏,大自然中月亮的节奏,季节的节奏,以及海浪的节奏。当我们陪伴孩子去感知这些节奏时,我们正在引导孩子感到一种稳定、清晰、有序的变化,这种变化不再带来恐惧,而是带来了孩子对它的接受、欣赏和感激。安全感是一种信念,即世界是值得信赖的,世界是安全的,在困难时期可以得到他人的关心和保护。这些都是促进儿童健康成长的关键因素,因此,我们需要为孩子创造一个环境,让他们觉得成年人是值得信赖的。只有当孩子们感到安全的时候,他们才能学习,尝试新事物,想出新的想法,并有勇气去探索这个世界。

(二)好奇的探索

1. 阅读

柔和的灯管,宁静的角落,孩子在书中徜徉,在字里行间逐渐成长。我们需要把孩子带入书的世界。书是孩子们了解世界的另一个重要窗口。当父母引导孩子通过书本去了解这个世界时,他们应该选择符合孩子兴趣的书来培养孩子对阅读的兴趣,充分尊重儿童的阅读习惯和阅读兴趣。合上书后,他们与孩子讨论和交流书中的情节、故事和问题。让阅读成为沟通的渠道。

2. 旅行

带着孩子出去旅行，打开孩子了解外界世界的大门，让孩子有不同的经历和收获。在孩子的世界里，他们非常渴望外面的生活，可以带孩子探索古老的建筑，欣赏优雅的艺术，或者可以生活在乡村，观看热闹的集市和普通人的生活。无论走到哪里，思考都始于一种奇妙的、不同的体验，它可以打开孩子的视野，激发对知识的渴望。有计划引导孩子们去看各地风光景色，不仅能使孩子的好奇心得到满足，也激发了孩子的求知欲。孩子是父母的镜子，是父母言行的一面镜子，父母要做好榜样，因此，如果父母想培养孩子的好奇心，首先必须树立榜样，这是教育孩子的捷径。

3. 游戏

儿童与成人学习的方式不同，游戏是孩子的生命。孩子实际上是在玩耍的过程中学习的，儿童爬山、玩水等，就是锻炼自身的平衡能力。儿童的游戏完全是以独立的方式来进行的，我们要做的就是创造一个让孩子尽可能健康玩耍的环境。这种环境包括周围的物理环境由教师控制的各种环境因素，还包括活动的社会环境和社会互动，以及孩子的内心思想。

4. 榜样

教育最重要的组成部分就是榜样。在这一时期，如果孩子不能充分地欣赏和钦佩他人，那么在未来的生活中，孩子将会遭受心灵的痛苦。没有了赞美，那些创造生命力量的活力就会枯萎[85]。让我们来看看一个榜样的例子：一个八岁的孩子从我们那里听说有一个伟大的人。每当孩子听到这个人的时候，他就会感到敬畏，最后有一天他会准备好迎接那个人，他会颤抖和害怕。通过这次经历获得的美好感觉会使孩子永远铭记。如果孩子不仅钦佩在这种特殊情况下抚养他长大的人，而且总是保留着这种尊重，那孩子便可以很幸运地面对未来。

五、儿童期的家庭社会需求及关怀策略

（一）归属

归属于一个家庭，感受到被接受和认可是为儿童在成长和发展期间提供安全保障的重要基础。因此，童年的陪伴和爱来自父母、学校和社会组织。需要注意的是，随着大量农民进城务工，越来越多的儿童被独自留在家中，他们是一群需要归属感的孩子，特别是在身体发育阶段，他们面临着很多的困惑和困难；当他们健康状况不佳时，他们面临着更多的恐慌和无助。因此，在照顾留守儿童的过程中，有必要更好地理解他们的回避，接受他们的情绪，并鼓励他们积极配合治疗。

（二）自立

童年的孩子，已经慢慢长大，在6岁的时候，他们会接受义务教育。这一阶段开始了儿童真正社会化的进程。他们开始成为自己学习和生活的主人，独立面对学校的生活和学习。因此，在儿童时期，应尽可能鼓励儿童独立；鼓励他们尽可能独立完成自己的学习任务；鼓励他们有秩序地安排自己的生活；还可以鼓励他们组织一些学生的游戏和活动。在这个过程中，儿童的自主意识将得到极大的激发，从而使他们更加自信和独立。个性独立，自主的人格慢慢形成。而这种人格，会发展自我意识，从而奠定孩子幸福和独立的基础。

（三）联结

这个时期的儿童将不会紧跟着自己的父母，他们开始有自己的主张与计划。孩子会自己选择自己的伙伴，会邀请自己的小伙伴到家里在玩，或者一起相约出去玩耍。在这种情况下，无论是孩子的父母还是师长，都应该尊重孩子之间的友谊，积极鼓励他们，并且为孩子们完成集体活动而创造机会。在这个时期孩子的自我身份认同不仅来自父母还来自自己的朋友，所以父母还要考虑孩子和其他小朋友的交流关系。

（四）边界

不知从哪一天起，自己的宝贝，不再要你时时握住他的小手，亲吻他的脸颊，他也不再像婴幼儿一样在你身边。然而，这一天一定发生在他的童年，随着儿童时代自我意识的发展，自我边界意识日益清晰，儿童与母亲与家庭的分界线也日益清晰。孩子们开始明白什么是自己的，什么是父母的，并且越来越意识到要学会处理这条分界线。为此，父母需要克服因边界产生的失落感。我们需要帮助儿童建立独立感，从而帮助他们发展更完整的个性。

（五）对错

儿童期是孩子社会化的正式开始，在那里他们开始领略社会的规则，慢慢学习游戏的规则来适应和接受它。因此，童年也是个人世界观和价值观发展的关键时期。孩子如何看待世界，如何顺应这个社会的主流价值观，如何接近这个社会，是这个时期的主要任务。在儿童时期，我们必须做好家庭、学校、社会的教育工作，努力使三个方面的主观价值保持一致。这样，童年的孩子就可以携手同行，他们内在的价值判断是统一的。

（六）规则

规则意识是指来自内心的意识，以规则作为自己行为的标准。如遵守校规、遵守法律法规、遵守社会道德、遵守游戏规则等。排队的顺序是法治，每个人都愿意排队就是规则意识。因此，一个社会的文明程度在某种意义上取决于社会全体公民的规则感。另一方面,规则也是人们行为的一个界限。如果他们越过边界,他们将受到道德、文化等各方面的约束。规则还是人们行为的安全底线,只要在规则的范围内行动,就会受到尊重和保护。因此,在这个意义上,只有每个人都在规则中,那么每个人的发展都是真正自由的。儿童时期是儿童建立规则意识的重要阶段,我们要在他们的意识中添加规则意识,以确保他们在未来的成长中可以舒适又安然。

第十一节 青春期照护与人文关怀

在青春期孩子的身体会经历剧烈的变化,将一个内心充满好奇与探索精神的儿童转变为思想成熟与身体成熟的成年人,他们的身体都因荷尔蒙的出现而改变。随着青春期的到来,青少年会经历多重变化。青少年相比于成年人没有拥有足够的自我,与儿童相比也没有对父母的完全依赖。青春期是走向成年人的一个过渡阶段,青少年面临的任务是锻造出稳定的认同感,超越自身的经历和角色的挑战,获得对自我的感受。只有做到了这些,他们才能在不得不离开的儿童期和还没有完全进人的成年期之间搭建起一座坚实的桥梁。

作为家长必须小心地进入他们敏感的、跳动的心灵世界,一路跟随他们的脚步,注视和关爱他们,坚定、善良地尊重和引导这些孩子,在任何时候都能带领他们感受这个世界,让他们以宽容与平静面对成人世界。

一、青春期的生理特点

(一)身体的快速成长

1. 女孩

从 11 岁开始,女孩进入身高的生长加速期,通常持续两年半。有些女孩的生长加速期为一年半,而另一些女孩则可能会持续四年。从生长加速期到生长结束,女孩通常会长高 20 至 50 厘米。月经初潮前后的一年是生长最快的时期。在生长加速期之前的一年半里,女孩的腿的生长速度会比躯干更快,这使女孩的腿看起来更加修长。

2. 男孩

在 10 岁半到 16 岁之间男孩进入快速成长期。男孩比女孩成长时间要长,通常在女孩到达成长高峰后的两年内达到最快的生长期。在快速增长期间,一般高度增加 30 至 32 厘米。身高的增加大部分是由于躯干的生长,因为腿的生长较早。在开始发育之前,适当的饮食和运动是非常重要的。这将帮助男孩们尽其所能地成长。

3. 差异

这种显著的性别差异存在于肌肉群和身体脂肪中。当男性成年后,他们的肌肉是女性的1.5倍,女性的脂肪却是男性的两倍。除了明显的肌肉差异,男性的心脏和肺的体积也更大,收缩压也更高。男性的血液可以输送更多的氧气,在运动过程中可以有效地处理更多的化学物质,他们的血液中含有更多的携氧血红蛋白。男性会有更多快速收缩的肌纤维,他们的肌肉细胞发育良好,但长期收缩并不容易。女性的肌纤维相对较多,缓慢的肌肉细胞可以在非常小的内力作用下收缩,保持长时间的伸展。

(二)生殖系统的变化

1. 女孩生殖系统的变化

女性的内生殖器包括卵巢、输卵管和阴道。女性生殖器统称为外阴,包括耻骨丘、大阴唇、小阴唇、阴蒂和阴道前庭。处女膜是部分堵塞阴道的结缔组织。位于阴道口一侧的巴罗林腺体,在性兴奋时会分泌液体。青春期的阴道随着长度的增长而变得成熟,变厚,变得更有弹性,颜色变暗。(barolin gland)巴罗林腺体开始分泌液体,阴道内膜将分泌液由中性变为酸性。大阴唇在青春期生长迅速,小阴唇和阴蒂也一样。由于脂肪的发育,耻骨丘更为突出。尿道也发生了巨大的变化,在10岁到18岁之间,尿道长度增加了一倍,并呈线性增长。

出生时,每个女婴的卵巢里大约有40万个卵泡。到了青春期,这个数字降到了8万。一般来说,卵泡发育成单个卵细胞需要28天。这个周期持续40年,这意味着女性一生只能产大约500个卵子,而输卵管负责将卵子从卵巢运送到子宫,每个输卵管的直径比头发略大一点。子宫是一个厚壁梨形的肌肉器官。青春期卵巢和子宫的大小和重量明显增加。

2. 男孩生殖系统的变化

男性生殖器官包括睾丸、阴囊、附睾、精囊、前列腺、阴茎、输精管和尿道。在青春期这些器官经历了一系列重要的变化。在大约11岁半的时候,睾丸和阴囊的生长加快,到13岁半的时候,它增长得非常快,然后以一个渐进的速度增长。快速生长期大致从9岁半到13岁半,到13岁至17岁之间结束。在此期间,睾丸的长度增加了2.5倍,重量增加了8.5倍。附睾是一个管道系统,从睾丸到输精管,在那里精子成熟和储存。在青春期之前,附睾相对大于睾丸;在成熟时,它大约是睾丸大小的九分之一。

睾丸中最重要的变化是精子细胞的成熟。这是由于垂体分泌促卵泡激素和黄体生成素刺激精子的产生和生长。精子产生的整个过程,从最初形成简单的精原细胞到离开输精管,大约需要10天。精子产生后,它们通过血管收缩被转移到附睾,在那里它们可以存活6周。在射精过程中,肌肉收缩和纤毛摆动将精子从阴囊通过输精管输送到阴茎。最终精子到达精囊和前列腺。精液是一种乳白色的、营养丰富的碱性液体,它能保持精子的活力、健康,并作为一种载体将精子带出阴茎。大约70%的精液来自精囊,另外30%来自前列腺。

阴茎在青春期会增长,长度的大小都会增长一倍,在个体14岁至16岁的过程中,阴茎会出现快速成长。外生殖器的成长大约三年的时间就会与成人水平相等,但一些男性两年就可以达到,而有的需要四年半的时间才可以达到。男孩在青春期后会十分在意自己阴茎的大小,他们会将自己的性能力与自己阴茎的大小联系起来。许多男孩认为阴茎与阴囊的成长应该是一起的,他们担心自己的阴茎会一直很小。实际上,没有勃起状态下的阴茎大小与勃起时的大小没有必然的联系。在婴儿期的时候,阴茎就可以勃起了,由于小便或是衣服包裹太紧都会引起。在青春期,不需要实际上发生什么,只是一些性幻想与小刺激都会引起阴茎的勃起。阴茎一开始发育,它的勃起会变得非常明显,对于青少年,不经意的与不可控制的勃起是很正常的。

(三)机体发生变化

1. 女孩的变化

成年女性的身体,每天都有奇妙的变化在发生,比世界上最熟练的工匠制造的任何机器都要精确和完美。外在表现出的这种变化是女性的"月事"。虽然女孩成熟的年龄不是早就是晚(9岁和18岁的极端),但是她们月经周期开始的平均年龄是12到13岁。初潮(月经的第一次出现)通常不会发生,直到身高和体重达到最大增长速度时,月经才会初潮。现在,由于营养和精心护理,女孩们的月经比以往任何时候都早。增加的身体脂肪可以刺激月经初潮的开始,这可以通过充分的体育活动来推迟。月经周期为20~40天,平均28天。月经周期存在显著的个体差异,对于同一女性,月经周期可能是可变的,稳定的月经周期很少。

初潮是女孩生命中的一件大事,也是一个女孩开始成熟的标志。一些青春期的女孩在月经周期时会感到身体不适,比如痛经、抽筋或痉挛等症状,并可能伴有背痛、头痛、呕吐、疲乏、易怒、乳房过敏、腿痛、脚踝肿胀或皮疹等现象。有些女孩还可能出现异常闭经,这可能是由于过度运动、激素分泌、内分泌或气候变化引起的。此外,非月经期往往在阴道内不常见血液,一旦发生,就需要进行医学检查,以确定是生理上还是心理上的原因。

2. 男孩的变化

梦遗。虽然男性在婴儿期和儿童期会发生勃起的情况,但射精要到青春期

头丧气，懦弱自卑，情绪低落，甚至自暴自弃。对他人的评价往往是片面性、情绪性和波动性的，他们对周围人给自己的评价非常敏感和关注，即使是不经意的评价，也会引起情绪波动和内心的应激反应，从而动摇自我评价。

三、常见的生理需求与人文关怀

进入青春期后，男孩和女孩都会有明显的第二性征显现，女孩最明显，就是乳房的发育。

（一）科学认知男女

对女孩来说，乳房发育是最明显的变化之一。许多青春期的女孩都很在意自己胸部的形状和大小。一些胸部平坦的女孩会感到尴尬，因为她们通常认为大胸部是美丽和性感的象征。但是那些胸部太丰满的女孩在遇到异样的眼神和评论时也会感到尴尬。女孩也关心她们的体型。少女除了乳房的发育外，最明显的另一个变化是臀部变大、变圆。这是由于骨盆变宽和皮下脂肪沉积增加引起的。这些变化大约需要 18 个月的时间才会出现，通常与初露乳房的时间相吻合。女孩臀部的皮下脂肪较多，而男孩较少。女孩身高停止增长的平均年龄是 16.75 岁，范围是向前或向后波动 13 个月。

青春期的女孩比男孩对身体的变化更敏感。最根本的原因是社会更加关注女性的身材，女性的外貌得到了社会的认可。女孩对自己的身材特别在意，她们不想肥胖，因为肥胖会影响她们判断自己是否会被社会所接受，也会影响她们自我概念的发展。

（二）平稳走向性成熟

性成熟对青少年最直接的影响之一是他们开始关注性问题，关注性方面的问题，对性问题会产生新的认识和对异性的特别关注。青春期的男孩和女孩会花很多时间去思考性，看着性感的人的照片，谈论异性。当青春期的男孩变得性欲旺盛时，他们开始花时间和精力打扮自己，塑造自己的身材，或者做各种吸引女孩的尝试。他们甚至可能阅读色情作品或浏览色情网站。女孩们开始注意自己的头发和衣服，尝试化妆，对爱情故事或所谓的“让女人流泪的电视剧”变得敏感。她们也会和最好的朋友讨论最受欢迎的男生，而且经常这样做。

（三）适应身体的其他变化

成熟的男性和女性的身体是不同的。男性与女性的不同主要是由于男性体内高水平的睾丸激素。睾丸激素使骨骼增厚，变得更加突出，男人的声音更低，因为他们的喉结更大；睾丸激素还能促进肌肉生长，所以男性通常比女性更强壮；这种激素还能促进身体各个部位的毛发生长，使男性的上肢和下肢、胸部和背部的毛发比女性的浓密。女性青少年也有睾丸激素,她们的骨骼和肌肉会生长,尽管程度比男性青少年要小。相反,高水平的雌激素会使女孩的身体变得女性化。最明显的是雌激素能刺激乳房发育,促进皮下脂肪堆积。此外,女孩的臀部会变宽,这也有利于生育。

1. 学会好好照顾自己

青少年经常忘记某些行为的危险性,如暴饮暴食,吸烟和饮酒。他们认为自己不会受伤,不会有什么不好的事情发生在他们身上。他们会认为危险离他们很远。此外,父母和朋友的一些不良健康习惯也会对他们造成影响。

2. 积极面对身体意向

在青少年中,身体吸引力和身体形象与积极的自我评价、受欢迎程度和同伴接受程度显著相关。外表吸引力影响个性、社会关系和社会行为的发展,有吸引力的青少年通常被给予正面评价,正是由于这种特殊对待,有魅力的青少年拥有更高的自尊水平、更健康的人格特征、更丰富的人际交往技巧和更强的社会适应力。研究表明,在老师眼中,外表漂亮的青少年比那些不那么漂亮的青少年拥有更好的同伴关系和亲子关系。研究还表明,外表对女孩自尊的影响强于男孩,对女孩社会地位的影响也更大。

3. 客观认识早熟

青少年体验青春期年龄有很大的不同。青春期身体变化的时间会让他们对自己身体的感觉和自我认知产生很大的变化。早熟男孩的身体比晚熟男孩的身体更强壮、肌肉更发达、适应性更强,所以他们在运动中能够表现出更大的优势。早熟的男孩往往对异性表现出兴趣,而且更有可能受到女孩的欢迎,因为他们长得漂亮,社交兴趣广泛,社交能力强。性成熟早促使他们在年轻时就与异性建立关系。成熟晚的男孩会产生自卑情结,由于与早熟男孩在体型、力量和协调程度上的差异,晚熟男孩往往会产生消极的自我认知,大多数人认为自己没有吸引力、不受欢迎,他们给人的印象是不成熟的、具有依赖性的。

早熟对女孩来说并不像男孩那样是一种积极的经历。由于女孩的发育通常比男孩早两年,所以开始发育较早的女孩与同龄女孩明显不同,尤其是体重通常比同龄人高,这是女孩不能接受的。早熟的女孩更有可能发展出内在的心理障碍,如焦虑和抑郁。晚熟的人讨厌别人对他们的看法,嫉妒那些已经成熟的朋友,这些现象都是暂时的,最后都会成熟,都会有所改变。

四、常见的心理需求与人文关怀

在成长的道路上,最难理解,最难看透的是自我的问题。你很容易能够看到别人的问题,但却没办法看清自己的;你经常羡慕别人的优点和成就,却没有看到自己的。也许你还在为自己的缺点烦恼,在别人的眼里迷茫,也许你还在模仿别人,在别人的声音里彷徨……现在停下来,倾听你内心的声音,也许你会发现自己的另一面。当是个孩子的时候,从来没有在意过自己和朋友之间的差异,但是青春期以后,我开始把自己和别人之间的差异当作自己的缺点来关心,很容易因为他们而感到自卑。尽管我们被告知不要在意,但这很难做到,问题就在于如何处理自己心理上在意的这些差异。

(一)自我概念的确立

当一个人开始意识到他是一个不同的、独立的个体时,他就迈出了自我概念发展的第一步。自我概念是指个体对自己和自己是谁的认知。自我概念是个体在审视自己时所看到的,包括他们所感知到的身体特征、人格技能、性格特征、角色和社会地位。

自我概念是个体对自己的整体感觉,但它被描述为由多个自我概念组成,不同的角色会发展出不同的概念。因此,一个人可以把自己评价为儿子、女儿、学生、运动员、朋友等等不同的角色。自我概念也可以由关于自我不同方面的信念组成,如社交能力、运动能力和道德水平。这些关于自我不同维度的概念可能是不一致的,这有助于解释为什么它们在不同的维度中表现不同。

青少年收集证据来帮助他们评估自己:我能干吗?我吸引了异性吗?通过一些证据的体现,他们在经历中测试他们的感受和感知。他们将自己的理想与他人进行比较。非常重要的是一个人要有一个正确的自我概念,每个人都有六个不同的自我:真实的自我,你认为你是什么样的自我,别人认为你是什么样的自我,你认为别人了解你的自我,你认为你会成为什么样的自我,你认为别人希望你成为什么样的自我。自我概念可能接近事实,也可能不接近事实,并且在不断地变化,尤其是在儿童时期。

1927 年,斯特朗概括了自我的四个基本维度。

一是一个普遍的基本自我概念的存在,这是青少年对自己的个性的看法和对自己在外部世界的能力、地位和角色的感知。

二是个体暂时或瞬间的自我概念。这些自我认知会受到当时的情绪或正在进行的经历的影响。如果一个人在考试中得了很低的分数,他可能会有一段时间觉得自己不聪明。父母的严厉批评也会导致自尊心的暂时下降。

三是青少年的社会自我,他们会被别人看到的自我所影响,改变对自己的看法。如果青少年觉得别人认为他很愚蠢,那么就会用这些消极的看法来看待自己。对社会地位的感知是自我概念的一部分,一个人如果不受欢迎,在未来的社会体系中就会倾向于这样定位自己。例如,一些出生在低社会经济地位群体的青少年认为他们不属于他们出生的环境和群体,而是认为他们自己是高社会经济地位阶层的成员。由于这一目标,这些青少年将努力争取较高的社会经济地位。

四是理想自我,指的是青少年希望自己成为的那种人。青少年的愿望可能是现实的、偏低的或过高的。理想的自我过低会阻碍成就;理想的自我过高导致挫折和自嘲;实际的自我概念可以帮助自我发展、心理健康和实现现实的目标。

(二)拥有良好的自我概念

自我概念的重要性在于它能够刺激和引导青少年的行为。如果你认为自己是一名运动健将,并且有良好的协调能力,你就有更大的可能性去学习如何滑雪;而如果你认为自己不会运动、很笨、缺乏协调能力,你就很有可能不会去滑雪。如果你认为自己学习能力强、悟性好,那么你很可能会选择更具挑战性的课程。马库斯认为青少年的"可能自我"是一个人在未来可能成为的人,他们指向未来,而不是现在。我们每个人都有自己想成为什么样的人,以及我们害怕成为什么样的人的标准。例如,你想成为一名名牌大学的毕业生,拥有一份你喜欢的工作,而不是一名失业者。马库斯断言,缺乏积极自我期望的青少年会发展出非生产性、反社会的行为。

(三)影响自我概念的因素

1. 重要的人

别人如何看待我们,或者我们如何看待自己,决定了我们的自我概念。然而,身边每个人对我们的自我概念都会有不同程度的影响,那些重要的人会对我们有很大的影响,他们的意见对我们会有很大的意义,但这些重要的人的影响力取决于他们对个人的参与程度和亲密程度,他们提供的社会支持,以及他人赋予的权力。

2. 父母

许多研究人员发现,青少年的情感质量、家庭关系和高度自尊之间存在联系。自尊心强的青少年与父母的关系会更加密切,换句话说,他们觉得和父母更亲近,相处得更好。青少年自尊与父母给予孩子的自主程度、交流水平、分享的快乐程度以及父母的支持、参与和控制有关。

母亲和青少年关系的质量是影响青少年自尊的一个非常重要的因素。与母亲关系非常亲密的青春期女孩认为自己自信、聪明、善解人意;而那些与母亲有高度距离感的女孩则会消极地看待自己,认为自己叛逆、冲动、不够聪明。这些结果表明,母亲对孩子的认同程度会影响自我概念。在青少年成长过程中,父亲的作用是非常重要的;拥有温暖的父女关系非常有利于一个女孩重视她的女性气质,用一个积极的态度接受她的女性身份,更有利于建立异性关系;同样的道理也适用于青春期的男孩，如果他认同与母亲的关系很好，那么他和其他女性更容易建立良好的关系。

3. 生活

当孩子感受到父母之间或他们自己与父母之间的冲突时，可能会发生低自尊的状况。一般来说，自我概念是趋于稳定的，但是青少年对生活中的重大事件和变化非常敏感。一项研究发现，高中新生在与父母长途旅行到一个新城市后，自我概念较低。研究表明，自尊在青春期早期处于最低点，这种现象似乎甚至跨越了种族、性别和社会经济地位。青少年随着认知的发展，对自己的能力逐渐有了更加现实的认识，青少年不再像孩子那样自我高看，因此，在青少年时期，总有一天会突然意识到自己并不好看。此外，一旦进入青春期，青少年对异性特别感兴趣。他们开始注意自己的外表，常常对自己的外表很不满意。这一点在女生身上表现得更加明显，这也是女生自尊在这个阶段比男生下降得更明显的一个重要原因。

(四)拥有良好自我概念的重要性

1. 自尊

长期以来，自尊被称为“灵魂的存在”，是使人类存在的要素。它源于人与人之间的互动，在互动过程中，个体的重要性得到他人的肯定，自我随着小小的成就、表扬和成功而成长。一个女孩描述自己时提到运动员、社会领袖、聪明、高大、友好等，她对自己的定义是完全的自我意识和自我价值。自尊是对青少年自身的一种综合的、积极的或消极的评价。当他们感知自己时，他们如何判断自我价值？他们的判断会引起自我接纳和自我价值感吗？如果答案是肯定的，他们就有足够的自尊去接受和尊重他人。

一旦进入青春期，大多数青少年就开始全面的自我评估，他们把自己和同龄人、自己的理想和偶像进行比较。这种对比不仅体现在外貌上，还包括运动技能、智力和社交技能。他们倾向于将自己与理想的自我协调起来。在他们的青春期结束时，大多数青少年已经成功地确定了他们自己最擅长什么。

2. 心理健康

积极的自我认知和高自尊都是人类发展的理想结果，与长期的心理健康和情绪稳定有关。缺乏足够自尊的人会表现出一系列的负面情绪症状，一些青少年可能会出现躯体症状和心理焦虑，一些研究发现，吸毒倾向和未婚怀孕的原因之一是低自尊。低自尊也会导致饮食失调，如神经性厌食症和暴食症，甚至会导致青少年的抑郁及自杀行为。低自尊的人往往表现出不稳定性和浮躁性，形成焦虑，低自尊的青少年会对自己产生一个高水平的评价，对批评容易过分的敏感，而这恰好是对自己无能为力的表现。他人对自己的嘲笑与不好的评价会让青少年陷入痛苦当中，他们越容易受到攻击，就会有越高的焦虑水平。

（五）尊重他人

1. 以尊重的方式爱他们

尊重是对他人价值与重要性的肯定，把青少年视为无价的，尊重他们。让青少年感到自己被重视、值得被爱。与尊重相反，对青少年的不尊重会伤害他们的心，这种伤害会在他们的生命中持续很长一段时间。在现实生活中，父母经常对青少年做出的决定感到困惑，当父母发现自己无法控制他们的想法时，通常的做法是警告他们："你犯了一个大错误！"或是"总有一天你会后悔的！"尊重青少年自己做决定的权利是很难的，尤其是当父母认为自己更有经验，以至于孩子不听父母的话的时候。父母无法接受自己不能像年轻时那样保护青少年不犯错误。尊重青少年就是给他们经历错误并从中成长的机会，尊重孩子自己的权利但并不是父母要接受青少年做的所有事情以及放弃为孩子设定的标准、期望和限制的责任。父母要意识到，青少年将以自己的方式度过青春期，他们的工作就是看着孩子们，在孩子需要支持和指导时支持并指导他们。如果青少年能在这样的家庭中长大成人，他们的个性会得到充分的尊重，他们的生活方式得到认可，那么他们自然会对他人和自己的权利有同样的宽容和尊重。在他们的心里，他们会认识到，由于不同的文化、信仰和习俗、社会阶层等原因，每个人看待问题的角度和方式都不一样，他们会尊重和接受差异。

2. 为孩子树立榜样

在生活常识和研究报告中都表明，青少年会做他们父母做过的事情。例如，一个孩子在成长过程中看到父母间的争吵和冲突，就会把这种暴躁的模式带入自己的婚姻。人们处理他们所经历的痛苦的方式常常受到对他们来说最重要的人的影响。加州洛杉矶大学社会学家尼古拉斯·沃尔芬格针对"父母作为子女典范楷模的重要性"课题，对8 500余名成年人进行了研究，结果并不令人鼓舞，沃尔芬格写道："父母离异后继父或继母的介入给孩子的生活带来的压力似乎也会影响孩子长大后自己的婚姻生活。"这些人在他们父母失败的婚姻当中学到，处理婚姻中出现的问题的最好方法就是结束并逃离这段关系。既然父母对孩子有这么大的影响，父母更应该以身作则，让青少年看到尊重他人的好榜样。

五、树立正确的习惯、养成健康的行为

青少年时期的行为习惯是非常重要的。一方面，良好的行为决定着我们是否能够保持一个健康身体；另一方面，我们会把许多青春期的习惯带入成年期，这会影响我们未来的身体健康。帮助青少年养成良好、健康的行为习惯关系到

青少年健康和幸福的生活。

(一)珍爱生命

了解健康问题最常见的方法之一是观察死亡率,死亡人数可以告诉我们某个特定群体的健康状况,而死亡原因可以帮助我们了解哪些问题是最突出的。造成青少年死亡的主要原因之一是车祸,大约四分之三的青少年是由非医疗原因造成的死亡:车祸几乎占所有死亡人数的一半,暴力问题(自杀和他杀)约占14%。

(二)关注健康

每天,我们做出的每个决定都会影响我们的健康。我们可以做一些对身体有益的决定,如制订适合自己的饮食计划、定期锻炼、身体检查和保证充足的睡眠。青少年的健康决策是多种因素相互作用的结果。

1. 自身已经存在健康知识,通常这些已经获得的健康知识都来自父母、老师或是媒体。

2. 他们具备对危险和突发事件做出判断和决定的能力。

3. 父母的行为,青少年会模仿自己父母的行为及产生和父母相同的价值观,如果父母对自己孩子的健康不关心,那么孩子对健康问题也不会关心。

4. 青少年及家庭可以获得的资源,如住房条件等一些健康相关的资源。

5. 同伴的压力,同伴之间能够说服对方采取正确的行为和活动。

6. 社会价值观,青少年通过某一渠道获得的行为习惯往往是不健康的行为习惯。

(三)保持健康

处于青春期的孩子正处于自身健康的最佳状态。从儿童期开始,他们的肌肉尺寸和力量就迅速增长,男孩14岁左右开始,女孩10岁左右开始,他们的身体更强壮、更灵活、更健康,心血管和呼吸系统也处于成人水平。青少年的慢性病很罕见,但对健康的关注也是必要的。首先,青少年发病率和死亡率的大部分原因是自己的危险行为;其次,他们随着自身的成长,行为越来越能被自己控制,而父母不能控制他们;最后,他们的许多良好的行为习惯会给自己带来青春活力,而另一些不好的习惯也影响着他们的健康。

为了保持健康,除了避免一些不健康的行为,也应该多进行一些对健康有益的行为,青少年必须有营养的饮食、足够的锻炼和足够的睡眠,多吃一些牛奶及豆制品,补充足够的蛋白质。

(四)体育运动

人们发现所有形式的运动都是有趣和有益的,最明显的好处之一是能够建立一个健康的体魄。在一项研究中，所有年龄段的青少年都显示出进行频繁的体育活动会对身体产生有益的影响。增大青少年的运动量对他们的健康和幸福有着深远的影响，有规律的体育锻炼不仅能帮助年轻人建立和保持骨骼和肌肉，改善身体健康和控制体重，还能降低血压和胆固醇水平；不仅如此，积极运动还可以帮助减少紧张和焦虑的情感，能够提升心理主观幸福感，提高青少年的自尊心。身体活动与包括社交技能在内的自我能力知觉之间存在正相关，经常参加体育活动的青少年不太可能经历抑郁或焦虑，无论男孩还是女孩都从体育锻炼中受益。

（五）保证睡眠

青少年在锻炼保持身体健康的基础上，还需要保证充足的睡眠。但事实上，许多青少年会出现睡眠不足的情况。许多关于青少年睡眠模式和结果的研究发现，学习成绩差的学生比学习成绩好的学生少睡 40 分钟，尽管大多数青少年认为他们应该比他们小时候晚睡觉，但青少年实际上应该得到更多的睡眠，而不是更少。但是青少年往往比儿童晚睡觉，是因为他们必须面对沉重的学习压力。恢复青少年失去的睡眠时间最重要的方法就是减轻青少年的学习压力。

六、青春期家庭需求与关怀

家庭是孩子成长的土壤，和谐温馨的家庭环境是孩子成长的最好养分。

（一）家是孩子成长的土壤

良好的家庭环境具有以下特点：首先，父母和孩子之间有一种温暖、稳定、友爱和关怀的关系，这样，青少年可以获得安全感，能够探索家庭之外的世界；其次，青少年在心理上是自主的，能够自由地形成自己的想法，可以自己做决定，如果没有自主性，青少年很容易养成有问题的行为习惯，或者过度依赖成年人；最后，孩子们必须要守规矩。成功的父母会监督并指导孩子的行为，并制定规则加以限制，规则教会孩子自我控制，帮助他们避免反社会行为。

（二）父母指引着孩子

养育孩子是父母的神圣任务，父母应该尊重这项任务，当父母对孩子的表现感到沮丧时，应该以积极的态度重新面对。

父母应该在日常生活中对青少年给予足够的关注与爱，有效地与他们相处，在他们需要的时候给予他们积极的支持。父母积极的支持与高自尊、高学业成就和高度的道德发展是紧密相关的，缺乏父母的支持则会产生相反的作用：低自尊、学业成绩差、冲动行为、社会适应能力差、行为偏差以及违法行为或犯罪。青少年渴望得到父母的关注和陪伴，他们希望自己的父母能够有长时间的陪伴而不是经常外出工作。

良好的家庭环境体现在父母的真诚和关心、尊重和接纳、专注和倾听，以及深切的同情和理解，真诚与关心、尊重与接纳是来自父母自身的态度；专注与倾听、深切的同情与理解来自沟通方式。父母要用真正的眼光去审视孩子生命的本质，孩子才能活出自己的意义和美，父母对孩子很重要，他们是儿童未来命运的创造者，是儿童生命价值的塑造者。

（三）父母的榜样作用

父母树立的榜样可以对青少年产生重大影响，青少年会关注父母，并通过对父母的关注来找出他们内在的力量和资源来面对挑战。生活不是一个简单的过程，希望青少年能对生活有现实的期望，当他们感到沮丧时也能够重新振作起来。

尽管孩子们可能表现得好像他们忽视了父母或者生活在一个与父母完全不同的世界里，但他们仍然可以从父母的身上学到很多正向的东西。父母越真诚与他们分享生活经验，他们越愿意谈论他们的生活，他们将意识到每一个生命都会体验高峰和低谷、挫折和失败，关键是如何处理。当孩子们与父母分享他们如何生活时，他们会发现自我并树立目标。

（四）善于倾听孩子

父母想要听到孩子生活的故事，那些父母看不到的故事，他们内心发生了什么，他们如何理解自己和他人；父母还想了解孩子目前的问题、疑虑和担忧，以及让他们感到开心、有趣的事情。如果父母愿意向孩子敞开心灵的大门，对他们所说的话感兴趣，全心全意地倾听，孩子会非常愿意与父母分享他们的世界。孩子可能会在父母最累的时候来聊天，即使是在午夜父母都要放下手中的事情，充满笑容地告诉他们，自己愿意与他们进行交流，向他们敞开心扉，全心全意地倾听他们，鼓励孩子让父母融入他们的世界。当他们告诉父母自己的计划时，父母愿意倾听，他们会以一种新的方式看待自己。

有时候，他们会通过不同的方式来倾听自己，比如和父母分享自己的想法和感受，他们通过解释事件的过程以及他们如何看待或感受来阐明他们的痛苦感受。然而，如果在这个过程的开始，父母反应过度、恐慌、试图控制他们甚至批评他们，他们就会立即冷静下来甚至逃离父母。如果父母静静地听他们倾诉，从他们的角度提问，这会让整个对话更顺畅，更舒服。父母给他们机会去反思自己的想法和感受。父母的第一个角色是倾听者，只有这样才能给孩子机会去反思自己的想法。

（五）学会爱孩子

亲情是指存在于家庭成员之间的或积极或消极的感情。积极的关系是那些以温暖、友爱为特征的关系，家庭成员都表现出他们对另一个成员的重要性，并对另一个成员的感受和需求做出相应的反应；消极情感的特征是冷漠、拒绝，家庭成员似乎不爱彼此，甚至不喜欢彼此，很少有爱、积极的情感支持。

每个孩子的成长都需要父母的爱和照顾，但有时父母自己成长的家庭缺乏情感表达，很少受到关注，虽然他们爱孩子，但对孩子很少拥抱或是亲吻，不擅长表达他们积极和温暖的感情。这可能导致青少年变得特别需要爱和照顾，直到他们长大成人，或者导致他们变得麻木不仁，发现很难表达他们对配偶和孩子的爱。青少年既需要内在的支持，也需要外在的支持，青少年对父母的内在支持和亲近感与生活满意度呈正相关，虽然大多数青少年不喜欢父母的拥抱，但他们需要父母对他们的爱。如果青少年没有从父母那里得到足够的爱，他们在以后的关系中就会变得缺乏安全感。

青少年最关心的是父母爱他们的方式：公平地对待他们、尊重他们、接受他们，给他们足够的关心和无时无刻的支持，关注对他们来说重要的事情，尊重他们喜欢的人和事。无论他们是在向父母描述一部很火的电影，抱怨他们老师的种种事情，还是要求父母一起与他们听他们喜欢的音乐，父母都应该给予孩子充分的关注。如果父母只是假装对他们所说的事情感兴趣，他们会认为这是一种虚伪的行为。对你所爱的人的价值观保持开放和宽容的心态，和孩子一起看他们喜欢的视频，听他们讨论他们觉得有意思的事情，对他们的朋友表现出热情与喜爱，所有这些都是对孩子的爱和关心。当父母对孩子的世界表现出真正的兴趣时，孩子就会学到关爱和慷慨。在长期的家庭关系中，爱是一种感觉和一种承诺，当孩子看到父母半夜起来和他们谈论一些困扰他们的事情时，他们能感觉到爱。

（六）信任孩子

一些父母总是不能够完全信任自己的孩子，他们常常将自己的担心和焦虑在孩子身上表现。一般这些不能给予孩子充分信任的父母的内心多是缺乏安全感的，或者在这些父母的成长过程中经历过一些不太好的事情。研究显示，父母对孩子的信任建立在父母对孩子的理解程度上，父母总是希望孩子能告诉自己他们发生的所有事情、他们的行踪，这是为了最大程度地保护孩子。但是青少年的天性就是自主的，他们希望自己独立成长，不想将一切都与自己的父母分享。父母想确保孩子的安全，但又要尊重孩子的权利，所以父母要学会分辨孩子告诉的事情。

想要青春期的孩子告诉父母自己的想法，父母就需要在孩子那里得到足够的信任。特别是当孩子做重大决定时，他们会确认父母不会阻挠自己的决定，父母不会惊慌，不会让他们进退两难。父母需要相信自己的孩子，孩子也要信任自己的父母。青少年越是相信自己的父母,父母就越可能走进孩子的世界,也就越有机会对孩子进行指导与帮助。

七、青春期社会需求与关怀

(一)友谊

青春期对友谊的需求是十分强烈的。青春期的孩子并不只依赖于玩伴来获得情感上的满足,他们也从父母那里得到情感上的满足,并寻求父母的赞扬与关心。除非他们不被爱、被抛弃,或者被父母恶意地批评,否则他们会在朋友或父母的替代者中寻求情感上的满足。到了青春期,情况就完全不同了。随着性成熟逐渐带来新的感受,对情感满足和情感独立的需求,以及从父母那里获得的解放,青少年开始向同龄人寻求他们以前从家庭中所获得的支持。研究表明,年龄越小时青少年更愿意向父母透露自己的情感,但随着年龄的增长,青少年对朋友的自我表露会增加,并在青春期后期达到顶峰。友谊在青少年成长中如此重要的一个主要原因是青少年对自己的不确定和焦虑,因此,他们需要朋友,从朋友身上获得力量,获得自己的个性,获得一定的社交技能。

年龄小的青少年通常会选择结交两个最要好的朋友,通常是同性,并且有很多共同之处。青少年认为与自己相似的朋友会肯定自己所做的选择,这将帮助青少年保持自尊。另一方面,因为青少年经常参加自己与朋友都喜欢的活动,随着时间的推移,朋友会变得越来越相似。

青少年早期的友谊是激烈的、情绪化的,有时是暴风雨般的。因为他们希望好朋友会支持他们,如果他们没有如愿,就会感到愤怒和沮丧,甚至会与朋友发生争执。到青春期的中期,他们更关心他们喜欢的小群体是否接纳他们,这段时间他们对别人的评价很敏感,很在乎他人的看法[88]。到了青春期晚期,个体表现出更大的自主性。

(二)获得同伴的喜爱与尊重

1. 一致性

青少年在选择朋友时,会选择与自己相似的人作为朋友。如果出现的朋友与自己的想法或行为不一致时,他们就会选择结束这段朋友的关系,找寻下一个朋友,要么就是改变自己的行为,继续保持朋友。

2. 成就

在同伴中被接纳和认可的程度决定了青少年的地位。一般学习好且擅长体育的学生会比较受欢迎,这也说明学习成就和运动成就都会给青少年带来积极的影响。

3. 参与

积极地参与学校的活动与俱乐部能够给青少年带来更好的认识。受欢迎的同学往往是活泼的，经常参与各种活动。

(三)孤独

孤独是青少年最大的问题之一。一位处在青春期的女孩写道："我真的很孤独，我的父母都在工作，所以他们经常不在家。我哥哥比我大六岁，所以我们没有什么共同之处，如果我没有一些朋友，我将没有人可以说话。"青少年把他们的孤独描述为空虚、孤立，男孩比女孩有更大的孤独问题，可能是因为男孩更难以表达情感。

几乎所有的青少年，包括大学生，都会在某个时候感到孤独，很多人甚至经常感到孤独。孤独感在青少年时期比在童年和成年时期更常见，所以对他们来说，如何积极有效地应对孤独感是很重要的。青春期的孤独感主要与同龄人之间的疏离感有关，而不是父母之间的距离，缺乏亲密的朋友和远离同龄人都可能导致青少年的孤独感。

虽然青少年大部分时间不喜欢独处，他们享受独处的乐趣逐渐消失，但独处有很多好处。例如，个人可以利用独处的时间进行自我反省，全身心的关注困难的事情。

(四)青涩的恋爱

几乎在踏进青春的门槛时，孩子就受到父母的"不许早恋"的告诫，但是，那种说不清的滋味还是不约而至，内心渴望了解异性，接近异性。

"早恋"所产生的情感是美好的、纯洁的、珍贵的，但是纯洁的感情也会伤害到人，因为每个人表达感情的方式不同，他们的感知能力也不同。当你爱的人不理解你，不以你想要的方式对待你时，你会感到失落和心痛。虽然有很多快乐的时刻，但也有一些毫无根据的不适和愤怒的时刻，随之而来的是无聊。感情的漩涡可能会在一瞬间爆发，也可能会像一阵风一样在一瞬间消失，你的心会在这一刻迷茫。爱是美丽的，但很辛苦，爱需要责任，需要付出时间，甚至身体。你的身心还没有达到成熟的程度，所以接受这既能给你带来快乐也能给你带来痛苦的情绪是否过早，为什么不做好准备，在如此匆忙之下迎接情感？你可能会后悔在最不可能的时候做出了最重要的选择，因为你不知道自己真正想要的是什么。所以青少年必须珍惜友谊，谨慎地谈论爱情。

(五)失恋造成伤害

在现实生活中，青少年尤其容易受到分手的打击，因为他们的自我还在发展，他们的应对技能还没有完全成熟。青少年更容易遭受打击的另一个原因是，他们在恋爱时倾向于理想化他们的爱人。

感情上完全摆脱一段关系需要花费大量的时间和精力。青少年如果经常经历极度的悲伤,会导致他们忽视学业,忽视自己的外表,还会导致学业下降和健康问题。他们一个人待在房间里,甚至在房间里独自吃饭。他们经常戴上耳机,一边听着音乐,一边想着他们所爱的人,他们说他们不能再爱任何人了。那些对分手没有任何反应,却急于开始新生活、开始一段新的亲密关系的青少年,也需要得到父母的关注与引导,因为失恋也是青少年自杀的一个主要原因。

(六)性行为的动机

伴随着青春期到来的还有对性的兴趣的增加。一开始的兴趣是以自己为中心的,他们会关注自己的身材,花时间在镜子前仔细观察自己,这是为了审视自己的身体自己是否满意,并不是对性的感觉。慢慢地,青少年不只是关注自身的发展,而是对另一性别有所关注。对人类的繁衍充满好奇,他们开始试着把玩自己的生殖器。这个时期,他们也许会偶尔地感到一些快感,对性的需求有所增加。青少年需要性只是释放一种生理冲动,并不是需要性的本身。性是为了满足青少年那些与性本身无关的需求。当无法满足这种性需求时,就会带来许多问题,如未婚先孕、堕胎等事情。不可避免地是造成性疾病的传播,因为性行为活跃的孩子不仅容易受到感染,还有可能造成很多其他的风险。因此对青少年要有足够的性教育,防止不好情况的发生。

八、青少年疏离

当青少年产生愤怒或发生争执时,他们可能会通过一些行为来进行发泄。这些青少年就会与家庭与学校产生一种疏离感,他们既不能融入青少年的群体当中去,也不能在成人世界找到自己的容身之处,他们的行为是对疏离感的一种宣泄。

(一)离家出走

离家出走主要有两种类型:蓄意离家出走和暂时离家出走。蓄意离家出走是出走者抱着逃离家庭的坚决想法而出走,就算不能永远地离开家,至少一段时间也是可以的;暂时离家出走是出走者临时冲动引起的,出走几个小时或者一两天,这类离家出走者多是因为害怕而不敢回家,或者是考试考砸了害怕被父母惩罚,或者没有听父母的话害怕父母等。父母要关心和爱护自己的孩子,孩子离家出走是因为他们认为这个家庭让他们无法待下去,所以父母要为孩子营造良好的家庭氛围。

(二)自杀

选择自杀的青少年常常生活在有问题的家庭环境中。在这些家庭中,父母与孩子存在很多冲突,甚至家庭暴力,或者是父母对孩子的态度冷漠、消极。另外,童年时期与父母情感方面的缺失,父母双亡或者单亡,都有可能导致青少年抑郁。多数情况下,选择自杀的青少年都是孤独的,在他们的身边没有可以交谈的人,没有人给予他们支持。有一项研究表明,自杀的大学生有三个共同点:他们的父母与他们充满冲突,和同伴没有良好的关系,并顽固的认为自己的未来是充满失望的。青少年一旦失去了他们喜欢的人或者物,他们就可能产生自杀的倾向。因此,一定要关注青少年的心理,避免自杀想法的出现。

(三)犯罪

青少年犯罪的主要因素是家庭缺少凝聚力或是家庭氛围不和谐。对孩子或是伴侣进行虐待的父母往往会给孩子带去暴力的影响,因此,在这样家庭出生的孩子通常具有很高的攻击性。同伴群体也是青少年犯罪的一个重要影响因素。青少年犯罪是社会化的结果,尤其是有同伴的影响之下,与不良青少年有紧密联系的青少年往往生活在一个家庭关系差的家庭中,不被同伴群体接受,他们往往心中充满怨恨并且缺乏自控力。

第十二节 成年期照护与人文关怀

成年期是指人生的20岁至60岁,既是青春期的延续,又是向老年期的过渡。成家立业也许是成年期的主要课题,即支撑家庭,养育子女,成就一番事业。成年人过着独立的生活,承担着复杂的社会关系与责任,是社会发展的中坚力量;成年人也是社会财富的主要生产者,他们通常身上背负着巨大的责任与压力,多是上有老、下有小,是身心负担沉重的时期。

一、成年早期的生理变化特点及需求

成年早期是20岁至40岁的这段时间。成年早期的生理状况正处在人生的峰值状态,大脑的反应、肌肉的力量、身体的协调性等都处于一生中的最佳状态。为心理和社会的发展奠定了良好的基础。

(一)循环系统

男性与女性20~40岁的血压位于成年组的最佳水平,之后会随着血管弹性的减退而逐步下降,平均最高心率也逐渐减慢,心脏应付日常生活的能力也在逐步地退化,血清胆固醇会随着年龄的增长而逐渐上升,如果能够控制饮食并进行适度的锻炼,就能够纠正因年龄增长和代谢减慢而引起的血脂升高。

(二)呼吸系统

男性在25~29岁时的肺活量是最大的,女性在20~24岁的肺活量是最大

的。随着年龄的增长,肺组织的弹性纤维也会随之退化,肺容量逐渐减小,到了成年前期,如果剧烈运动,就会出现呼吸急促的状况。

(三)消化系统

胃液等消化液的分泌量会在30岁以后开始下降,消化液中含有的消化酶也会相应地减少,消化功能逐步减退。成年人患病的原因多是饮食带来的,如果自恃年轻,对自己的身体不管不顾,那胃炎、胃溃疡等问题都会随之出现。

(四)运动系统

成年期人的骨骼已经结束生长,但是如果有损伤,骨伤的愈合速度也是很快的。

(五)生殖系统

男性性成熟后的17至20岁是性反应与性能力最高的时候,随后逐渐稳定然后减弱。女性性成熟后的性能力与性反应是缓慢增强的,直到35至40才达到最高峰,随后会以比男性更缓慢的速度减弱。另外,在这一时期的夫妻双方多是情感相对稳定的,性经验丰富。因此这一时期是夫妻性生活的黄金时期,有助于促进家庭幸福、美满。

二、成年早期的心理变化特点及需求

成年早期正处在人生的关键期,需要吸取和积累很多经验使自己变得成熟起来。人一定要在生活中体现自己的价值,成为一个对社会、对家人来说有作用、有价值的人。成年早期多做一些有意义的事情可能会影响着未来认知的发展。

成年早期处在一个冲动和难以克制的年龄,多是脾气暴躁易怒。愤怒是一种十分常见的比较剧烈的负面情绪。愤怒其实早在还是婴儿的时候就已经出现了。例如父母强制婴幼儿睡觉,不给他们玩具,小家伙就会生气、愤怒。在青少年时期,如果发生争执也会引起愤怒。但是在成年期,要形成一定的道德准则和自身修养。

从马斯洛的需求理论水平来看,成年已经基本满足了生理需要,此时的成年人往往追求位于金字塔顶端的高级需求:①社会需求:获得亲密、避免孤独、体验爱情。②尊重需求:能独立,期望得到承认、尊重。③自我实现需求:接受自己和接受别人,获得职业技能,选择职业。自我实现需要的是努力挖掘自己的潜力,使自己越来越成为想成为的人。

三、成年晚期的生理变化特点及需求

成年晚期是人体生理功能从旺盛逐渐走向衰退的转交期,也是开始进入衰老的过渡期。

(一)心血管系统

40岁以后,心肌收缩、心血输出逐渐减少,有些人在此期间有心脏肥大的情况,主要出现在左心室,动脉壁弹性随年龄的增加而减小,随着年龄的增长,血清胆固醇水平会增加,高血压和血脂是提高冠心病和脑血管病发病率的重要因素。同时,成年后期的人无法承受青少年的运动和劳动强度,过度的身体负荷和过度的精神刺激很容易导致一系列的心血管系统疾病,严重者甚至有心律失常和心脏骤停,导致突然死亡。成人晚期需要定期体检,以学会认识冠心病的潜在危险因素,及时纠正不健康的饮食习惯,调整不良的生活习惯。

(二)消化系统

消化能力与代谢能力在进入成年晚期后明显下降。直到50岁以后,成人的消化能力可能会下降2/3。同时,身体所需热量与代谢能力也随着年龄的增长而下降。因此,成年晚期后要开始注意饮食的摄入量,避免摄入量过多或摄入不健康的食物。此外,也要注意胰腺功能的衰退。

(三)运动系统

人的身高在成年期会有较明显的减少。在成年晚期,骨密度也会变低,关节软骨的再生能力减弱,椎间盘也开始萎缩变薄,脊柱逐渐变短弯曲,因此会呈现出身高缩短或驼背的现象。随着年龄的增长,人的劳动量也随之减少,肌肉也出现了松弛的现象。因此成年人晚期要注意补充钙质,增加锻炼,延缓骨骼和肌肉的衰老。

(四)神经系统

40岁以后,脑组织中的水分、蛋白质、脂肪、核糖核酸等含量及其运作功能都有所下降,神经传导功能随年龄增长而降低,中枢抑制过程逐渐减弱。结果,人们的反应速度在这段时间开始减慢,睡眠时间逐渐减少。40岁以后,眼睛的适应能力逐渐减弱,视野也随着年龄的增长而缩小。这时,许多人在做精细工作时需要戴上老花镜。50岁以后,人的听觉功能开始下降,男性比女性更明显。听力丧失是无法听到电话铃声、看电视时音量调大等等为第一表现。这时,电话、门铃和收音机的音量要适当调整,过马路时也要注意安全问题。

(五)生殖系统

45至50岁的女性,卵巢开始萎缩,月经周期开始失调,导致女性绝经。女性在绝经前后的不适通常被称为绝经综合征。常见的有潮热、心悸、绝经前月经不规律、乳房疼痛和松弛下垂、喜怒无常、失眠等。后来,月经完全停止,不再排卵,生育能力也随之丧失。研究表明,过早进入绝经的女性比晚进入绝经的女性更容易患心脏病、骨质疏松症和其他慢性病。男性更年期通常发生在55岁至65岁之间。

四、成年晚期的心理变化特点及需求

在成年后期,在人格特质方面保持相对稳定,但与其发展阶段相比,这一阶段有其独特的发展任务。在这方面,不同的心理学家从不同的角度对他们的观点进行了阐述。

Daniel Levinson(莱文森)试图应用成人生活的描述来解释成人人格的变化。他理论的核心概念是“个体生命结构”。他认为成人的发展包括一系列稳定和过渡的交替时期。在成年期,过渡期通常发生在40岁左右,也就是从成年初期到成年后期的过渡阶段。每个人开始按照之前确定的目标来评价自己目前所获得的成就,并根据眼前的成就来调整今后的目标。如果调整好,就能处理现实与可能性的矛盾,顺利进入40岁以后的人生阶段。

Robert Haweigesite(哈维格斯特)指出,成年后期是一生中比较特殊的时期。它不仅是个人对社会影响最大的时期,也是社会对个人需求最大的时期。个人必须接受和履行社会赋予他们的责任和义务。他总结了这一时期在七个方面的发展任务:①履行成人的公民和社会责任;②保持一定的经济生活水平;③开展成人休闲活动;④帮助幼儿成为负责任和快乐的成年人;⑤与配偶保持和谐的关系;⑥适应中年的生理变化;⑦照顾自己的双亲。

在成年后期,由于身体功能的衰退而导致的疾病和死亡的风险正在逐渐增加。孩子离家、父母衰老,以及退休所造成的压力,可能会使中年人对生活的目的和生活的意义产生怀疑。“中年危机”这个词最能描述这个状况,它主要包括自我反省和自我质疑。但并不是所有的中年人都经历过危机[89],很大一部分中年人在自我心理调整后,开始表现出自己的个性特征,寻找“另一半自我”,从而达到自我世界的平衡。因此,应该给予必要的鼓励和支持,引导成年人正确理解自己,学会释放和减轻压力。

五、成年期常见的家庭社会责任

(一)成家

成年后最主要的任务就是成家,而家庭的成立是以爱情为基础的,人们都渴望得到爱与关注。家庭的成立相伴的就会有家庭的破裂,近年来我国的离婚率逐渐增高,越来越多的人开始重新树立正确的爱情观。家庭的成立后,成年人需要处理主要人际关系为一是与父母的关系，二是与子女的关系。这两种关系都存在着双向影响，即父母可以影响孩子，孩子也会影响父母；父母承担着对孩子的养育责任，孩子对父母也肩负着赡养的义务。

在面对亲子关系时，成年人要善于倾听。在儿童时期，孩子会认为父母是无所不知的，但进入青春期后，孩子们会发现他们所认为的父母与现实是不同的，代沟问题就出现了。两代人的成长环境不同，所处社会地位不同，所受到的教育不同，所处的角色也是不同的。但是两代之间的代沟可以通过沟通来解决，父母学习做孩子的朋友，给予孩子足够的尊重与信任；随着孩子的逐渐成长，父母要调整与孩子之间的关系；直至孩子各自成家，离开父母，这个时候成年父母要做好心理建设，不免会有失落和难过，这时应该调整自己的生活重心，转移自己的注意力。

（二）立业

成年期这20岁到60岁的过程，成年人经历了离开校园、求职、追求事业整个过程。随着义务教育的普及，高等教育逐渐扩大，就业形势也日益严峻。劳动力总量过剩与结构性短缺并存，就业压力逐渐增大。从认知发展的角度来看，成年后的知识和经验储备达到了较高的水平，观察能力和思维能力呈现出较强的状态。智力发展的最高水平是个人创造力的发展。就科学家而言，年中的创造力是最高峰，40至60岁相对稳定，60至70岁呈现下降趋势。然而，值得一提的是，60～70岁的创造力仍然高于20～30岁。因此，成年是创造的最佳阶段，也为事业的成功奠定了坚实的基础。

家庭杂务、工作压力使得成年人身心俱疲。工作的人需要照顾他们的家庭，他们需要照顾工作。尤其是在40岁或更年期，工作上力不从心的感觉会变得越来越严重。当工作的时候，惦记那些待在家里的孩子；当在家的时候，担心还没有完成的工作。职业角色与家庭角色的矛盾、社会生活与家庭生活的矛盾、对自己事业和家庭期望的高期望，都造成了成人的心理压力。

第十三节　老年期照护与人文关怀

生老病死是人都要经历的事情，老是人生必经阶段，是岁月流淌过的印记，代表着丰富的阅历和广博的知识。世界卫生组织认为60至74岁的人为年轻老人，75至89岁的为老年老人，90岁以上的人为长寿老人。随着年龄的不断增长，人的各脏器功能也开始逐渐衰退，这是不可逆的自然规律。谈老色变可不是正确的人生态度，直面衰老，主动寻求保健，才是长寿的秘诀。同时老年人的家人也要照顾呵护这些老年人,帮助他们好好走完人生最后的旅程。

一、老年人的生理需求与人文关怀

(一)老年人的生理特征

人老了,最明显的特征表现在生理上,无论是外表还是内部的生理代谢都开始步入衰老。特别是外表的变化,如头发稀白,皱纹深长,步履蹒跚等。除了直观的外表之外,就是老年人的各脏腑器官开始衰退,功能减退。人体的器官留有一定的储备能力,只有在必须的时候才会使用储备力。但是,随着机体逐渐的衰老,身体的储备力也随之减弱。这一时期,老年人的免疫功能和对外界的适应能力都会降低。免疫功能的降低,就会带来抵抗力的下降,容易引发感染。当老年人的能力降低时,外界天气的变化,气温、湿度的骤变等,都会给老年人带来不便,导致容易患病[90]。老年人的体力也越来越不行了,逐渐没有了自理能力,极易造成意外伤害。

(二)老年人的生理需求

1. 营养需求

老年人的体力劳动少了,身体所需热量也就少了,但在不知不觉中容易堆积脂肪,老年人应对自己所需的营养素有所讲究。①蛋白质,老年人的身体对蛋白质的利用率低,体内蛋白质储存量小,因此,老年人应多吃优质的富含蛋白质的食物(如鱼、家禽、奶蛋等)。②糖,除糖尿病患者、肥胖患者外,老年人可适当吃一些含糖的食物,如蜂蜜、蛋糕、各种糖果等。③脂肪,脂肪在老年人体内消化较慢,且老年人消化能力较弱,应尽量选择含有不饱和脂肪酸的植物油,减少食物的饱和脂肪酸和胆固醇,如食用一些花生油、大豆油,避免使用猪油,肥肉和其他动物脂肪。④维生素在维持身体健康和延缓衰老方面起着非常重要的作用,但是大多数维生素不能合成并储存在体内,必须通过每日的食物摄入来满足。虽然老年人对维生素的需求减少,但维生素缺乏往往是由于吸收不良或排泄增加造成的。因此,必须注意摄入各种维生素,如维生素 b,以增加老年人的食欲。在许多富含维生素的食物中,它通常也含有丰富的膳食纤维,这有助于改善老年人的便秘。⑤无机盐和膳食纤维,老年人对无机盐的需求与普通成年人基本相同,尤其是绝经后的老年妇女。因为她们特别容易骨质疏松,老年人也应该吃富含钙的食物,例如牛奶、核桃及花生。膳食纤维主要存在于谷类、马铃薯、蔬菜和水果中。虽然不被身体吸收,但很有利于排便,容易便秘的老年人需要多补充一些膳食纤维。⑥水是生命的来源,但随着年龄的增加,老年人体内的水逐渐减少,其饮水的欲望也不如年轻人强烈,容易发生慢性脱水。

因此，老年人要养成喝水的习惯，可以在每餐中加入一些汤类的食物。

老年人营养的摄入受多方因素影响，首先是老年人牙齿松动、咀嚼能力不足，这会限制老年人摄入食物的种类和数量。然后老年人的味觉与嗅觉都有所减退，常常没有食欲，加之唾液分泌的减少，食物难以被消化吸收。老年人的肠道蠕动有所减慢，但老年人摄入过多的脂肪与蛋白质时，不能及时消化，就会导致腹泻，或是便秘。此外，老年人的吞咽能力下降，他们可能因为误咽食物而发生呛咳，需要注意。

要满足老年人的营养需求，要做到食物种类的多样，能够保证足够的蛋白质、低脂肪、低糖以及适量的钙质。食物应该软、嫩、松，既便于咀嚼，又能好消化。制作食物时，可以做一些花样，增加老人的食欲，促进老人的进食。老年人吃东西一定要忌冷忌热，避免对肠道造成刺激。老年人要少食多餐，定时定量，切勿暴饮暴食。

2. 排泄的需求

（1）正常的排尿需求

肾脏负责身体的排泄。在老年，肾功能经常衰竭。与此同时，负责储存尿液的膀胱不仅体积变小，收缩力也比以前小，排尿淋漓不尽，造成尿潴留。尿潴留后，老年人往往有下腹疼痛并且易怒。此时，家人不要抱怨，应该尽快找到帮助的方法来减轻痛苦。为老年人提供一个隐蔽的排尿环境，使其安心排尿，还可用热水包敷老年人下腹，或者用手轻轻按摩来刺激膀胱。另外，让老人听流水声，或用温水冲洗会阴等，也是正确的方法，必要时还可以去医院导尿。

除了尿潴留，老年人还会有尿失禁的尴尬问题，尤其是骨盆肌肉松弛的老年妇女。失禁虽然不会致命，但会损害老年人的自尊，造成严重的生活问题，影响社会交往和生活质量。对此，家庭应充分的理解和尊重老人，让老人的卧室尽可能靠近卫生间，以方便其上厕所。同时，还需要帮助老年人养成规律的排尿习惯，提醒老年人正确饮水，控制夜间饮水量，以免增加夜间尿量[91]。指导老年人避免打喷嚏、咳嗽、大笑等，防止因腹内压增高而出现漏尿现象。当老年人尿失禁时，应及时帮助清理，如擦外阴、更换裤子、床单等，以保持清洁。为了保护皮肤，老年人的服装应选用柔软的面料，透气性好，以棉质产品为首选，且容易穿脱。

（2）正常排便需求

人到老年，消化能力减弱，消化液的分泌减少，胃肠的蠕动也会减慢，再加上老年人的活动能力减弱，各种排便辅助肌肌力降低，很容易导致便秘。此外，由于肛门括约肌张力下降直肠感觉衰退等原因，老年人很容易出现大便失禁。

老年人便秘时，人体会吸收粪便中的毒素，导致机体自身中毒，包括全身不适、烦躁、腹胀、失眠等症状，如排便过于用力又可能引起晕厥等意外，甚至导致死亡。因此，老年人便秘时，不可忽视，应积极协助。首先，要帮助老人找一个隐蔽的地方，不要紧盯着在旁边一直等待，以免影响老人过于紧张排便不畅；其次，要调整老年人的饮食，提醒他们多喝水，多吃富含纤维的食物，避免辛辣、刺激性的食物，也可以帮助进行腹部按摩，然后按右下腹部－右上腹部－左上腹部－左下腹部的顺序循环重复，以促进肠道蠕动。此外，要督促老年人养成定期排便的习惯，选择一个固定的适合自己排便的时间，一般早餐后排便比较好。选择后，无论是否有便意，老年人都应按时上厕所，集中注意力，不要做读报、看书等不相干的事情，也不要屏住呼吸，以免发生脑血管意外。如果上述方法无效，也可以使用药物排便，如使用开塞露，口服泻药等。

便秘是痛苦的，但它可以不被人知。然而大便失禁却不可避免地受到一些异样眼光的影响，正常的活动和社会交往也受到很大影响，从而形成严重的心理负担。此时家庭的支持显得尤为重要，要帮助老人稳定情绪、树立信心，每次上完厕所后帮助擦洗、换衣服、裤子或床单。老年人排便控制能力明显下降，应多吃营养丰富、易消化吸收、残渣少、油脂少的食物，适当限制摄入富含纤维素的食物，避免进食含气或腹泻的食物，及时补充水分，防止水分、电解质紊乱和酸碱失衡。大便失禁的老年人也需要养成良好的排便习惯。必要时服用止泻剂。

3. 休息与睡眠的需求

(1)休息：休息是指在一段时间不做太多的活动，让身体的每个部位都得到放松，感到轻松，并处在一个良好的心理状态来恢复精力和体力。有很多休息的方式，如唱歌、听音乐、聊天等，老年人可能认为躺着、坐着什么也不干就是休息，这实际上是不对的，这样不仅没有得到休息，反而会加重自身的疲劳感。有质量、有效果的休息应该满足三个小件：充足的睡眠，放松的心情，舒适的身体。

(2)睡眠：睡眠是人的生理现象，能够有效地恢复人体的精力与体力，并促进机体的生长发育。“睡到自然醒”是许多年轻人经常谈论的一个梦想，但由于种种原因，它从未实现。当人老了，退休了，就不会那么忙了，但睡眠的质量和数量将不可避免地下降。老年人的睡眠模式也发生了变化，表现为早睡早起、夜间睡眠少、白天嗜睡等现象。

导致老年人睡眠质量低下的原因很多：①随着年龄增长，机体逐渐老化，老年人相比年轻时的生理功能逐渐减退，入睡比较困难，夜间容易起床，又容易早醒。睡眠时间短且睡眠质量不好。②没有好的睡眠环境。卧室的温度与光线等都会影响老年人的睡眠质量，如房间温度过高过低，光线太强等都会影响老年人的睡眠。③疾病的影响。老年人容易患有老年病、慢性病等，往往疾病带来的痛苦使老年人无法入睡，或服用的药物也会对老年人的睡眠造成影响。特别一些老年人依靠安眠药来帮助自己入睡，一旦停止，失眠问题变得更加严重。

因此，保证充足和有效的睡眠对老年人的健康有重要影响。如果老年人失眠，应积极寻找发病原因，采取相应措施，创造一个安静、舒适、安全的睡眠环境。卧室的光线要昏暗、柔和，床上用品整洁，厚度适宜；至少在睡前两小时进食晚餐，以免吃得过多；睡前不宜喝可乐、浓茶等一些刺激性的饮料；食物宜清淡、易消化。老年人应保持睡前情绪稳定，可用温水泡足或洗热水澡，以促进睡眠。因为老年人考虑问题特别专一又比较顽固，遇到问题就会反复思考并影响睡眠，所以要洞察老年人的想法，及时开导。睡前不宜看一些刺激性的电视、电影、小说。另外，老年人也可以在白天或睡前进行一些适度、力所能及的体育活动，促进睡眠。

4. 活动的需求

每当晨曦初现或夜幕降临，公园和开阔的空地上到处都是活跃的老年人，如广场舞、太极拳、太极剑等。与日夜忙碌的年轻人相比，老年人对锻炼更感兴趣，但年龄不饶人，老年人做运动时，一定要注意适度，才能真正达到健身、长寿的目的。

(1) 影响老年人活动的因素：衰老可导致脑组织血流减少、脑萎缩、运动纤维丧失、神经树突数目减少、神经传导速度减慢，导致老年人反应时间延长。此外，老年人的前庭器官特别敏感，导致对姿势变化的耐受性下降，缺乏平衡，不利于正常活动。衰老还会导致心功能下降和心输出量减少。当老年人活动水平增加时，心输出量不能随之一起增加，限制了活动水平。

另外，肌肉细胞也会因为衰老而减少，加之肌张力下降，使得老年人的骨骼支持力下降。老年人常有骨关节活动不灵活，导致活动时很容易跌倒，并且老年人的骨矿物质会自然流失，骨密度下降导致容易骨折，这都是老年人活动减少的因素。

(3) 满足老年人的活动需求：老年人活动应遵循安全第一的原则，因人而异，在适当的时间练习，循序渐进，坚持不懈，自我监督。应根据年龄、身体状况、兴趣爱好选择合适的运动项目和运动量。有些老年人会觉得自己身体好，过度增加活动量，有些怕发生摔倒等意外而不敢运动，这都是不正确的想法。

为避免运动后过度兴奋而影响睡眠，应在运动结束后 2 小时左右上床睡觉。老年人的活动强度应由小到大，活动由慢到快，由简单到复杂，活动前应先做热身运动,不宜做强度过大、速度过快的剧烈活动。锻炼是一个逐步积累的过程,只有定期、系统地锻炼,才能达到增强体质、预防疾病的作用。我们要帮助老年人做好安全防护工作,尽量选择离住所近、地面平坦的地方进行活动,防止跌倒的意外发生。

(三)老年人生理需求的关怀原则

1. 尊重个性

就像没有两片完全相同的树叶一样,也没有两个完全相同的人,老年人也没有什么不同。从童年、少年、青年、中年到老年,每个老人都有自己独特的社会经历和生活习惯,形成了不同的思维方式和价值观。面对年轻人,老年人往往以“我吃的盐比你吃的饭多”为资本,产生强烈的自我意识,如果受到侵犯,个人的尊严就会受到损害,让老年人改变他们的习惯是痛苦的事情,因此,在对老年人实施护理时,既要满足他们的生理需要,又要尊重老年人的人格和习惯,关怀他们的个性与自尊。

2. 尊重生理变化

人的老去是不可逆的自然规律,是不以人的意志为转移的,老年人的生理变化需要得到我们的尊重。在与老年人聊天谈话时,要语气轻缓,语速适中,音量要稍微放大一些;给老人用的物品要能够简单操作,不要过于复杂,注意物品的安全性。

3. 尊重隐私

老年人会有许多生理需求需要在一个隐蔽的环境中完成。因此,在为老年人提供帮助以满足他们的生理需求的同时,我们也应该保护他们的隐私,这样老年人才能真正感受到关怀。虽然在现实生活中,无论是在家里还是在养老机构中,老年人都很难拥有独立的空间,但是他们的隐私可以通过改善一些小细节来保护,比如在多人的房间里增加窗帘或屏风来遮挡,老年人同样会感到舒适。

4. 适当自理

老年人需要我们的帮助是理所当然的,但过犹不及,过多的帮助会造成部分老年的过分依赖,甚至一些老人就是为了得到他人的关怀与照护而要求被照顾。因此,在给老年人提供护理的同时,也要让老年人能够适当自理,提高其积极主动性,让他们感受到自我的价值。

二、老年人的安全需求与人文关怀

老年人因岁月的累积而变得脆弱,安全成为老年人的主要需求,因此给老年人提供一个良好的生活环境是十分重要的。

(一)创造安全的生活环境

老年人需要的居住环境不必面朝大海,春暖花开,要有适宜的温度,合适的大小,偏于安静的环境。房间最好不要有门槛,避免老年人意外摔倒;房间的地面应该平坦,并且要防滑;要保持房间的整洁,不要有杂物摆放在地上,以免对老年的行走造成障碍或是磕碰到老年人引起意外[92]。

卫生间最好设置在卧室的附近,铺有防滑垫,两侧墙壁设置扶手,同时用浴帘代替玻璃门,使用活动式花洒。对于不能站立的老人,可以选择牢固的淋浴椅,或把浴板放在浴缸上面坐着淋浴。或者选择浴缸,不仅要放置浴板或带有扶手,浴缸底部还应该有橡胶垫。此外,对于坐轮椅的老人,为了方便老人的洗漱,洗脸池上方的镜子需要适当向下倾斜。

老年人的卧室要装修简单,家具应该简单安全,选择圆角家具,避免磕碰;物品的摆放要适合老年人的取放,伸手能够取放为宜;沙发不宜选用太软的,要方便老年人的起身;要尊重老年人的想法,老年人的记忆能力也在逐渐减退,在屋子里应该摆放时钟、日历等;为了房间的空气清新,可以适当摆放绿植,增加空气的新鲜度。

(二)预防意外摔伤

1. 预防意外摔倒

跌倒是指个体非故意的、不自主的、突发的体位改变,导致足底以外的部位停留在地面或更低的地方,是一种无法自我控制的意外事件。

据估算,我国每年有 4 000 万老年人跌倒,65 岁以上老年人意外伤害死亡的首要原因便是跌倒。原卫生部为此还专门发布了《老年人跌倒干预技术指南》,可见形势之严峻。老年人多在室内跌倒,其中 1/3 发生在卧室,其次是在房门口、浴室、厨房、楼梯等。在室外跌倒的也不少。

致使老年人跌倒的原因很多,如室内地面积水、地面较滑,地毯不够平整等;室内家具及设施如:家具的摆放位置不当,床垫沙发过于柔软等;户外环境因素,照明不足的道路崎岖不平,是引起老年人跌倒的最常见因素;药物的影响,催眠药物副作用等等。跌倒不仅对老年人造成身体伤害,而且影响老年人的心理和社会交往。经常跌倒的老年人很可能会失去信心,尽可能减少活动,害怕独自生活,并增加依赖性。久而久之,它会导致肌肉萎缩,行走更加不稳,更有可能导致因跌倒而形成的恶性循环。

为了预防跌倒,有必要加强老年人预防跌倒的意识,加强对预防跌倒知识的宣传。引导老年人坚持适度锻炼,增强肌力、柔韧性、协调性。指导老年人加强饮食营养,并注意均衡摄入钙和维生素 D,适度晒太阳。对于老年绝经后的女性,激素替代疗法可能是必要的,以增加骨骼强度。轮椅、助听器、老花镜及助行器均适用于平衡感差及视觉受损的老年人。老年人站立时应双脚分开,注意平衡,使重心稳定,防止向后跌倒。跌倒的老年人可能有跌倒的恐惧,应及时疏导。

2. 预防坠床

坠床是指从床上掉到地上,会造成局部皮肤的破损、肌肉损伤,甚至骨折、颅内出血,严重时可导致死亡。坠床多发生在改变体位、体力不支、睡梦中翻身、床上取物及下床时。为防止从床上掉下来,要保证床上的安全,床的高度应适合老年人上下床,根据情况适当增加床挡防止坠床。老年人换体位时,动作应缓慢,幅度要小,确保安全。行动不便、视力受损、身体虚弱及不能照顾自己的老年人,需要陪同上下床。

3. 预防噎呛

噎呛是指进餐时食物卡在食管的某狭窄处或阻塞咽喉部,甚至误入气管所致的呛咳、呼吸困难以及窒息。为防止噎呛,应避免进食鱼骨等易卡住的食物,以及年糕等黏性较强的食物,避免食物过冷或过热,避免饮酒过量;吃东西要专心,情绪不稳定就不要再进餐;肉应该切成小块,慢慢咀嚼。老年人经常发生噎呛,可用勺子将少量食物送到舌根,让老年人吞咽,待完全咽下后,再张嘴检查。老年人在噎呛时应停止进食,在呼吸完全稳定后继续进食。如果经常发生严重的噎呛,要停止进食。

4. 预防烫伤

烫伤不仅对老年人造成机体组织的损伤,还增添了家庭的经济负担,最重要的是给家人心理上带来的担忧与心疼。衰老后,老年人对温度的感知能力下降,很容易造成烫伤,因此老年人要十分注意一些细节;如沐浴时,要先放入冷水,再逐渐增添热水,用手试温后再洗澡;倒热水时也要注意使用带扶手的杯子,以免烫伤。

三、老年人的心理需求与人文关怀

(一)老年人的心理变化

1. 记忆变化

记忆是人们在识记、保持、再现等过程之后积累个人经验的一种心理过程。老年人非常喜欢的一件事就是回忆当年,一讲起来就滔滔不绝,讲得活灵活现,但是要是问这几年、几个月甚至几天发生的事情时,老年人就会皱眉,不知道都发生了什么,这就是记忆力衰退的表现。老年人在看电视剧时,会清楚地记得发生的主要故事情节，但是要是问主角的名字、配角的名字，老年人可能就会说不出来。老年人的理解性记忆还是很好的，但是像名字、时间之类的机械性记忆就会想理解性记忆那样好了。

老年人记忆能力的降低一方面是生理所致，一方面是疾病导致，比如患有老年痴呆的老人就会连自己的家人都不认识。

2. 智力变化

心理学家将智力分为"液态智力"和"晶态智力"。液态智力是指接受新知识、新信息的能力，如反应速度、思维能力等，这与神经系统的生理结构有关。液态智力会受到年龄的影响，特别到了老年就会呈现下降的趋势，但是可以通过不断的学习得到改善。当老年人接触新事物时，为了更好地使用了解事物时，老年人会读很多遍的说明书，这就是液态智力下降的表现。"晶态智力"是一种通过以往的积累经验来判断或是解决问题的能力，与后天的知识经验积累有关。晶态智力是持续稳定发展的，到了老年仍然能够保持，甚至还可以提高，一般在 70 岁以后才开始出现减退。老年人往往都是经验丰富的，为人处世常常是稳重的、老练的。

3. 思维变化

思维是人脑对客观事物间接的、概括的反映，是人类认识过程的最高形式，是一种更为复杂的心理过程。思维能力下降相对较晚，尤其是与专业相关的熟悉的思维能力，到老年仍可保持，但敏感性、灵活性、流畅性、创造性思维能力下降明显。老年人往往需要很长时间来理解一个新概念，在面对紧急情况时反应迟缓，惊慌失措。思维定式、墨守成规、老眼光、老规矩往往成为老年人的标签。这使老年人落在时代的后面，与他们的子女和年轻人产生代沟，但他们也经常认为自己是对的，所以他们很固执，这有时使人无可奈何。

4. 人格变化

人格又称为个性，是指人体的个性或特性，往往在先天素质的基础上，受家庭、教育、环境等因素的影响，逐步形成性格、爱好、兴趣、价值观等心理特征。随着年龄的增长，人的性格难免不发生改变：一个是变得内向，忧郁、孤独的老人很常见，精力充沛、热情的老人却很少见。二是猜疑和嫉妒的加重。有些老人因为老朋友没有主动问候他，感到对方看不起他，变得自卑；也有一些老年人敏感、多疑，以自我为中心，要求家庭成员要围着自己转，遇到小事容易陷入牛角尖；还有一些老年人嫉妒年轻人升职加薪，觉得自己的人生很失败。三是适应能力的下降。在人生中，总有一些不能承受的东西，到了老年更是如此，自我调节能力的下降，总是不能转换思维，不能适应自己老了的事实，不能正确面对自己现在处于老年的阶段。

5. 感知觉的变化

老年人洗菜可能会洗很久,做针线活连针都穿不进去,说事情要反复说上好多遍才能听懂,以上这些种种时常出现在老年人身上。随着年龄的增长,他们的听觉、视觉等各项功能都在减退,有的老年人还会出现视力障碍,甚至失明,但是,老年人的知觉正确性很高,对周围的事物保留过去的经验。

(二)老年人常见的心理问题

1. 孤独

孤独在老年人中最常见。退休后,同事联系减少,孩子也有自己的事业与家庭,不再与老人住在一起。有的老人的老伴走了,就只剩下自己一个人,病了、累了也都自己解决,自己买菜、做饭、自己吃,陪同说话的人都没有,这很容易让人感到孤独,又怎能不孤独呢!

有的老人更是破罐子破摔,因孤独而成为烟鬼、酒鬼等,身体也不再健康,老病难治,新病频繁,尤其受心脑血管疾病、糖尿病等慢性病的困扰。孤独的老人,最忧郁的是只有按时的生活费却没有按时的探望,最盼望自己的孩子常回家看看[93]。即使孩子不回家,电话、视频也应该问候。社会公众也应该更多地关心老年人,为他们创造工作和学习的机会,扩大社会交往的范围,培养兴趣爱好,帮助他们摆脱孤独。

2. 焦虑

老年人经历的各种事情都有可能让老人产生焦虑,如明天就要退休了,今后就没有工作了,最近生活花费比较高,因病吃药所带来的副作用等等。焦虑表现在老年人身上最多的就是老年人可能无时无刻不在发愁,无论大事小事、别人的、自己的事都会让老年人忧心。到了岁数比较大的时候,可能稍微有的一点症状,老年人就会担心自己是不是得了什么大病;有的老人觉得自己剩下的时光不多了,舍不得自己的儿女与儿孙而常常忧虑,害怕死亡;还有的老人因为晚辈不小心随口说的话而胡思乱想;甚至因为天气不好而觉得难过。想要缓解老年人的这些焦虑情绪,首先要引导老年人保持一个良好的心态,学会在情绪不好的时候疏导自己,也要鼓励老年人要多多表达自己的内心想法,帮助他们解除忧虑,必要时可以服用抗焦虑药物来缓解焦虑。

3. 抑郁

抑郁是一种复杂的情绪状态, 以情绪低落为特征,表现为兴趣减退或消失,对前途感到悲观、失望,严重的还会感到生活或生命没有意义,甚至出现自杀行为[94]。

抑郁症是老年人最常见的精神疾病,发生在 50 岁至 60 岁之间。当大多数老年人害怕死亡时,那些患有抑郁症的老年人却害怕活下去,他们认为"早走很好,活着很无聊"。他们也经常为小事责怪自己,比如照顾孙子孙女不小心摔倒了,责怪自己照顾不好孩子,因此自责、难过。"冰冻三尺非一日之寒",老年人的抑郁不是一天生产的,是内心的厌倦在压抑之后久久无法表达而产生的。最重要的原因是怕老、怕病,又没人可以倾诉。此外,经济窘迫、家庭关系不和等也会增加老人的抑郁程度。

对于抑郁的老年人,我们应该给予他们足够的关爱,鼓励他们敞开心扉,诉说内心的痛苦,培养生活的兴趣,增加人际交往,参加更多的社会活动。同时要使老年人认识到抑郁症是一种疾病,需要积极运用心理治疗和药物治疗,并严格防止自杀行为。

4. 自卑

自卑是对自己的能力和品质做出过低的评价而产生的消极心理。许多老年人会希望自己的孩子能够常常回来看望自己,但每次又说不让子女回来,说自己很好,让他们忙自己的事业。都是因为老年人的自卑心理:认为自己老了,不能发挥作用了,不能帮助孩子但是不能成为孩子的负担[95]。尤其是体弱多病的老人,不想给自己的孩子造成一点点的麻烦,他们甚至会对不能照顾好自己的生活而感到羞愧。老年人不是不希望学习新的东西,感受新的时代,只是他们过于自卑,不想给别人添麻烦,所以他们会自我封闭起来。

5. 离退休综合征

有很多人在为自己退休的日子做倒计时,也有很多人不想退休。人已经退休,大脑还在工作,心自然会偏离正常,主要表现为烦躁不安、犹豫不决、不知所措、易怒、敏感、失眠、心悸。如果这些感觉总是得不到解决,疾病就会伺机侵袭人体,加速衰老的过程。研究发现,那些雄心勃勃、好胜矜持、固执、还没有做好心理准备突然退休的人,活动范围小、爱好少的人更容易受到"退休综合征"的青睐。此外,男性比女性、领导干部比普通职工更容易出现退休综合征。

6. 空巢综合征

年轻人飞走了,老年人独自守着空巢,这种老人被称作"空巢老人"。中国传统文化非常重视家庭幸福,然而,随着社会和文化的变化,大家庭逐渐解体,家庭变得越来越小,孩子变得越来越独立。此外,由于人口流动和年轻人对自由的追求,空巢家庭变得越来越普遍。"空巢"老人被遗弃、被疏离,孤独因而产生"空巢综合征"。

传统的老年人抱着"养儿防老"的思想,对孩子的情感依赖性特别强,一旦成为"空巢"老人,心理差距会使心理遭受很大打击。这表明主体意识被"无用论"所占据,对自身存在的价值产生了怀疑。他陷入了一种无聊、无望、无助的状态,孤独、悲伤、抑郁等一系列心理障碍交替出现。这些消极情绪强烈、持续、反复地经历,形成不同程度的生理和心理影响和伤害,诱发一些疾病的发生,导致生活质量的显著下降。

老年人应该以积极态度看待空巢现象,把孩子的"离巢"作为他们教育的成就,利用休闲时间去做他们感兴趣的东西,结交朋友、经常交流、接受新思想,以克服孤独和抑郁带来的孤单。孩子们应该充分意识到"空巢"老人可能遇到的情感危机,并经常与父母打电话发消息,回家看望他们,交流自己的感受和想法。社区可以为老年人设立专业的心理咨询场所和服务,及时缓解老年人的心理压力,开展各种社会活动和兴趣团体,改变老年人的生活环境,维护和促进"空巢"老人的心理健康。

(三)老年人心理需求的关怀

1. 老有所乐

快乐是生命的源泉,快乐可以增加生命的长度。老年人把一生中最美好的年华献给了国家和家庭,当然有权在退休后继续享受生活。为了让他们"老有所乐",国家、集体和社区都有所行动:老年活动室、老年大学等都做得很好;摄影、象棋、钓鱼、旅游、书法等兴趣爱好已经融入了许多人的晚年生活。此外,更多的活动,更多的朋友,更多的交谈,可以帮助老年人宣泄内心的不满,及时消除和转化不良情绪。

根据埃里克森的人格发展理论,老年的任务是发展自我整合,在这段时间里,老年人会回顾自己的经历,发现生活的价值,这样他们就能接受自己即将死去的事实。他们努力在生活中寻求一种融合感,一种归属感和完整性。

2. 老有所为

"你不能因为年纪大就坐在角落里流口水。"美国前总统布什说。退休是正常的、自然的、不可避免的,但退休后,退休的是工作,而不是心灵。"心不老,志书夕阳",以正确的态度看待退休,以乐观的态度对待老年,活到老学到老,与时俱进,即使人生的道路已经到了最后阶段,也可以精彩。古今中外,老有所为的人物不胜枚举。

3. 老有所爱

"我能想到的最浪漫的事就是和你一起变老。"爱情,不怕老。当孩子们离开家,老人回到了两个人的世界,重温爱情,回忆婚后生活的温馨,珍惜点点滴滴的跌宕起伏,都可以促进夫妻感情。

值得注意的是，与年轻人不同，老年人有他们自己表达爱的方式。一些老夫妻喜欢手拉手散步或一起坐在阳光下，老年人的情感交流以爱抚为主，他们比年轻人更需要一种身体上的相互依赖，一个充满爱的伴侣和一双温暖的手。

四、老年人的家庭需求与人文关怀

（一）老年人的家庭社会问题

1. 赡养问题

我们中国人有一种根深蒂固的“养儿防老”的心态，老年人非常渴望在晚年从孩子身上得到更多的温暖。传统的道德观也认为孝道是最重要的，赡养老人是孩子的责任。老年人的今天是我们的明天，关心老年人也是关心我们自己的未来。赡养老人，首先要做的是提供经济上的支持，在当今物质富裕的社会，这不是一个问题。然而，有一种趋势是需要注意的，目前，在有老人和小孩的家庭中，重点总是放在孩子身上。在这种情况下，一些老人会被孩子视为一种负担，而赡养老人的义务被子女之间相互推脱，使老年人处于非常尴尬的境地。除了经济上的支持，还应对老年人做到生活上的关怀和精神上的慰藉。人们在年老时特别容易受到伤害，很多老年人对物质生活没有很高的要求，但是他们非常重视精神生活，总是希望有一个精神交流的伴侣。但许多孩子们整天忙于生计，大多数只在假期会去看望父母，甚至多年都不与父母见面，甚至一个电话也懒得打，和老人沟通少了，也很少关心老年人的情感需求，导致一些老年人整天抑郁。时间的流逝无法追溯，亲人的死亡也无法重来，应该“找点空闲时间，找点时间，带着孩子，经常回家看看”。在一些有很多孩子的家庭中，一些孩子迫使老年夫妇分开居住，以便平等地分担赡养的义务，因此老年人失去了夫妻间的温暖，无法得到彼此的安慰，这种无助的状态会严重影响老年人的身心健康。

2. 虐待问题

虐待老年人是一个世界性的社会问题，影响着全世界数百万老年人的健康和人权。在老年人几十年的生活中，他们为家庭、孩子和社会做出了巨大的贡献。然而，由于自然老化，体力和精力的逐渐下降，工作能力的逐渐丧失，经济收入和社会互动逐渐减少，他们成为社会弱势群体，或被虐待或被人们忽视，尤其是老年女性往往成为虐待的对象。

常见的虐待行为包括身体虐待、心理虐待、经济虐待和忽视。身体虐待是指对老年人进行非法的身体虐待，造成身体伤害或功能损害；心理虐待是指对老年人使用言语或非言语的方式，使他们长期处于恐惧或自卑的状态；经济虐待是指对老年人不承担经济赡养的责任，或者未经老年人同意，将其全部经济收入任意占用;忽视是指故意或无意地不向老年人提供他们维持基本生计所需要的支持或援助,从而危及他们的生存。当老年人对照护者的依赖程度越高,而照护者的压力和负担很大时,尤其是当照护者存在情绪、心理问题时,很容易将老年人作为发泄的对象。

3. 歧视问题

老年歧视是社会大众对老年人的一种不平等对待。的确,老年人已不再处于壮年时期,可能体弱多病。老年人虽然经验丰富,但难免刚强、固执,做“苦工”身体承受不起,做“劳心者”脑力跟不上。在社会和家庭中,老年人面临着边缘化问题,得不到公平的社会待遇和发展机会。

“总有一天我会变老,什么我都无法预测”,不管保健品有多好,都不是“长生不老药”,面对死亡,我们都无法逃避。同样是人类,我们有什么理由单纯把年龄作为界限,将老年人视为异样的存在呢?善待老人,就是善待自己。我们不应该把老年人看作是家庭的负担或社会的负担,他们是享有政治权利的公民,是献身于社会发展事业的劳动者。在制度方面,加大对老年人社会保障和社会福利的投入,完善老年人各项社会福利设施,完善养老保险制度,尽快制定针对老年人的反歧视法,保障老年人的权益。新闻媒体应发挥其强大的舆论功能,努力塑造老年人的健康形象,改变公众对老年人的负面塑造,加强尊老教育。

(二)老年人的家庭社会关怀

1. 恪守孝道,赡养父母

《诗经·小雅·蓼莪》有云:“父兮生我,母兮鞠我。拊我畜我,长我育我,顾我复我,出人腹我。欲报之德,昊天罔极!”《礼记》则云:“孝有三:大尊尊亲,其次弗辱,其下能养。”父母之恩重如山,不报不孝天难容。对老年人,特别是生活没有保障的老年人,子女必须恪尽孝心,履行赡养责任,至少要使老年人衣食无忧。

孩子和父母最好住在同一个城市,两个小家之间的距离最好不要太远,以“一碗汤的距离”为宜,最好就是送一碗汤却不会凉的距离。每一个节日都在一起,让老人享受家庭的幸福。身在异乡的孩子,除要委托一个人照顾父母外,更要注重对父母的精神支持,无论有多忙,都要经常打电话,经常回家看看[96]。此外,我们也应该不要被传统观念束缚,认为送老人去养老院是不孝的,改变养老观念,为老年人营造良好的养老氛围是最切实可行的。

2. 营造和谐的家庭氛围

法国著名作家安德烈·莫罗阿说:“没有了家庭,在广大的宇宙间,人会冷得发抖。”这种冷，老年人如何经受得住？角色的丧失、收入的丧失、健康的丧失、关系的丧失、亲人的丧失、理想的丧失等，本已让他们身心俱疲、失落、苦闷，敏感而脆弱。这时候，家——一个宽松、愉快、祥和的家，就是寒夜里的那盏灯，释放出温暖心灵的力量，让老年人“满目青山夕照明”“伏枥仍存万里心”[97]。

为了建立一个这样的家庭，长辈和晚辈应该相互尊重和理解，加强沟通，妥善处理代沟冲突。有条件的可以两代人各住一处，但要离得很近，既方便照顾，又互相有独立的空间。

3. 弘扬爱老精神

除了孝顺的子女，老年人也渴望一个充满爱的社会。古人有“老吾老以及人之老”的意识，我们现代人更应该尊老爱老。为了在全社会形成对老年人的尊重，有必要构建和完善有效的社会支持体系，如建立家庭支持制度，特别是针对空巢老人的困难特殊救助制度，该组织的工作人员或志愿者定期联系或看望独居空巢、卧病在床、行动不便的老年人。社区应及时建立老年人档案，组织各种有益于老年人身心健康的活动，使老年人感到老有所用、老有所乐。

五、患病老年人的需求与人文关怀

(一)老年患者的疾病特点

1. 临床症状不典型

由于右侧神经系统发生退行性变，老年人的感觉中枢、体温中枢、咳嗽中枢、呕吐中枢受到不同程度的影响，使其对各种刺激的反应变差，感觉减少；往往病情已经较重，老年人却感觉无明显不适，且病情症状和体征往往不典型。老年人对疼痛的定位能力下降，痛觉不敏锐，容易延误诊断和治疗，如很多老年人在发生心肌梗死时，只表现出胸闷、气短，很少出现严重的胸痛，严重感染的老年人也只是发低烧，甚至不发烧，容易引起误诊和漏诊。

2. 病程长

老年人各器官功能都有不同程度的下降，对疾病的反应能力、抵抗能力和康复能力也大大降低，并伴随较隐匿的发病和不典型症状，该病往往进展到症状明显的晚期才会被发现，即使采用类似的治疗方法，老年人痊愈和恢复的时间也明显长于年轻人。例如，老年人骨折愈合时间比年轻人长，手术恢复比年轻人慢。

3. 容易出现并发症

老年人某一脏器遭到侵害，会累及已衰退的其他脏器，容易出现并发症，如意识障碍、多器官功能衰竭等。如卧床过久，可引起下肢深静脉血栓形成、肌肉失用性萎缩、骨质疏松，甚至出现压疮、坠积性肺炎等；又如，因抵抗力差，局部感染，易发展为全身性感染或出现中毒性休克；再如，高热，不论由何种原因引起，老年人都易发生水、电解质紊乱。由于器官储备和代偿能力差，当急性病发作或慢性病急性发作时，老年人容易出现器官或系统功能衰竭，往往病情危重。

4. 多种疾病同时存在

老年人的各个系统的功能出现不同程度的下降，处于临界状态，没应激时，会基本保持稳定，一旦进入人的应激状态，许多脏器的损伤就很容易发生甚至衰竭。如动脉硬化，不仅会引起脑栓塞、心肌梗死等相关疾病；还会引起胃溃疡、心力衰竭、肺气肿等不相关的疾病。在这两种情况下，由于多种疾病的相互作用，痊愈后可能仍然较差。

（二）老年患者的心理特点

1. 敏感、多疑

老年患者往往比较敏感、多疑，对自己患的疾病过分关心，既希望对疾病做深入的了解，又害怕出现可怕的后果；既反复询问病情，又对诊断结果将信将疑。如果身体的某些部位有一点不正常的感觉，他们就会胡乱猜测。老年患者听人耳语交谈，就会疑神疑鬼，错误地认为是谈论他的疾病，对医务人员和亲友的忠告往往也是半信半疑的，甚至毫无根据的怀疑医务人员开了错误的药，打了错误的针。一些老年患者怀疑诊断、治疗方案，药物疗效，总觉得这种疾病没有好转而是加剧，没有药物可以治疗，整天惶恐。

2. 孤独、寂寞

由于丧偶、独居、退休、人际交往减少等外部因素的影响，许多老年患者缺乏社会的体系支持，容易滋生孤独感。但老年患者各器官均处于衰退和功能下降阶段，认知能力、沟通能力、言语表达能力减弱，这些内在因素的变化进一步增加了他们的孤独感。老年患者住院后，离开家庭和工作单位，每周与陌生人接触，医生每天在查房时只和患者交谈几次，定期来打针和给药的护士忙于工作，很少说话。这样，患者很容易感到孤独。尤其是住院时间长、缺乏家庭护理、性格内向的老年患者。这样患者少言寡语，其他患者也不愿意和他们交流，也很少有人来看望他们，不可避免地会让老年人感到孤独。

3. 悲观、失望

经历了几十年风吹雨打的生活，进入了老年，老年人会有一种日落黄昏的感觉。特别是在疾病缠身时，这种感受会得到负性加强。因此，老年人一旦患有疾病，便会担心疾病无法治愈，甚至有濒死的感觉。他们经常认为自己老了，没有用了，所以他们会紧张、缺乏信心、担心增加家庭负担。导致他们在寻求治疗方面不是很积极,往往都是被动的配合治疗。多数慢性病患者因为病情绵长也反复复发不易治愈,自理能力下降,开始逐渐的失望、悲观,整天唉声叹气。病程越长,病情越重,这种悲观、失望的情绪就越严重。

(三)患病老年人的护理关怀与照护的实施

护理患者难,护理患病老年人难上加难。相对其他患者,老年患者机体代谢能力较差、恢复能力弱,护理人员应该因人而异,提供不同的护理内容。老年患者容易出现病情恶化和身体功能迅速减退的现象,护理人员要采取积极的措施加以预防,防止疾病的进一步恶化,使患者免受不必要的痛苦。

1. 满足患者的健康需求

对于长期患病的老年患者来说,没有什么比健康更重要,没有什么比康复更紧迫。根据老年患者的特点,心理护理、生理护理应携手并进,处处为患者着想。例如,慢性支气管炎患者长期咳嗽、咳痰、伴有喘息,护理人员应该多鼓励他们咳嗽,经常改变体位,呼吸困难的患者采取半卧位,使患者呼吸通常,容易将痰咳出来,这样患者的情绪会自然而然地好转。

为老年患者做好疾病宣传教育工作,使他们注意平时的保养,保持均衡的营养,充足的睡眠,适当的锻炼,良好的心态。除了疾病禁忌,应该鼓励老年人克服困难,做一些力所能及的事情,如穿衣、吃饭、上厕所等等,特别是自我头部和面部按摩,它可以提高老年患者的信心,有助于适度的活动四肢。

2. 满足患者的安全需要

满足老年患者的安全需求具有心理护理的意义。一个干净、整洁、舒适的环境对于老年患者的康复的好处是显而易见的。在饮食方面,不仅要注意患者的饮食禁忌和需要,还要注意饮食的色、香、味、形、量以及就餐的环境条件,要有良好的心理护理,使患者愿意遵守医嘱用餐。此外,根据老年患者的生理特点,对医疗环境和设施要求安全、可靠,地面要求防滑,床上应配备护栏,活动范围应减少障碍物。关键地方均设有警铃,警示标志明显,地面无积水,避免跌倒、坠床等事故。

3. 建立良好的护患沟通

良好的护患关系是心理护理的前提。护理人员要以同情、关怀、尊重的态度为老年患者提供服务,做到语言美、行为美、形象美。对待老年患者要用词恭敬、态度和蔼、动作轻柔。有些患者可能是领导退休,他们的自尊心是极强的,退休后很可能产生自卑的心理,服务这样的患者时,护理人员一定要称呼他在职时的头衔,来满足患者的自尊心,回答要仔细耐心,询问时也不要着急。给患者康复的信心。

过服药等来控制或是减轻。但在实际过程中,医护人员往往不能准确的知道患者的疼痛,因此也不能够控制疼痛,导致这样的原因主要有:患者碍于面子,不愿意告诉医护人员自己的真实情况;另一个是担心药物的副作用,认为疼痛是不可避免的等。要想准确知道患者的疼痛并及时治疗需要首先改变患者的认知。医护人员应告知临终者每个人享有无痛生病的权利,遭受疾病痛苦时,应和医护人员积极地沟通,获得止痛治疗,不要自己忍受痛苦。疼痛不仅来源于身体本身,还来源于患者的心理。临终者对于疼痛的敏感性会因为这些心理和精神上的痛苦而增加,降低疼痛阈值,并在一定程度对镇痛效果会产生直接的影响。我们在现实生活中更加注重临终者死亡痛苦的生理方面,而忽略长期的心理压力,精神上的折磨得不到解脱,会加重临终者的疼痛程度[101]。因此,在关注减轻临终者的身体痛苦时还应关注他们的心理,让他们感受到自己的意义,这样会提升药物的镇痛效果,让临终者在生命的最后享有高质量的生命生活。

2. 尽可能满足生理需要

医生经常告诉身患绝症的患者“想吃什么就吃什么”。然而,大多数临终前的味觉功能却在普遍减弱,面对满桌佳肴,毫无食欲,无法下咽。从长远来看,这可能导致营养不良和全身衰竭。因此,为临终者准备食物,最重要的是尽可能地满足临终者想要的,让临终者能够满意地告别生活。在一个舒适、整洁、明亮的就餐环境中,色香味美,能有效促进临终者的食欲,临终厌食时,不要勉强进食。由于味蕾功能下降,食欲下降,口腔内常有酸涩感,饭前应给予清新漱口水漱口;用餐时间也不必固定,适当根据需要进餐。临终忌口是饮食方面的一个方面,但忌口食物并不是绝对的,需要忌口的食物只是极少数,每个人都有自己的饮食爱好。所有的科学配方都是个性化的,对临终者来说没有绝对的禁忌。作为临终者的亲属,在满足临终者生理需求的同时,更要注重临终者的内在需求,即多感官、多食材、多香料、多菜系的和谐统一。家属应该尽一切可能满足临终者的饮食需求,让临终者心满意足地离开人世。

3. 保护隐私

便秘或腹泻、尿潴留或尿失禁往往会给患者的身心带来极大的痛苦,甚至会损害患者的自尊。因此,尽快采取有效措施预防和解决这些问题,有助于提高临终患者的生活质量,增加他们的舒适感和尊严。成人尿布的使用应首先征得临终患者的同意,以减少他们的心理不适和反感。尿失禁常与饮水有关,临终者常常自动减少饮水量,这样会使尿路感染的机会增加,要对临终者说明尿液对排尿反射刺激的必要性,最好每天保持尿量在 1 000 mL 左右。睡前少喝水，减少夜间排尿量。对于长期尿失禁的临终者，必要时经临终者同意，可留置导尿管，持续导尿或定期排尿，以避免压疮。发生尿潴留应轻诱发排尿，提供一个温暖的便器。注意遮挡，保护患者的隐私。

4. 清洁皮肤，注意保暖

帮助濒死者定期洗澡或沐浴，使用各种护肤产品，避免皮肤干燥，为患者定期翻身并按摩受压部位，有利于促进受压部位的血液循环防止压疮。对于水肿部位，清洗时注意不要触摸皮肤。身体衰竭、长期卧床休息、营养不良等原因容易导致晚期患者压疮的发生。指导和教育家庭成员学习和应用预防压疮和护理的基本知识，与医务人员一起努力降低压疮的发生率。另外，由于长期使用尿布容易引起湿疹，所以在平时的护理中要更加小心，用自己的真心进行护理，尽量避免并发症。当生命快要结束时由于血液循环缓慢而导致临终者手脚冰凉，可以用毯子保暖，并给予手脚轻柔的按摩。

5. 采取措施，缓解呼吸困难

呼吸困难是临终患者的主要症状，可加重临终患者的焦虑和恐惧，需要有效的治疗和护理。支气管扩张器或人工辅助呼吸等都能帮助临终患者缓解呼吸困难，气管切开术患者需要更细致的护理。当呼吸道分泌物黏稠且不易咳出时，可经常翻身或抬起床头，使临终患者呼吸更容易。当出现不规则的呼吸模式或呼吸暂时停止时，可将床头摇高或将枕头垫高，使临终者平静地离开。

6. 促进休息

在生命的尽头，人们很容易因为疼痛而睡眠不足或是因为其他夜间不适而感到疲倦。可以在家庭环境中，让临终患者在自己熟悉的环境睡觉，如果在医院，需要限制探视次数与时间，要合理安排各种治疗操作，医院可以适当修改常规，比如临终患者的休息时间可以协商来满足临终患者的愿望。在一天的过程中，临终患者的睡眠时间会越来越长，这是身体新陈代谢变化的结果，所以不要强硬的叫醒临终患者。

7. 应用感官刺激，营造舒适环境

在装修环境时，除了要调节房间的温度、湿度、通风等因素外，还要注重色彩的影响。人们会对不同的颜色表现出喜欢或是厌恶。因此根据临终病人的好恶，选择性地装修病床周围的环境，给临终患者穿自己喜欢的衣服，赠送温暖的礼物，绿色植物和鲜花可以给病房带来活力，摆放家庭照片，让美好的颜色充斥着临终患者的每个方面，缓解临终患者焦虑的情绪。

味觉的享受能给人带来极大的幸福感。颜色、味道和气味之间存在通感作用。不同颜色光源的照射会对食物的颜色产生很大的影响,从而引起人们不同的味觉反应。食物的味道除了口中味道的酸甜苦辣外,还包括嗅觉的味道,因此烹调食物时要注重味道,色香味的相互搭配,使人的味觉、视觉、嗅觉得到美的享受。

临终者最后消失的是听觉。可以经常地与临终患者聊天,跟他们说现在正在做的是什么事情,也说出内心的想法与想表达的情感,无论是愧疚还是祝福,鼓励临终者的家属也要这样做。与临终患者谈话时要注意语调轻柔,语言表达清晰,可以用手轻轻地抚摸临终患者,让临终患者知道他们不是一个人,让他们感受到生命的意义,让他们在人生的最后不感到孤单[102]。在临终者离开世界时,轻声地在他们的耳边说“一路走好”。要把积极的一面展现给临终者,让他们在一个温馨的氛围中离开世界。

二、临终者的心理反应与人文关怀

面对生命即将失去的现实,临终患者和他们的家人必须经历一系列复杂的心理过程,如震惊、愤怒、恐惧、焦虑、痛苦和悲伤。在临终患者遭受身体疾病痛苦的同时,临终患者的家属也要承受巨大的心理痛苦和折磨。临终患者去世后,他的家人仍然会感到深深的悲伤。此时,临终患者的家属成为重点心理关怀的对象,进行心理疏导,帮助家属接受患者去世的事实。

(一)临终者的心理反应过程

美国医学博士伊丽莎白·库布勒－罗斯(Elisabeth Kubler－Ross)在观察了400位临终者的基础上,将临终者的心理反应过程分为五个阶段,即否认期、愤怒期、协议期、忧郁期与接受期。

1. 否认期

当患者得知自己患了重病的时候,临终者常常会感到无力、震惊,容易对人生产生怀疑。他们心理反应多是:“不可能!一定是弄错了!”。临终者多会拒绝现实,同时他们会去不同的医院,再次诊断,希望是误诊。不能真正面对病情和对后果没有思想准备使得临终患者出现惊慌,不能处理问题并做出决定。否认期是一个短暂的时期,可能只持续几个小时或几天,但也存在一直到离去也一直否认的情况。

2. 愤怒期

在经过多次求医得到的结果相同时,被残酷现实击倒时,临终者通常会出现愤怒、怨恨,认为不公平,为什么偏偏自己要离开人世的心理反应。患者这种愤怒常常会牵涉到自己的家人或是医护人员。

3. 协议期

大多数在这段时期的临终者会停止愤怒，变得善良和宽容。他们将积极配合治疗，表现出前所未有的求生欲望。有些人改变他们的人生轨迹和信仰，相信许愿和做好事可以扭转死亡的命运。正能量有时会产生戏剧性的效果，有时会不知不觉地延长寿命，甚至治愈濒死的人。

4. 忧郁期

当积极的合作治疗失败时，情况会进一步恶化，临终患者会清楚地意识到自己将失去亲人，去到另外的世界。他们往往会感到强烈的失落和悲伤，表现为抑郁、逃避、悲伤、哭泣，甚至有自杀的念头。临终的人常要求见亲朋好友，希望有亲人陪伴，并对家属交代后事[103]。一些丧偶、身边没有孩子的老人在这段时间可能会有强烈的孤独感。他们可能会感到沉闷和沮丧，觉得他们的生活是无望的，他们的未来是暗淡的。

5. 接受期

经过激烈的斗争和痛苦，临终患者基本上不再感到痛苦和悲伤，准备接受死亡的到来，所有未完成的事情都已经处理好了，心理上的反应往往是："既然命运如此，我就要好好面对"。这时临终患者会心平气和，静下心来，坦然面对，不再抱怨生活，喜欢独处，由于身心极度疲劳和虚弱，往往处于昏睡状态，情绪低落，安静地等待死亡的到来。

（二）临终者的心理关怀

1. 否认期

否认是面对创伤时的一种自我保护。因此，在这个时候，既不能直接打破临终者的自我防卫，也不能对他说谎。有时家人担心，当一个临终患者知道自己身患绝症，无法承受打击时，他就会失去活下去的意愿，而选择自杀。事实上，如果一个临终患者自杀，不是因为他知道真相，而是因为他有很多情感，没有人可以让他倾诉或是没有关心他的人。患者在这一阶段对医护人员非常信任和依赖，对自身病情的变化也非常敏感。虽然大多数临终者通过亲人泪痕斑斑的脸、紧张的表情和闪烁的话语意识到自己的死亡，但他们仍然希望别人告诉他们真相，帮助他们度过这个艰难的时刻。如果此时家庭成员也持有否认的态度，而临终者为了保护家庭成员不得不回避死亡的主题，这会使临终者感到更加孤独、焦虑和痛苦。其实，重要的是让临终者知道事实，他们有权利知道，也要为自己的离开做好准备。

关于病情告知，信愿法师在其所著的《生命的终极关怀》一文中提出五个要点，即 4 个 W，（When，Who，Where，What），1 个 H（How）：

(1)告知的时间

时间一般应由临终者决定。当他主动询问自己的病情时,或含蓄地表达希望被告知时,可以引导他来表达思想和情感。并以关怀态度让患者感受到被尊重、被关心,从而诉说出患者内心积攒已久的情绪。

(2)告知的人员

告知的人一定要是临终者信任的人。告知分为被动告知与主动告知。主动告知通常是医护人员出于尊重临终者的知情权而主动告知,被动告知是临终者的主动询问,医生与家属不得不告知。除非家属要求,否则医生一般不适合作为告知者。

(3)告知的地点

告知病情的地点应该具备一定的隐秘性,让临终者感到舒适的环境。一般选择一个独立的空间,可以让临终者专心,畅所欲言,能够尽情地表达自己的情绪。

(4)告知的内容

告知病情时不应该一下全部告诉患者,患者会因为信息的繁杂而不知所措。应该视患者的情况,根据临终者的需求适当告知。临终者可能是需要医生告诉他来肯定他内心的怀疑。应该认真听取患者的问题后,针对他的问题做出解答。

(5)告知的方法

告知病情时,应该态度中肯,语气温和,神情自然,与临终者保持大约一个手臂的距离,与临终者的身体侧约45°的位置坐下,高度比他稍微低一点,使临终者的眼睛轻微朝下,不致太疲乏。当临终者出现沉默时,不要试着寻找话题,要等临终者的反应,然后再接着下一个话题。小心、谨慎地告知患者。交流结束时要给临终者一定的个人空间,但要限定时间,防止其他情况的发生。

2. 愤怒期——安慰愤怒情绪

当与临终者越亲近时,你就越有可能成为临终者愤怒与发泄的对象。事实上,临终者的愤怒并不是真的针对你,而是源于对死亡的恐惧和难过,对未知的恐惧。只有真正理解临终者内心的痛苦,才能理解、同情和自然地接受临终者的外在言行。事实上,临终者的愤怒与恐惧的发泄对他来说是有益的。照顾者要让临终者知道他的愤怒、恐惧甚至对健康人的嫉妒的情绪都是正常的,不要压抑自己的情绪,不要因此造成心理的负担,告诉他自己会与他共同面对,共同承担。当这些情绪褪去的时候,临终者会恢复冷静、理智的自己。

3. 协调期——完成夙愿

协议期是一个从否定到接受,从愤怒到平静的过渡时期。在这个时候,临终者会采取妥协的态度,试图与生命谈判,并在心里签署一份“死亡协议”,希望延长自己的生命来实现他们长久以来的愿望。在这个时候，鼓励临终者说出他们内心的真实感受和希望，应用医学手段减轻他们的痛苦，尽可能满足他们的需求，帮助他们抓住生命的尾巴，实现他们的梦想，好好的完成这最后开心的时光[104]。

4. 忧郁期——倾听与陪伴

有些人以泪洗面，有些人拒绝吃饭，有些人沉默冷漠。这个时期应该鼓励家属探望和陪伴临终者，并在他们认为合适的时候表达他们的感受，而不是受到指责或阻挠。陪伴本身就是一股强大的力量，依偎倾听是一种莫大的安慰。倾听临终者的悲伤，握住颤抖的手，擦去脸上的泪水，与临终者一起面对。当他们清楚地意识到他们的生活充满了感激、真诚、尊重、理解、信任、勇气、自由和分享时，即使他们离开，他们也会感到轻松自在。鼓励临终者说出他们最终想要的是什么，在他们平静的时候，试着满足临终者的需要。在这个时候，临终者会要求独处，这让人们觉得他们喜欢独处。事实上，这种想法恰恰是因为他们害怕孤独的恐惧和害怕给家庭带来负担的矛盾心理的表现。

5. 接受期——平静等待死亡

在临终前，人的身体已经十分衰弱，需要他人的帮助。因此，要尊重临终者的需求，即使不能在家寿终正寝，也要在一个安宁、温暖的氛围中离开世界。当医生无计可施，无法挽回临终者的生命时，征得临终者的同意后，放弃一切侵入性的治疗，避免增加任何的痛苦与刺激，让临终者在去世前能够获得安宁。当一个人无尽接近死亡时，需要的是家人的陪伴与关爱。

临终者存在个体差异，进行护理时要灵活地应对。部分临终者会存在一种或几种心理反应，甚至五种反应同时存在，护理人员应根据每一种心理反应给予不同程度的护理。每个患者经历心理反应的时间长度也有所不同，应该根据临终者的心理变化历程来提供适宜的护理，并根据每一位临终患者的个体需求来提供适度的护理。

三、临终者家属的心理特点与人文关怀

（一）临终家属的心理特点

临终不仅给临终者带来很多痛苦，也会引起临终者家庭成员的一系列痛苦的心理反应。正如伊丽莎白·库伯勒－罗斯所说，“亲属往往比临终患者自己更难以接受死亡的事实”。一般来说，医生经常告诉他们的家人临终者的病情。因此，家庭成员首先受到精神痛苦的打击，然后是一种无法控制的心理过程，即

在死亡后很长一段时间内继续感到悲伤。根据国外一些学者的调查研究，家属会经历与临终患者类似的心理过程。

1. 震惊

当临终者家属知道了临终者的病情时会不知所措，难以接受现实。这种震惊也会出现在临终者离世后的最初一段时间。家属的行为举止可能会出现一段时间的反常想象，来表现出对临终者离世事实的拒绝。

2. 否认

经过一段时间的治疗，临终者的病情暂时得到了缓解。家属们可能会怀疑医生的诊断是否有误，幻想着能治愈临终者，开始四处询问，试图否认医生的诊断和预测。

3. 愤怒

当临终者得到治疗却不见好转，病情日益恶化，确认治疗没有希望时，家庭成员会感到生气或愤怒，感到自己很无助，行为上暴躁，照顾临终者也会不耐烦。但是与此同时，他们也接受临终者即将离开世界的事实。

4. 悲伤

这是患者死亡后两年内家属的主要心理反应。从确认患者已无治疗希望开始，他们常常感到内疚和孤独，困在过去与临终者的记忆中。故去亲人留下的任何话语、遗物都会引起家属的难过。

5. 理智

亲人逝去后，家属已经接受了这个事实，开始逐渐从悲伤中走出来，开始变得理智并重新开始生活。

上述情绪反应的心理过程不一定会必然发生，也不一定会按照顺序发生，这将受到多方面因素的影响，如自身文化修养、往日关系等。国外学者 Glaser 和 Stranss 曾用“临终抛物曲线”来描述死亡过程时间的长度与临终者亲属反应之间的关系。如果死亡在适当的时候降临，家人也做好了准备，那么人们的情绪就会平静下来。反之，如果死亡没有适合降临，却一而再再而三的拖延，则家庭成员心理负担会更大，反而感到受挫，内心烦闷、愤怒。如果死亡时间很短，死亡是意外的或突然的，家庭成员在心理上完全没有做好准备，家属会因为没有善待临终者而感到内疚，甚至会对医务人员表示责怪。

（二）临终者家属的心理关怀

亲人即将到来的死亡的现实给家庭带来了生理、心理和社会压力。在临终治疗上的花费会改变原有家庭的财务状况，影响平静的家庭生活，并可能使家庭成员的精神支柱崩溃。在照顾一个临终者的过程中，家庭成员会遭受精神上的痛苦，身体上的、精神上的和经济上的疲惫。隐瞒病情导致他们无法与临终者分享自己的悲伤、内疚、愤怒、恐惧、焦虑等负面情绪，以及身心疲劳。对于家庭成员来说，要满足照顾临终者的愿望，教会家庭成员为临终者做基本的护理，如翻身、喂水等。使临终者得到满足，也使家属在护理过程中得到心理上的安慰，同时减轻家属在失去亲人后的悲痛。

第三章　护士人文素质

第一节　护士的人文修养

一、人文修养

(一)人文修养的组成

人文修养是指一个人的人文思想、人文知识、人文技能和人文精神的综合水平。这是发展成为一个人才的基本素质。

1. 人文思想

人文,首先是一种思想,一种观念。人文思想是宗教神学、君权思想的学术范畴,特指人文科学领域中所包含的思想精髓,主要以人对生命意义和人生方向的看法为核心。现代人文思想的核心是“人”,即“人本观念”“人本位”。

2. 人文知识

人文修养的基础是人文知识。人文知识可以分为两类:(1)感性的人文知识:主要通过人们的日常生活获得,是肤浅的,琐碎的,主要表现为社会生活习俗的人文知识;(2)理性人文知识:主要通过学习和实践获得和反思获得的,理论上的人文知识,是一种高水平、高层次的人文知识。理性人文知识就是人文科学知识,主要包括文学史哲学、艺术、语言、法学、美学、伦理心理学、宗教学等人文知识。

3. 人文技能

人文技能是指与他人合作的能力。在全面的掌握人文知识基础上,他们学会用人文来思考和解决问题。与强调准确性和普遍适用性的专业技能不同,人文技能专注于定性,强调体验,并与特定文化相关联。护士在工作场所需要的技能主要包括思维判断能力,人际关系技巧,沟通技巧,写作技巧,心理支持技能,教育指导技巧,观察和分析技能,协调和整合技能。

4. 人文精神

人文精神是指一种注重人的发展和进步,强调人的价值和需求,关注现实世界存在的基本含义,并实践这一价值。其意义是对自我的永恒追求,是对自我成为整体生活和谐的理想;它是由历史形成和发展的优秀人类文化积淀所形成的精神,是一种固有的主体性格的精神。学习人文知识并不意味着具有人文精神。前者是知识,后者是行动。只有通过内化人文知识,发展人文生活态度和生活习惯,才能真正体现人的人文修养。

(二)人文修养的层次

为了便于掌握人文修养的不同表现,人文修养大致可分为三个层次,即基层、发展层和高端层。

1. 基层人文修养:表现是珍惜生命,有同情心,羞耻感,责任感,愿意帮助别人,有一定的自制力,更认真地做事;至少做到己所不欲勿施于人;成功运用母语,顺畅清晰的思路,言语逻辑和行为基本上是恰当的;具备理解一些文学,历史和哲学的基本知识的能力。

2. 发展层面的人文修养:表现积极乐观、崇尚仁爱、乐于助人、热爱生活、责任心强、目标明确、自我控制能力强和认真做事;准确、流畅使用母语、思维清晰、灵活、逻辑严谨、具有独特的见解和体面的言行;有一定的文学、历史和哲学知识,以及文学和艺术专业。

3. 高端层的人文修养。关爱一切生命和自然,有美德和道德,道济天下,高度的使命感,坚持不懈;生动地运用母语,熟练掌握一门外语,思维敏捷,善于创新,言行一致,优雅有魅力,文学和历史也有很高的造诣。

二、科学与人文

人文是为人之本,科学是立世之基,科学和人文是人类生活的两大重要领域。在科学与人文都面临着巨大挑战的今天,我们需要认真地审视两者之间的关系。

(一)科学与人文相异共生

1. 理性的产物——科学

科学是理性的产物,以宇宙为尺度,追求客观真理,倡导理性至上,探索无禁区,注重对事物的“事实判断”,问题是“是什么”才是需解决的,所以这是事实。科学精神尊重科学技术的价值,强调依靠科学技术促进社会发展。显然,科学没有情感色彩,也没有转移人们的意志和感受。人们越是通过科学性的活动,符合客观世界及其规律,他们就越科学。因此,科学是关于客观世界的知识体系和认知体系。它具有逻辑性、经验性和一维性,独立于人类的精神世界。

2. 人性的产物——人文

人文是人性的产物。以人为标准，他们渴望善，促进感性和多样性，认识禁区，专注于“价值判断”。应该解决的问题是“应该怎样”，所以它寻求的是善良。人文精神尊重人的价值，强调人们促进社会发展的积极性。因此，人类与科学不同，它往往是非逻辑的，非积极的，不是统一的，是与人的精神世界密切相关的。例如，“为什么这个贫穷，身患绝症的老年人应该得到治疗?”显然，这种“应该”具有强烈的“终极关怀”感觉，而这个问题的答案不可能是独一无二的。人们的活动越符合社会、国家、民族和人民的利益，他们的人性就越好。因此，人类不仅是知识体系，认知体系，还是价值体系和伦理体系。

（二）科学与人文相依共存

1. 社会离不开科学与人文

社会是由人和事物组成的。通过探索身体外的事物和各种现象，人们逐渐形成了反映各种事物和现象的本质和规律的知识体系，科学就是由此产生的。如果没有自然科学，就没有电灯、建筑物、飞机、船只及其他现代物质文明。人类将处于一个愚蠢和黑暗的状态。对于人类社会而言，没有科学的世界是不可想象的，科学已经渗透到人类的一切领域之中。

2. 人生离不开科学与人文

尽管每个人的生活都不尽相同，但做事和做人是其不变的内涵。科学与人性同等重要。研究表明，人类左脑主要从事严格的逻辑思维，与科学技术活动有关；右脑主要从事开放式思维，直觉，启蒙和灵感，与文学艺术活动有关。

（三）科学与人文是互补的

科学寻求真理，但不能保证自己的方向是正确的。科学越深入，问题就越明显。例如，使用遗传技术在人类和黑猩猩之间进行某种交叉肯定会创造出一种新生物。这种新生物比人类更聪明，更灵活，更健康吗? 这显然是一个科学问题。但这项研究永远不可能实施，因为它比克隆更具反伦理和反人类。因此，科学需要人文取向，求真需要良好的导向。有些人喜欢这个比喻:科学是划桨，人类是方向舵，无桨则无法前行，无舵则迷失方向。

从某种角度来看，科学是在谈论“天道”，人文在谈论“人道”。虽然“天人合一”在更深层意义上意味着“天道人道合一”，但它也可以被视为科学与人类的互动和互补。可以看出，虽然科学和人文有不同的目标和研究方向，但两者并非完全相反。科学和人文在源头上是交织在一起的。这两者是共生的，互动的，互补的，不同的和创新的。作为人类活动，科学和人文都是人类基本力量的表现。科学和人文相互协调。科学与人文的融合是社会发展的必要条件，也是人类发展的必然。

三、医学科学与医学人文

(一)医学科学精神与医学人文精神

1. 医学科学精神

医学科学精神是随着近代实验科学的兴起得以确立并逐步深入人心的，它是医学领域科学精神的具体体现。它包括实证精神(寻求真理的精神)，理性精神，创新精神，质疑批评精神和奉献精神的科学精神。医学精神的特点是追求真理，求实，倡导理性，强调医学知识和技术在医学发展过程中的作用，强调尊重临床客观事实，尊重医学规律，遵循经验方法，遵循规范程序，并强调临床发现的准确性和实用性。医学科学精神的重点是科学理性揭示的客观规律。它通过实践、实验和逻辑手段来证明或确认医学知识的真实性、合理性和科学性。医学科学精神使人类对健康和疾病的理解脱离了无知状态，使生物医学蓬勃发展。

2. 医学人文精神

医学人文精神是医学领域人文精神的具体体现。其核心理念是以人为本。医学人文精神的特点是追求善良，追求美，注重情感体验。它强调尊重患者的情感世界和意愿，遵循整体观念，遵循仁慈信条，强调临床情感。坚持医学人性化，注重情感因素的注入，重视人的尊严和权利，倡导理解，同情和关心人，关注人与自然，人与人之间的和谐。在整个医疗过程中，生命的价值和人类的感受处于重要地位。

(二)医学科学精神与医学人文精神的对立统一

在不同的历史条件下，在医学发展的不同阶段，医学精神和人文精神有着不同的地位，突出程度不同，但从未完全相反。例如，当瘟疫盛行，传染病肆虐时，运用医疗技能，拯救生命，不仅是医学科学精神的宣传，而且是医学人文精神的体现。在医学和医学人文学科的任何方面都不可能单独完成现代医学的完整建设。

医学科学技术为患者的康复提供了保障。如果医学人文关怀为患者的身心康复提供精神支持，那么医学科学和技术可以解决患者的身体疼痛；医学人文关怀为患者生命价值提供了保障，同时，医学科学为患者康复提供了技术保障，使患者免于疾病的影响，为患者带来健康希望。

医学人文精神指明了医学发展的方向。临床实践证明，在医学活动中，只有强调医学的科学精神，才会忽视医学的人文素质，只强调对身体疾病的诊断和治疗,忽视患者的心理需求和感受。结果是直接影响临床结果,甚至加重病情,或引起不必要的医疗纠纷。医学人文精神为医学精神的发展指明了方向,医学肩负着终极关怀生命的重要使命。

第二节 护士的审美素质

一、护士的审美修养

(一)审美修养的意义

护士的审美修养是指护士通过研究美学理论,按照社会的审美价值,自我锻炼,修身养性,在护理实践活动中进行修养,以达到感受美、鉴赏美、创造美的能力和品质的过程。护士的审美培养有助于形成护士的理想人格,是护士从事专业活动的基本素质。

随着医学模式的变化,健康的内涵得到了延伸。健康不仅指身体内没有疾病,还指个人在某个空间中的个性、发育和成长,符合生理、心理、社会、情感和精神需求,并且适应性良好,可以将潜力提升到最佳状态。因此,护士应该有意识地将人们追求完美健康的客观需求纳入自己的责任中,明显地减轻患者的不适,不仅依靠物质和技术力量,还依赖于包括美学在内的人文精神。用科学技术和文化智慧促进人类健康。

(二)审美修养的提升方式

1. 审美观照活动

审美观照活动是指审美直观、感受和鉴赏活动。它对现实和艺术中的审美对象以静观为主要形式,进入审美经验过程,从而陶冶性情和心性。

(1)课堂教学与培养。蔡元培说:“凡是学校所有的课程,都没有与美育无关的。”美的特征是形象、快乐和情感。审美教育的原则是思想与娱乐的结合。因此,在护理教学中,教育者可以根据审美教育任务和教学对象的特点,探索和发挥课程的审美因素,营造审美教学环境,使受教育者具有美的形象。通过美的熏陶和感染,能在无意识和潜移默化中获得了丰富的美感,并创造了对美的热爱[105]。在教学中,教育者也可以设计适当的问题,让教育者联想和推理,产生情感体验,并在感知过程中获得一些升华和超越。

(2)自然美的熏陶。自然美在培养人的情感中具有独特的作用。自然美的安静和简单可以使人们的心灵被洗涤,回归真理,摆脱世界的束缚。培育淡然舒适的生活和自我修养;自然美的场景能激发人们勇往直前,树立崇高的理想;

自然的、无限深刻的人生哲理是最好的老师,可以教我们提高自我意识和警省。通过自然美,护士可以在护理实践中激发为患者创造温馨和谐的自然和人文环境,使患者愉快舒适,有利于快速康复。

(3)社会美的塑造。19世纪,车尔尼雪夫斯基的著名命题“美是生活”,至今仍然具有深刻的现实意义。作为社会美的一部分的生活美,表现为人际和谐,社会生活协调,身心平和等。人性美是社会美的核心和真实体现。人性美可以分为形体美、行为美、心灵美这三个层面。通过观察日常生活和临床实践的经验,可以获得社会美。通过积累自身可变的力量掌握自己、纠正自己的审美行为,不断提高自己的审美欣赏能力。

(4)艺术美的感染。艺术美的魅力来自艺术形式和艺术家的诠释。语言艺术运用语言创造出反映人们生活和丰富情感的典型艺术形象。音乐属于听觉艺术范畴,通过有组织的音乐反映了人类对现实生活的精神力量和灵感。雕塑、建筑、绘画等属于视觉艺术范畴,它可以启发人们的想象力,使人们从历史,唯物主义、伦理和美学的角度进行多元化的审美思维,培养人们的审美情趣。艺术美学可以解决人们的抑郁、痛苦、虚弱、障碍等负面情绪,激发喜悦、快乐、积极、安慰等积极情绪,在审美意义上实现主客体的统一。

2. 审美实践活动

审美实践活动是指以实际操作行为进入审美经验的过程,是创造性的审美修养方式。

护理人员可以通过适当的机会和场合来学习和展示他们的艺术才能。如文化活动:音乐舞蹈、绘画书法、文学创作。医学院和医院还可以组织文学社团、书画俱乐部、戏剧俱乐部、合唱团、舞蹈团、管弦乐团、摄影俱乐部、电影放映团等众多文艺社团,定期举办文化节、艺术节等活动。护理人员可以自由发展艺术专长,提高审美修养[106]。对于护理专业的大学生来说,美化大学环境也是提高审美欣赏的活动之一。学校的建筑必须具有艺术性和美感。家长可以参与校园环境的美化:种植树木,安置名人雕像或肖像,以及建立与学校传统相关的纪念碑。此外,可以根据学校的条件建造艺术画廊、音乐厅、俱乐部、健身房等文化设施,为护理学生提供展示才能的场地。

二、护士审美的评价

护士审美评价是指在人们了解美的意义及美感的形式过程的基础上,根据一定的审美标准,对护理工作的审美价值的一种判断,包括自然与社会两方面是否具有美感。护理审美评价在研究护理工作内涵美的基础上,找到美的标准,有助于提升护理人员的形象，提高医院的管理水平，从而促进护理事业的蓬勃发展。

（一）护理审美评价标准

护理审美的评价标准分为主观标准和客观标准。主观标准是指审美主体根据自身的审美能力、审美趣味对审美客体做出的审美评价，具有显著的个性因素影响。客观标准是指在长期的社会实践和护理审美实践过程中逐步形成的并不断完善的审美评价，这个审美评价被大多数人所接受和认可。有如下三个方面：

1. 求真

求真的态度是护理审美评价的前提。真就是实事求是，是对象自身的发展规律，即客观世界所固有的规律。真是护理实践整个过程的核心，以达到最佳的护理效果。护理人员在熟练掌握医疗技术和护理操作的基础上，根据不同护理对象的需求与疾病情况，采用不同的护理程序的工作能力，为患者提供全面的护理，这就是护理实践的科学美。在护理科研的活动中，秉持实事求是，求真严谨的态度来解决护理实践过程中出现的问题，以此来不断改进护理方法，提高护理工作的质量，以达到护理美的更高境界。因此，只有围绕真的护理，才不会导致护理实践中出现事故。

2. 求善

善的内心是护理审美评价的道德标准。善就是对人、对社会、对万物都是有益的。善是护理审美评价的主要道德要求，详细来说，就是要求护理人员一定要具备的道德品质。善主要体现在护理人员对自己职业的热爱和坚守，对患者的专注、真诚、关怀和体贴。对同行的尊重与相互团结。使患者与同事都能感受到护理活动本身的美，体会到作为白衣天使的亲切。没有了善，护理人员即便在外在形象和医疗技术与护理操作做到再美也是不够的，这些产生的美感是缺乏温暖和生命力的。

3. 求美

美是护理审美评价的重要尺度。美是事物或行动时表现出来的能够使人愉悦的形态，是“真”与“善”的和谐统一所表现的可感受到的美的感受。护理美是内在美与外在美的和谐统一，具体表现在以维护和塑造人体美为宗旨，将准确的操作技术、有效地使用护理措施、优美温馨的护理环境浓缩在护士的言、行、技、形中，并同护理实践中展现出的感性美和创造美有机地结合起来，从而形成护理服务的整体美。

（二）护理审美评价方式

1. 审美注意

审美注意是指审美过程中特定审美对象的定位和集中。这是审美主体审美评价的第一步。容易吸引人们审美关注的事物通常是整体和谐或新颖独特的。

2. 审美体验

审美体验是指客观事物对审美评价者的个人感受，包括审美感知、审美想象、审美理解、审美情感等心理因素。审美感知是审美感受和感知的集体名称，它是人类大脑对直接作用于感觉器官的美丽事物的反映。通过审美感知，大脑将呈现出美好事物的外观，然后在此基础上产生更高层次的心理活动，如审美想象、理解和情感。审美想象是指审美主体在直接感知审美对象的基础上动员过去积累，丰富，完善和创造新形象的心理过程。通过审美想象，审美主体可以使获得的审美感受更深刻，更充实，有利于审美。审美理解是对人的审美特征和规律的理解和把握。它贯穿于审美感知，想象和情感的过程中。审美理想可以使审美主体从审美对象的形式中把握审美对象的内容，理解审美对象。审美情感是审美主体对审美对象产生的主观态度及身体变化，任何审美体验必定伴随情感的触动。

3. 审美品位

审美品位是审美体验的基础。审美对象属性的产生是对美的整体意义和内涵的审视和反映。通过审美体验，审美主体可以从感性层面体验护理美带来的直观美感，从情感层面感受到护理的美感，而审美品位则体现了护理的深层魅力和意义。理解与掌握来自知识层面的美。

4. 审美评判

审美评判是在审美经验和审美情趣的基础上对客观事物的美丑进行判断和评价。它是将感性审美体验与理性审美品位相结合的过程。在对考试对象的综合感知，深刻的人的体验，以及反复的品位，它做出了符合实际情况的评价。

第三节　护理工作中的美学应用

一、护士的职业形象美

在社会中，护士是具有整体社会形象的特定专业群体。护理专业人员的形象是指护理人员或个人在护理实践中表现出来的外在表现，是对思想和语言行为的认识。在一定程度上，护士的形象是护理发展阶段和医院形象的象征和体现。护士的团队形象需要由每位护士的言行、工作态度和服务质量来塑造。每位护士的行为都会影响社会对护理专业的整体评价。护理小组应该在小组内保持和谐的关系。团队之间的目标导向,协调配合,可以使护理小组在社会面前展现出良好的外在形象和优雅的内在气质,符合社会对理想护士角色的期望。从而促进了护理专业的不断发展。

1. 社会期望的角色形象

人们称护士为“白色天使”,这是期望给予一个美丽、温柔和善良的专业形象。这种期望也赋予了人们对生命的热爱,以及在患有疾病时对美的渴望、期待、追求。

2. 护理专业形象的目标

护理专业的目标是将自然科学与人文科学融为一体来培养专业护士,以自立、科学、坚韧、灵活的方式成为真、善、美的集合体。也就是说,“白衣天使”加上学者、专家型护士。

3. 护理专业形象美塑造

护理专业形象美是一项长期的系统工程,需要通过社会,专业的生活环境和护理专业自我的良性互动来实现。首先,通过教育,提高护士对美的感受,提高护士创造美的能力。其次,加强对护士专业形象的塑造意识培养,注重形象。护士要建立高尚的职业情感和道德,开展护理专业知识培训,提高自我修养能力。

二、护士的职业美

(一)职业道德美

一个人的道德品性美是最有意义的美,比其他方面的美都更具有意义。正如爱因斯坦所说:“只靠科学与技术,不能把人类带向幸福和高尚的生活。人们有理由将崇高的道德准则的发现置于客观真理的发现之上。”

1. 美德的含义

美德,也被称为美的德性,是真、善、美的统一。只有按照真的要求选择生活的道路,建立生活的理想,培养生活的品位,才能有正确的人生道路。善良是美德社会存在的基础,人的美德需要通过人与人为善的德性来体现。车尔尼雪夫斯基将美丽定义为“美是生活”,并简洁地解释说,美是生活中最重要的事物。追求美与生活可以唤起人们对美与道德的人道主义实践。

2. 美德的主要形式

(1)传统美德。这是中华民族在儒家伦理规范下形成的传统道德。其中,优秀和积极的本质已成为中华民族几千年文化发展的智慧和力量。它维持了社会秩序与个人内心世界之间的平衡。以仁为核心的传统美德和标准,对我们的历史和现实生活产生了积极而深远的影响,成为中华民族的美德追求。当然,以儒家伦理为代表的中国传统伦理是封建社会的产物。例如,儒家文化重群体,忽视个人,强调义务,不谈权利,重道德,轻功利主义从而走向禁欲的道德观念。道德价值无疑在阻碍社会发展方面发挥了作用。因此,在传统伦理思想的清理和挖掘中,我们必须抓住本质,去除它的糟粕。

(2)社会道德。所谓的公共道德是人们在社会生活中需要遵守的行为准则。关注公共道德是社会稳定和有序发展的重要保证。遵循社会道德是每个公民的义务。社会道德主要体现在维护秩序、关心他人和礼仪上。值得注意的是,人们经常忽视它,因为他们认为"小节无害"。在道德领域,善与恶,美与丑都有明确的定义,并且由于小而不改变其本性,千里之堤毁于蚁穴。因此,一个品德高尚的人必须注意重大节,也同等注意小节。

(3)职业道德。职业道德是在特定工作和劳动中从事某些职业的人的行为规范。它逐渐形成于人们的专业实践活动中,因为一个特定的职业不仅要求人们具备特定的知识和技能,而且还必须遵守某些规范和誓言,以实施这些知识和技能。希腊著名的希波克拉底誓言是医务工作者职业道德的最基本规范。在医疗领域,它迄今尚未失去意义。职业道德的基本要求是热爱工作,专注于工作,学习专业。

(二)职业情操美

情操通常是指人们在生活中所表现出来的行为方式的总称,亦称节操。情操美表现在为社会活动中通过人生实践把自己的道德审美理想凝结在生命活动的过程之中,构成情操美的主要有善良、友爱、同情、正义和勇敢。

1. 善良

培根在论人生中,将善良定义为一种善良的品格并认为最伟大的人类精神就是善良。善良是衡量一个人价值的标准。一个人真正的财富是他在这个世界上对他人的奉献。李秀芳是中国现代科学护理事业的创始人之一,也是南丁格尔奖获得者,是一位善良的"人类天使"。仁慈是在后天形成和创造的,它像习惯一样积累。在社会实践中,只要你注意培养自己的良好品格,坚持"勿以恶小而为之,勿以善小而不为",从我做起,从现在开始,你就可以逐步形成良好的品德。

2. 友爱

友爱是人生对博爱的追求。友爱包括友谊,但不限于朋友的爱;友爱也包括爱情,但比爱更广泛和博大。可以说,友爱是涵盖万象的爱。它是相互理解和信任,相互支持和帮助,是一种在交流过程中自然产生的情感。林肯成为总统后,他的政治对手却不善罢甘休。一名政治家甚至公开指责林肯“讨厌的白痴”和“原始森林中的猩猩”。林肯周围的人非常生气,他们要求林肯利用总统的力量摧毁这些政治敌人。林肯的回答是,“当他们成为我的朋友时,我不是在摧毁我的敌人吗?”林肯的宽容和博爱终于赢得了许多人的尊重,包括他的政治敌人。后来,斯坦顿甚至称赞林肯是“历史上最完美的人”。人类生活实践表明,博爱是值得钦佩的,因为它以最不实用的色彩给人们最无私的帮助。应该理解,友谊不仅体现在对因某些灾难而不幸的人的慷慨和无私的帮助中,而且体现在拯救生命的勇气上,而更多地体现在日常生活的手中。例如,要学会宽容,鼓励患有疾病的患者扬起生命的风帆。

3. 同情

同情是人们之间理解和帮助的桥梁。一个人的灵魂的痛苦比内在的痛苦更痛苦。为了挽救绝望的生活,这正是可以证明和实现自我价值的东西。同情心就是能够抚慰心灵的痛苦,是自我价值的体现。

4. 正义

从人类文明史的发展,我们发现东方文化和西方文化都把正义视为生活中最基本的要素,而且它是构建情感美的最重要的基石。正义是一个国家几千年来自力更生的基础,也是一个人面对逆境,克服困难的心理支柱。正义的力量也可以产生其他品质,如坚定、坚韧和坚持不懈。孟子曾对这种正义的具体描述中描述了以下内容:“富贵不能淫,贫贱不能移,威武不能屈,此谓之大丈夫。”正义的精神力量是强大的,它可以唤醒人们的良知,唤醒社会的舆论赢得了普通大众的心。

5. 勇敢

勇敢作为生命的力量促进了生活的进步。勇敢体现了人类对自身生存和发展的英勇奉献精神。它不仅体现在维护国家和民族利益的正义斗争中,也体现在人类文化,科学和艺术的发明和创造中,体现在真理和社会进步的各项事业中。弗洛伦斯·南丁格尔奖章规则第2条规定:“以非凡的勇气和奉献精神,致力于保护伤者,残疾人或战争受害者;如果预计获得奖章的人实际上是以牺牲工作为代价,可以追授奖章。”第39届南丁格尔奖章获得者叶欣是广东省中医院急诊科的护士长。23年来,无论是现场垂死的外来务工人员,还是护理艾滋病药物滥用者,拯救非典型肺炎患者,叶欣从未迟疑过。面对危重病传染病,她率先,有时甚至关门救援,并没有让太多人介入,她用自己的生命来诠释“勇敢”。人类情感中勇气创造的审美内涵丰富而美丽。当幼儿不需要成年人的支持时,生活的第一步就是勇敢;面对挫折,他们面对现实,他们也是勇敢的。如果人们想要主宰自己的命运,成为人生中的成功者,那么只要他们能够欣赏生活的审美境界,他们就应该勇敢地追求并勇敢地前进。

(三)护士气质美

它指的是一种相对稳定的个性风格和一个人的心理特征的结合,给人只能意会不能言传的感觉。在人际交往中,人们经常使用气质来评价对方,如“魅力四射,优雅高贵,魅力依然存在”。事实上,这是气质美带来的风采。气质是一个人的心理状态、人格素质、文化素养、生活习惯和道德审美诉求的综合表现。作为一种稳定的心理特征,人的气质与交往有关,而更重要的组成部分是气质的社会特征。持久、优雅的美莫过于气质美。

就先天获得的品质类型而言,善与恶、美与丑无区别。在这些不同的气质类型中,你可以找到一个性格孤傲的人,其气质可以是孤芳自赏,也可以是出类拔萃;性格软弱的,气质可以是优柔寡断,或者可以谨慎稳妥;如果性格强势的,它的气质可以是粗犷和大度的;性格安静的,气质可以谨慎,也可以优雅。气质美作为人类遵循美的规律塑造“自我”,从而实现自我完善的一种方式,无疑是我们非常关注的审美范畴。气质是人性、美德和情操的完美结合[107]。气质之美涉及个人的深层素质,具有一种亲和力,它表现为自尊、自信、诚实、乐观、开放、谦虚和宽容,等等。气质可以净化心灵,温暖心灵,使社会充满平和,慈悲和爱。气质之美不在于先天的获得和继承,而在于后天的社会修养。美好气质的形成来自良好生活习惯的培养,更重要的是,从长期有效的美德和文化修养中,也就是说,美的升华可以在思想等内在品质的塑造中实现。

护士是护理活动的主体,护士的基本职责是为人类的健康服务,拯救生命和死亡的品性基础是道德修养。只有当护士具有扎实的道德修养时,他才能拥有爱,并能够将患者的需求视为对患者的责任。多为病人着想,认真倾听患者心声,使护理工作达到真、善、美的统一。确切地说,护士的气质也取决于美德和情操。它可以表现为情绪稳定,精神饱满,反应迅速,温柔善良,南丁格尔说过:“护士就是没有翅膀的天使。它是真、善、美的化身。”

第四节 护患关系

一、护患关系的性质与特点

(一)护患关系的性质

1. 护患关系是一种专业而有益的人际关系

护理人员的独特功能是帮助护理对象恢复,维持和促进健康。因此,护理关系是护理人员试图满足护理对象的健康需求的过程。在这种关系中形成的是帮助者或帮助系统与被帮助者或被帮助系统之间的人际关系,护理人员处于支配关系的主导地位。

2. 护士与患者之间的关系是专业工作性的人际关系

护士与患者之间的关系一般需要通过护理人员的专业活动和工作方法来建立,并且可以是在护士实现独特的专业功能后建立的。这是一种工作性质的人际关系,是维护护士与患者关系的纽带[108]。

3. 护患关系是一种多元化的、互动的人际关系

人际关系的建立涉及许多因素,如情绪、态度、知识、经验、需求、评价等因素,这几个因素会影响彼此的感受和期望。此外,护士与患者之间的行为结果是双向的,因此护士与患者之间的关系是一种多样化的,互动的人际关系。

(二)护患关系的特点

1. 护患关系是一种工作关系

建立与患者良好的关系是护士职业的要求。护士与患者之间的互动是一种专业行为,具有一定的强制性。在整体护理模式中,建立护士与患者之间的良好关系是护士的基本责任和义务。换句话说,无论护士是否愿意,或者患者的年龄、身份、职业如何,护士都应努力与患者建立良好的关系。

2. 护患关系是一种信任关系

信任关系就是护士与患者之间相互尊重、彼此信赖。护士要完成护理工作就一定要与患者建立良好的信任关系。但是护士与患者不应有过度的情感卷入,这样就会影响到护理工作的效果。

3. 护患关系是群群关系

群群关系指的是群体与群体的关系。想要衡量护患关系的好与坏,不仅要

看护理人员与患者之间的关系如何，而且还要评估护士与患者群体之间的关系。护士群体中任意一个对患者的态度、责任心等，都会影响患者对护理质量的整体感受和评价。因此，要求护士对所有的患者一视同仁，并真诚的给予帮助[109]。

4. 护士与患者之间良好的关系可以有效缓解或消除来自环境、治疗过程和疾病本身的压力，并有助于治愈和加速疾病的恢复时间。相反，护士与患者之间的紧张关系会加重患者的心理负担，甚至可能导致情绪恶化，严重影响治疗和康复。

二、护患关系的内容与模式

(一)护患关系的内容

由于受到多种因素的影响，在医疗护理活动的过程中会形成不同内容的护患关系，基本内容主要包括技术性关系和非技术性关系。

1. 技术性关系

技术关系是护士与患者在一系列护理活动过程中的一种帮助关系，护士具有相关的护理知识和技术。技术关系是护士与患者之间关系的基础，是维持护士与患者关系的纽带。在技术关系中，护士处于积极地位，可以帮助患者解决疼痛并恢复健康。它是服务的主体，在护患关系的发展趋势中起着决定性的作用。

2. 非技术性关系

非技术性关系是指护患双方由于受社会、心理、经济等多种因素的影响，在实施医护技术的过程中形成的道德、利益、价值、法律等多种内容的关系。

(1)道德关系。道德关系是非技术关系中最重要的内容。由于护患双方所处的地位、环境、利益以及文化教育、道德修养不同，在护理活动中很容易对一些问题或行为在理解和要求上产生各种矛盾。护患双方为了协调矛盾都应按照一定的道德原则和规范来约束自身的行为，双方都应尊重对方的生命价值、人格和权利，结成一种新型的道德关系。作为一名护士，应以护理道德来严格要求自己，并贯彻于护理工作的始终。

(2)利益关系。利益关系是指护患双方在相互作用的基础上发生的物质和精神方面的利益关系。患者的利益表现在付出一定费用后得到治疗护理，满足解除病痛、恢复健康等健康利益的需要；护士利益表现在通过为患者提供护理服务获得薪酬等物质利益，以及由于实施护理使患者康复而得到的精神上的满足及成就感。护患双方的利益关系是在公正条件下的一种平等互助的人际关系。治病救人、救死扶伤是医护工作者的天职，这种职业道德的特殊性，决定了护患之间的利益关系不能等同于一般商品的等价交换，而必须在维护患者健康利益的前提下进行。

(3)法律关系。法律关系是指护患双方在护理活动中各自的行动和权益都受到法律的约束和保护，在法律范围内行使各自的权利与义务，调整护患之间的关系。随着社会法制的建立与完善，法律规范已成为护患关系的主要调节手段。护患双方都应学会用法律武器维护自己的正当权益。在护理工作中，护患双方都必须承担各自的法定责任和义务，以法律作为自己行为准则，侵犯任何方的正当权利都会受到法律的制约。

(4)价值关系。价值关系是指以护理活动为中介的体现护患双方各自社会价值的关系。护士在职业服务中，运用专业知识和技能为患者提供优质服务，履行对他人的道德责任和社会义务，使患者重获健康，实现了崇高的社会价值。而患者在恢复健康，重返工作岗位，为社会做贡献，也同样实现了个人的社会价值。

(二)护患关系的模式

1. 主动－被动型模式

这是一种传统的，单向的，生物医学模型和疾病护理导向的思维模式，将患者视为纯粹的生物学的人，将疾病视为简单的物理因素；这完全固定在药物和手术上，完全无视患者的心理活动和需求。模型原型是“父母和婴儿”，其特征是“护士为患者做了什么”。该模型过分强调了护士的权威，忽视了患者的主观行为，护士处于支配地位，患者处于被动接受护理的从属地位，患者完全遵守治疗和安排。显然，这种模式无法获得患者的默契合作。

该模式适用于不能表达主观意愿且不能与护士沟通的患者，如全身麻醉，昏迷，婴幼儿，休克，严重智力发育迟滞和某些精神病患者。此类患者部分或完全失去正常的思维能力，需要护士具有良好的护理道德，高度的责任感和对患者的关心和同情。应用这种模式时，需要注意进行某些操作如使用约束具时，需要与患者家属沟通 需要获得患者家属知情同意。

2. 指导－合作型模式

这是一个微弱的单向模式，以“生物—心理—社会医学模式”和“疾病护理”为中心的护患关系模式。模式原型是“父亲—儿童”，其特点是“护士教导患者做什么”。护士仍然主导着护士与患者之间的关系，而护士与患者之间的心理关系是一种微弱的心理差异。该模式是将患者视为有意识和心理活动的人。在护理活动中，患者具有一定的主动性，但护士的权威仍具有决定性，患者的地位是“合作”。患者的积极配合包括告知病情、反映治疗、协调检查和各种护理措施，其中一部分是基于护士的要求。患者仍然处于负面协调状态，护患关系仍然不完全相等。

该模型适用于急危重症患者、重病初愈恢复期患者、手术及创伤恢复过程的患者。这些患者是有意识的，但病情严重，病程短，并且对疾病的治疗和护理知之甚少。有必要依靠护士的指导来更好地应对治疗和护理。使用时请注意患者家属的知情同意。

3. 共同参与型模式

这是一种双向性的、以“生物－心理－社会医学模式”及“健康为中心”的护患关系模式，与前两种有着本质的不同。模式原型是“成人－成人”，特点是“护士帮助患者自我照顾”。护患双方的关系建立在平等地位上，双方的心理为心理等位关系。

在这个模式中，护士经常作为“联盟者”出现，并将患者的意见视为改善护理工作的一个组成部分。患者不仅是合作者，还积极参与自己的治疗和护理讨论，为护士提供自己的疾病情况，参与护理决策，并独立完成一定的护理措施，如尿糖自检。患者对治疗和护理有了一定的控制，个性得到了尊重。护士和患者都处于平等地位。双方互相尊重，相互协商，建立护理目标和方法，分享护理信息。双方的热情都可以得到充分发挥，该模式是理想的护患关系模式。

该模式适用于具有一定文化知识的慢性病患者。对这些疾病的护理通常涉及帮助患者改变过去的生活方式，人际关系等。因此，护士不仅需要了解疾病的护理，还要了解疾病对患者生理、心理等的影响，把自己置于患者的位置，以患者的整体健康为中心，尊重患者的自主权，给患者一个完整的选择。以恢复患者在长期疾病过程中失去的信心和自我保健能力，使患者在功能受限的情况下具有良好的生活质量。

以上三种护理模式并不固定。即使在同一患者中，根据病情或不同的护理项目，也可以将一种模式改变为另一种模式。在实际护理活动中，护士应注意区分不同的护理对象，采取适当的护理方式。选择建立哪种关系模型不仅取决于疾病的性质和严重程度，还取决于患者的人格特征。

三、护患关系的发展过程与影响因素

(一)护患关系的发展过程

1. 初始期

是指护理人员与患者刚刚接触的时期。这个时期的主要任务是护理人员与患者双方互相认识,彼此建立信任关系。在这个阶段,护理人员应向患者介绍自己,介绍病区的环境,病房内的设施,医院的规章制度。同时在此时期了解患者的病情、家庭情况与社会情况等。护理人员应向患者说明自己是患者的责任护士,对患者的护理负责,患者如有情况可以随时找护理人员,这有利于建立良好的护患关系,对患者熟悉新环境、尽快消除陌生感和紧张的心理十分有用。在此期间,护理人员应举止大方得体,真诚认真的服务,为患者留下良好的印象,为接下来护理工作的开展打下良好基础。

2. 工作期

是患者与护理人员合作的时期。护理人员为患者实施护理的重要时期,是和护理人员完成各项护理任务,患者接受护理的主要时期。是护患之间增长信任感的时期。这个时期主要是在护患彼此信任的基础上,护理人员为患者提供良好的护理服务,帮助患者解决健康问题,满足患者的各项需求。在这时期,护理人员通过精湛的医疗技术、真诚的态度、高尚的医德,来赢得患者的高度信任,获得患者真诚的配合,满足患者的需求。这个时期的工作时间可能会很长,护患难免有一些摩擦,护理人员要始终保持真诚、尊重的态度,时刻关注患者,鼓励患者积极康复。

3. 结束期

经过治疗和护理,患者病情得到改善或基本康复,达到预期目标。患者出院后,即进入护患关系评估期。此时的任务是整理护理人员与患者共同完成前一段时间护理工作的完成情况,并根据存在的问题或可能存在的问题做出相应的对策。在此阶段,护理人员向患者提供健康教育、出院指导和建议。护理人员在患者出院之前应该做好出院患者的准备工作,了解治疗效果,出院指导,评价护患关系,了解患者就现在自身健康状况的满意度。帮助患者脱离从疾病逐渐康复的这阶段的心理,学会照顾好自己,促进全面康复。

(二)护患关系的影响因素

良好护患关系的建立受多方影响,护患双方本身以及外部环境都会对护患关系造成影响。

1. 护患双方因素

(1)角色模糊。护理人员与患者都对自身的角色认识不足,对自己承担的责任也认识不清,造成双方不能理解自己的责任和义务,导致双方发生冲突。如护理人员专业知识掌握不够熟练,护理工作不能按时完成,对患者的健康教育不到位,没有积极主动了解患者的需求,造成护理质量不高,甚至对患者造成了伤害,这一定会影响护患关系,引起患者的不满[110];患者对自己的权利义务不了解,不知道自己该做什么,不能积极配合护理人员的工作,治疗效果不佳就会引起患者的不满,使护患双方出现分歧,导致护患纠纷。

(2)过度维权或忽视权益。在临床实践中,护理人员可能会忽视患者的感受或是权利,造成患者负面情绪的累积,使患者产生抵触心理,影响正常护理工作的进行。也有少数患者出现过度维权的现象,对护理效果抱有过高的期望,引起医疗纠纷。

(3)沟通障碍。护患双方所处角色不同,受教育或专业不同,会引起沟通过程出现差错;其次,护理人员的沟通能力不够,语言方式不当,不注意谈话的用词或手势等都会引起患者的想法。由于护理工作繁忙和紧张,护理人员要按时完成工作,没有充足的时间来倾听患者的倾诉,造成护患关系不和谐。

2. 医院因素

医院为更好地满足患者的治疗需求,保障患者诊疗有序,会制定各种规章制度,但由于患者数量巨大,会与一些患者的习惯相冲突。护理人员作为医院制度的主要执行者,常常成为患者批评的焦点,导致护患关系不和谐,出现护患冲突。其次,医院的设施也会引起患者的不满,如床位紧张、护理人员不够等,引起患者的抱怨。

3. 社会因素

目前,我国医疗卫生事业的发展不能满足人民群众的需求,卫生资源不足,卫生资源的配置不够优化,医疗保险制度改革不到位,相关法律法规的制定不够及时,医疗费用没有明确的标注等,这些因素都直接或是间接地影响护患关系。

四、新形势下的护患关系

随着医疗模式的改变与疾病的变化,人们的维权意识逐渐提高,对自身健康的关注也越来越高。这对护理人员的工作提出了更高的要求,护患关系也变得更加紧张。护理人员不经意的话语或是操作的失误等都会引起患者的不满，使护患双方处在一个敏感的状态。如何保持和维护良好的护患关系是当前需要认真思考的问题。因此护理人员必须知法、懂法，提高服务质量，改善服务态度。为患者提供高质量的护理服务，满足患者的需求，形成友好的护患关系。

1. 增强法制观念

护理人员应主动学习国家在医疗方面的法律法规，严格遵守《护士执业条例》，依法执业，有效防止护理纠纷的发生。护理人员应树立法制观念，提高自身职业水平。

2. 树立"以患者为中心"的理念

护理人员应以患者为中心，想患者所想，急患者所急，主动关怀患者，时刻关注患者的病情变化，为患者提供积极主动的护理服务，这样会有效减少护理事故的发生，为患者带来安全感，提高患者对护理人员的信任。

3. 注意自身礼仪

护理人员被称为"白衣天使"，护理人员就是没有翅膀的天使，护理人员应时刻注意自己的仪容仪表，给患者带来舒适、愉快的感受，促进患者与护理人员的交流，把患者当作自己的朋友，主动寻求护理帮助。好的仪表和美好的心灵会给患者带来药物所无法达到的奇迹般的效果。为患者提供护理服务时，给患者展现甜甜的微笑，对患者来说也是一种治愈。

4. 精湛的医疗操作

在做好情绪关照的基础上，护理人员一定要具备精湛的医疗技术。护理工作是一种操作性的工作，需要有熟练的操作技术，给患者提供高质量的服务，给患者带来信任的感受，让患者能够依赖护理人员，更好的配合护理和治疗，最后达到良好的治愈效果。

第五节 护患沟通方法

一、非语言沟通的特点及作用

(一)非语言沟通的特点

1. 无意识性

也就是真实性，在进行思维活动时，大脑会发出信号来支配身体各部分的运动。非语言行为是外界刺激所给出的直接反应，基本都是无意识的，具备真实性。正如弗洛伊德所说:“没有人可以隐藏秘密,假如他的嘴唇不说话,则他会用指尖说话。”比如,当与自己不喜欢的人接触时,与对方的距离会比与自己喜欢的人的距离要远一些;紧张的时候,人会不自主的有一些习惯性的小动作,如抠手指、抖腿等。英国心理学家阿盖依尔等人的研究表明,当语言行为与非语言行为表达意思有差距时,人们相信的都是非语言行为表达的意思。语言是受理性思维所控制的,容易出现不真实表达,但人的动作都是发自内心的,很难掩盖,具备语言所没有的真实性。

2. 情境性

非语言沟通与语言沟通一样都是建立在一定的语境中,不同情境会影响非语言行动的发出。相同的非语言行为在不同的情境中也具有不同的含义。同样是站起来,可能怒发冲冠地站起来,也可能是礼貌地站起来。同一非语言行为可以表达不同的想法与情感,而不同的人对同一非语言行为也有不同的理解。因此对非语言沟通要有足够的重视,不要造成他人的误解。

3. 独特性

每个人都具有每个人的特点,同样的非语言行为,在不同人的演绎下,都会彰显每个人的个性。个人的肢体语言与个人的性格、气质紧密相连,体现了个人特征,因此可以从一个人的肢体语言了解一个人的个性。

4. 广泛性

非语言沟通的应用是十分广泛的。在每个人的成长过程中都不经意地学会了非语言沟通。例如,婴儿在不会说话的时候,也会利用表情来表达自己的情绪、想法与态度。虽然世界各国、各族都有所不同,但非语言沟通的行为确实大部分相同的,即使是语言差异很大的环境中,非语言沟通所发出的信息也同样使对方了解到自己的想法。现在国际社会为了各国更好的交流,会使用一些非语言符号,这些非语言符号在世界上被所有人理解。比如,交通指示灯、红十字,等等。

(二)非语言沟通的作用

1. 表达情感

非语言沟通的主要功能是情感的表达。情感表达可以表达很多个人情绪,例如生气或快乐、紧张或放松、软弱或力量、抑郁或兴奋。如老友许久不见,握手或拥抱来表达激动和喜悦的情绪;孩子生病了,母亲在床边守着,皱着眉头,表示心情焦虑、恐惧等。

2.代替语言

有时,即使一方不说话,也可以从非语言的交流(如面部表情、肢体语言)中看出他的意思。这时,非语言符号扮演了取代语言符号来表达意义的角色。心理学家提出情绪表达=7%的语言+38%的声音+55%的表情。

3.语言沟通的辅助工具

非语言沟通使语言表达更加准确、有力、生动、具体。在表达同一件事物中,用不同的非语言符号,表达的意义就大不相同了。例如,如果你眼神真诚地道歉并说"对不起",会觉得你真的很抱歉。用恶狠狠的眼神盯着某人,说"对不起",显然让人觉得自己很虚伪。

4.控制语言

在交流中,有很多非语言的暗示,如点头、摇头、皱眉头、变音等,护理人员可以通过观察和使用这些非语言的暗示来控制沟通过程。例如,在交流中,患者左看右看,他的眼睛总是看其他地方。这意味着护理人员应该改变话题或及时停止说话,因为此时患者可能对谈话内容不感兴趣或不理解。

5.体现人际关系

非语言交流可以显示双方关系是否密切。如果两个人手拉手地谈笑风生,就表示出他们的亲密关系;两人相距甚远,又彬彬有礼,显示出他们彼此并不了解。在护理工作中,要把握适当的空间距离,适当的言行来体现对患者的关心和爱护,不要用沉默的语言拒人千里之外,让患者感到被冷落。

二、非语言沟通的主要形式

在护理人员与护士的交往沟通过程中,非语言沟通的形式多种多样。身体姿势、动作、表情、目光等,都是护理人员的非语言沟通的形式。

(一)身体语言

身体语言是指人们在沟通交流时,利用动作、姿势、目光、表情来传递信息的一种非语言沟通形式。是人们交际时经常使用的一种非语言形式。身体语言有着独特的意义,在护患交流中发挥着重要的作用。身体语言有以下几种形式:

1.身体动作。身体动作是指通过肢体的运动来表达信息的一种沟通形式。在各种非语言沟通的形式中,身体动作是最为人所注意到的一种肢体语言。如患者不停地扭动双手,护理人员就可以推测患者可能是紧张;当患者推进急救室时，护士在手术室门口张开双臂意为阻止。听到患者按呼叫铃，护士快速到达病房等，这些身体动作都表达的护理人员对患者的关注与认真。

2. 身体姿势。身体姿势是指运用身体或肢体的姿态来表达想法与态度的体语。比如，在跟领导说话的时候，有的人因为紧张，会“正襟危坐”；护士在倾听患者诉说的时候，身体会向前倾，以表示对患者的尊重。

3. 手势

手势语在非语言沟通中发挥着十分重要的作用，包括握手、招手的动作等。手势语是人们在漫长的历史过程中形成和发展而来的特殊沟通方式，有科学家认为，人类最早的语言是无声语言即手势语而不是有声语言。古罗马政治家西赛罗说过，“一切心理活动都伴有指手画脚等动作……手势这种语言甚至连原始人都能理解。”现代心理学家研究发现，人的信息传递有一半以上是通过人体的外部动作来实现的，其中主要是手的动作。手势的种类如下：

(1)情绪性手势

就是用手势表达感情，是讲述人内在情感的自然表达，这往往和讲述者表露出来的情绪是紧密结合的，很容易给他人留下深刻的印象。如高兴时拍手称快，悲痛时捶胸丧气，愤怒时挥舞拳头，悔恨时以手拍额，紧张时双手相搓，等等。

(2)表意性手势

就是通过手势表明具体信息内容，表达特定含义。这种手势多是约定俗成，其含义明确且因为民族、国家及地域文化的不同而存在差别。如招手表示让对方过来。摆手表示拒绝或禁止等。也有些手势是特定场合、特殊情况的表意手势，如交通指挥、体育裁判等。这些特定的手势极大弥补了沟通中语言不便所造成的沟通困难。

(3)象形手势

即用手势来比划出事物的形状特点，使对方对自己所描述的事物有一个具体而明确的印象。如用手比划物品的大小、形状；用手臂的伸缩抬放比划长短、高低等。象形手势在表达过程中会自觉不自觉地带有夸张的意味，以便烘托气氛，增强感染力。

4. 表情

面部表情是可以传递精细信息的一种非语言沟通形式。面部表情能很好地表达人们的情感与态度，如“喜、怒、哀、乐”，并且十分容易被人察觉，可以给人以直观的印象。人的面部表情多是随意的、不经意的，但是经过训练，人们也能有意识地控制表情,通过面部表情表达想法,因此表情所传递的信息可能与实际的想法不一致。

(1)微笑

微笑是人际交往中最有吸引力的面部表情。它是礼貌和礼仪的象征。发自内心的微笑应该具备以下特点:①真诚:微笑首先应该是发自内心的真情实感,真诚、温暖的微笑能够表达对对方的接受和友谊,并且能够打动对方。②自然:发自内心的微笑应该是心情、语言、表情与微笑的和谐统一,"皮笑肉不笑"不能给对方带来好感,还会给对方造成厌烦的感觉,而职业性的僵硬的笑容,也是不能使他人感到舒适的,更不能打动他人。③适度:微笑应适度,并根据不同的交际场合、交际对象和交际目的而适当使用。不要过于夸张,会给人一种不礼貌的感觉。④得体:微笑虽然是社交场合中最常见的社交"工具",但这并不是说任何时候,任何场合都可以用微笑来迎接。如果患者处于发作期,疼痛难忍,遭受巨大的身心痛苦,护理人员就不应该用微笑面对他,而使用关爱的目光和轻柔的动作照护他。

(2)目光

目光是人际沟通中的一个重要载体,人的一切情绪和态度都能从眼睛中看出来。人们常说,眼睛是心灵的窗口。当双方相互目视的时候,可以根据对方的眼神、眼神的方向等了解到对方的一些信息。人们可以有意识地控制自己的语言,但往往很难控制自己的目光。

护理人员在与患者沟通时,要学会使用目光表达不同的信息情感和态度。在目光沟通时,要注意:①注视的角度:护士应该平视患者,以表达对患者的尊重。②注视时间:护理人员和患者在沟通时,注视患者的时间应不少于全部谈话时间的30%,但也不要超过全部谈话时间的60%。如果对方是异性,则每次目光对视的时间不要超过10秒钟。要注意,长时间目不转睛地盯着对方是一种不礼貌的表现。③注视部位:护理人员应该把目光停留在对方两眼到唇心一个倒三角形区域,这是人们在社交场合常用的凝视区域。

(二)体触语言

体触是人体各部位之间或人与人通过接触触摸的动作表达信息的一种行为语言。心理学研究表明,人的手或是身体触摸时所带来的情感体验是最为深刻的。美国哈佛医学院精神病学教授约翰·瑞特伊曾说:"人类对触摸和被触摸是一种本能的需求,这是驱动了开发和改造世界的动力之一。"体触有不同的形式，能传递不同的情感与态度，也是表达强烈感受的方式。常见的体触形式有握手、依偎、拥抱、抚摸等。在人际交往时，体触可以表达关心、安慰、热情、支持等情感。但是体触的沟通形式需要注意适度，体触所传达的信息受年龄、性别、家庭、文化等方面的影响，不同的人对体触形式有不同的理解。因此，在人际交往过程中应注意尺度。

1. 体触在护理工作中的应用

（1）诊断健康问题

在临床护理实践中，护理人员要经常采用体触的沟通方式对患者的健康进行评估。如检查患者腹部情况时，护理人员要触摸或是按压患者的腹部以查看患者的情况。

（2）给予心理支持

在护理人员与患者的交往过程中，体触是一种无声的支持与关注，给患者带来安慰，可以表达护理人员的关心、安慰等。如患者在手术前感到紧张、害怕，护理人员可以采取恰当的体触方式，如轻拍患者的肩膀，或是握着患者的手来表达护理人员的安慰与支持。

（3）辅助治疗

在临床护理工作中，体触的治疗作用逐渐被认识并得到重视，而且发展成为成熟的辅助治疗方法——抚触疗法。这是因为研究发现体触可以激发人体的免疫系统，促进人精神的兴奋、减少紧张而引起的疼痛，有时还可以缓解患者激动带来的心动过速，有一定辅助治疗的作用。

三、非语言沟通的运用

非语言沟通具有非常丰富的内容，眼神的交流、会心的微笑、话语的停顿、抚摸的安慰等，都有着十分重要的含义。在护患交流中，护理人员要掌握并运用非语言沟通的方式。

1. 面部表情

护理人员在与患者的交际过程中，应有恰当的面部表情。当患者遭受疾病痛苦时，疼痛难忍，护理人员要做符合患者心境的表情。但与患者交流或是通知患者有关事宜是要面带微笑，微笑给患者以舒服的感受，有益于和患者的下一步交流，也使患者有一个愉悦的心情。

2. 服饰礼仪

护理人员要着护士装，给患者以干净、专业的形象。如果护士服在工作中不慎弄脏,应立即换一套新的护士服。护士服应定期清洗,维持护理人员的专业形象。在患者的接触过程中要有礼仪,例如患者腿脚不方便的时候,要让患者靠里侧行走,并双手搀扶患者,给患者以依靠。

护理人员在运用非语言沟通形式时应注意以下要求:

①尊重患者。非语言沟通往往具备真实性,能不经意地透露出护理人员对患者的态度,尊重患者是护理人员运用非语言沟通形式的最基本要求。尊重患者就是将患者置于与护理人员自己平等的位置,维护患者的尊严是护理人员的义务。

②适宜适度。在护理过程中,护理人员为了强调某些地方或是做法,会加重音或是用手势等来辅助患者理解自己的意思,但谨记要适度,不要过度,影响沟通效果。

③端庄得体。在长时期的生活习惯养成下,容易形成一些动作忌讳。如在公共场所,跷二郎腿,并来回抖动,影响旁边人;大声地打哈欠、伸懒腰;这些不得体的肢体语言会对护理人员的专业形象造成不好的影响,也影响沟通的效果。

④因人而异。护理人员每天工作接触到的患者很多,而每个人又是千差万别的,所以护理人员在与患者沟通时,要因人而异。要站在患者的角度考虑事情,通过倾听与观察等方式来了解患者的真实想法,有针对性的应用非语言沟通方式,以确保沟通的有效性。

⑤注重反馈。护理人员在与患者交往时,要关注患者的一言一行,或是眼神、动作等微小的变化,这些非语言信息经常是患者当时真实的感受的反馈,只有当患者的真实反馈得到关注时,信息的传递才是有效的。

⑥与语言沟通的结合。强调了非语言沟通在交流时的重要性,并不是说语言沟通就不需要重视。在护患交往中,要做到真正地与患者沟通,就一定要把两者结合起来,才能得到有效的沟通。

四、语言沟通

语言是传递信息的重要介质,是构成人际关系纽带。语言沟通是人们表达想法、情意的主要方法,是一种以信息传递为基础功能的交流行为,分为表达和领会两部分。孔子说:“言不顺,则事不成。”可见,合适的语言沟通才能充分表达所想表达的美好思想。调和人际关系,获得信息情报,促进人与人之间的交流。

语言是伴随人类社会发展而有的产物,语言沟通分为无声语言沟通和有声语言沟通，无声语言沟通包括书信、图像等。有声语言沟通包括交谈、演讲等。护理人员与患者的语言沟通对患者恢复健康发挥着重要的作用。护理工作人员不仅具备丰富的专业知识和熟练的医疗技能，还要学会在与患者沟通过程中应用沟通技能，这样才能使护理工作顺利开展。

语言素养是一个人的基本素养之一。患者是护理工作人员语言沟通的主要对象，要具备良好的语言修养，才能够与不同年龄、性别、个性、地位的患者增进有效的沟通，提高患者对护士的信赖感，在良好沟通的基础上能够实现更好的护理目标。遵循目的性、情感性、规范性、尊重性、艺术性的语言沟通原则，有利于促进护患关系向更好的方向发展。

1. 目的性

语言是交流信息的主要手段，人与人之间的语言沟通都具有目的性。或是告诉别人某件事，或是请求别人为自己提供某些帮助，或是命令对方做某些事情，或是想得到某些信息，或是为了改善双方的关系。所以沟通一定要做到目的明确，有的放矢。护患语言沟通也是同样需要具有目的性。例如量血压时，护理人员对患者说："请您露出手臂"。

2. 情感性

语言沟通有效进行需要有真情实感。护理人员在同患者的交流沟通过程中，要想患者所想，急患者所急，真心实意地关心患者，以患者为中心，态度和善、言语亲切，认真解决患者的问题，这样才能提高患者对护理人员的信赖度，更好地促进护理工作的开展。例如为患者插鼻饲管时说"您别担心，插管时我会尽量注意的"。

3. 规范性

想要正确的传达信息，就一定要运用符合语言规范的正确语言，避免造成沟通障碍。护理人员与患者沟通，应尽量使用口语化的语言，吐字清晰，语法规范，避免使用患者难以理解的医学术语，引起患者误解。例如为患者做灌肠时，应先解释操作，避免患者对术语"灌肠"的误解。

4. 尊重性

沟通的第一原则是尊重沟通对象。在护患沟通过程中，要平等待人，尊重患者，关爱患者，不能让患者感受到不被尊重，不要做侮辱患者的人格的事，应该用敬称来称呼患者，不得使用外号、床号等。

5. 治疗性

西方医学之父希波克拉底说过，医生有三件法宝，即语言 、药物、手术刀。

良好的语言沟通可以帮助患者平复情绪，促进治疗。因此在与患者沟通过程中，注意使用亲切的语言，为患者营造一个温暖、关怀的治疗环境，有利于促进患者康复。例如对情绪紧张的新入院患者可以说“您不要过于害怕担心，积极地配合治疗，您的病一定会好转的，前段时间住院的孙大爷和您情况相似，现在已经康复出院了”。

6. 艺术性

语言是一门艺术，艺术性的语言体现护理人员良好的文化修养，能拉近护患关系，使患者感到亲切。例如探视患者的时间早已到了，但是有位探望父亲的女儿，由于要去外地工作许久才能回来而迟迟不舍离开病房，护理人员可以对她说“离别是重逢的开始，现在的分别是为了下一次的相见，您的父亲我们会善待如亲，和老人家一同等着您再来看他”。这要比强制离开的语言效用百倍。

五、护士的语言修养

（一）护士应具备的语言修养

1. 情感性

语言不仅是让他人听到，更重要的是进入到他人的心里。语言交流的过程是情感交流的过程。护士的语言不仅是传递专业信息，更是流露着护士的职业情感，承载着护士的爱心与关怀。与人交流沟通需要技巧，更重要的是情感的交流。护士要在语言中注入职业情感，才能与患者进行有效沟通，发挥交流技巧的作用。

2. 礼貌性

礼貌性的语言是对他人的尊重，是一段良好关系的开始。护士在与患者的交谈中多使用礼貌语言，有利于创建友好、和谐、尊重的交往氛围，获得患者的好感信任。护士在工作中要做到：“您”“请”不离口。在与患者交往中要有“七声”：患者初到有迎声，进行治疗有呼声，操作失误有歉声，与患者合作有谢声，遇到患者有询问声，接听电话有问候声，患者离院有送声[111]。

3. 知识性

护士的语言要有扎实的医学知识作为基础，要想语言被很好地理解，需要有丰富的专业知识。患者生病后需要护士认真地指导与真心地安慰，如果说一些只是形式没有内容的语言，是没有作用的。

4. 审慎性

语言有很大的影响力。有祸从口出，因此，在讲话时要慎重，该说的话要说，不该说的话就不要说。丧气的话不要说，伤人的话不要乱说，玩笑也要知轻重。允诺的话不要随便说。患者生病后心理会变得脆弱、敏感、多疑。护士一定要注意说话的场合与时机，以免给患者造成压力，影响疾病的恢复。

5. 规范性

要精确通俗的表达，只有当接受的信息与发出的信息相同时，沟通才是有效的。为实现这一目标，护士与患者沟通时应采用同一套语言表达系统，以保证双方沟通的有效性[112]。医学具有较强的专业性，但多数患者不具有医学背景。因此护士在与患者交谈时，必须考虑患者的知识背景与理解能力，在语言表达上多使用一些通俗词汇，不要使用过于专业的术语，会给患者一种陌生、疑惑的感觉。

（二）护士语言修养的提升

护士具备较高的语言修养，才能达到好的沟通效果。如果不注意自己的语言表达，祸从口出，就会引起护患纠纷。因此，护士要注意语言修养的学习，学习沟通技巧，对于提高服务质量是很有帮助的。护士可以通过以下三个方面提高自身语言修养。

1. 从"心"开始

语言是一个人情感的反映，语言就像一面镜子，反映出这个人是粗鲁还是文明。护士要从心开始，发自内心的讲话，意识到语言修养的重要性。由自觉的意识来带动自身的行动，提高自身语言修养。

2. 平时约束

护理工作有很强的服务性，这就要求护士在护理工作中，语言具有服务性。要时刻牢记自己的职责，以严格的职业规范要求自己。使语言服从于医疗，语言体现医疗。养成谨言慎行、三思而言的习惯，在日常工作中时刻注意语言的规范性和得体性，包括笑容、语速等。

3. 重在积累

护士语言修养的提高在于平时的总结与积累。护理工作的专业性决定了护士语言的学习不是一夜便成的，这将是一个漫长的过程，护士只有在不断的实践中学习经验。

六、护士的语言沟通技巧

护理工作中最重要的语言沟通方式就是交谈。护士经常需要通过交谈的方式去采集患者的病史、收集资料、健康教育等。较为正式的护患交谈可分为以下几个阶段:

(一)谈话准备阶段

1. 准备

为了达到交谈的目的,护士在进行正式交谈前应做足准备,具体内容有:

(1)护士的准备。护士在交谈前应准确了解患者的相关情况,并且在患者时间方便的时候与患者进行交谈。交谈前应向患者说明自己的目的,并列出谈话的提纲,以便更好地交谈。

(2)患者的准备。确认患者处于一个良好的状态,患者身体没有不适的情况下,还要评估患者此时是否能承受谈话的内容。

(3)环境的准备。在进行正式的交谈前,首先要保证是在一个安静的环境下进行。其次,要注意交谈的隐秘性,也许想要谈话的内容是患者想要保密的,应该关上门,避免有其他人听到。另外,在交谈时应避免进行医疗活动,造成患者分心,降低交谈效果,使交谈不能达到目的。

2. 称谓

护士应对患者进行询问,喜欢什么称谓,避免因为称谓给患者带来不愉快的感受。

3. 开场

开场是给患者带来的第一印象,一定要有一个良好的开场,给患者留下良好的印象。在开场的时候最好是寒暄几句,来拉近与患者的距离,创造轻松的交谈氛围。开场可以问候患者:“您今天的气色看起来好多了。”或者是:“这几天天气冷了,您要多注意保暖啊。”或者是:“昨晚睡得好吗?”等等方式,这样的开场轻松自然,让患者卸下防备,打开心扉,去除紧张的心情,有利于交谈的展开,从而自然地引出交谈的主题。

(二)谈话深入阶段

这一阶段是谈话的关键时期,也是谈话的主体。在这个阶段应该以患者的需求为主,围绕患者的健康问题进行提问,运用一些谈话技巧来推动交谈顺利进行。有以下技巧:

1. 提问

提问能够推进谈话很好地进行,还可以收集到与患者相关的信息,可以引导谈话的方向。提问可以分为封闭式提问和开放式提问。这个在前文提到过,在此就不赘述了。提问时应注意一些问题。要避免连续的提问,连续的提问会给患者措手不及的感觉,应给患者思考的时间,避免连续提问给患者带来紧张;再是所提问的问题应是与谈话目的有关,围绕交谈的中心。最后是在提问过程中不要显得过于刻意,要让患者感受到提问是来自于护士的关心,要体现温暖。

2. 倾听

倾听是护士必备的能力。护士在倾听患者时应是全神贯注的接受患者发出的信息。倾听不仅要注意患者所说的内容,还要关注患者的语调、语气、动作等,从而有利于获得全面的信息。

3. 阐述

患者在就医过程中一定有很多疑问,如诊断、患病的原因、操作的注意事项等。护士给予患者专业且有针对性的解释。阐述有利于患者解除心中疑惑,消除患者的担忧与恐惧。

4. 安慰

医学界有一句话广为流传"有时去治愈,经常去帮助,总是去安慰",可见安慰在临床工作中发挥着重要作用。患者在遭受疾病带来的痛苦和心理的压力时会感到难过、焦虑、失望,等等,这时特别需要安慰。护士在安慰患者时,一定要发自内心,为患者着想,要有真情实感,过于礼节性的安慰会给患者一种随意、不在乎的感觉。护士要给患者实质性的安慰,使安慰真正地起到作用。

(三)谈话结束阶段

在交谈目的已经达到时,就意味着这次的交谈也进入了尾声。为了下次交谈的开始,也为了交谈良好的结束,为护士与患者形成良好的护患关系,谈话的结束也需要技巧。在交谈结束前,护士可以总结一下此次谈话的主要内容,并寻求患者的意见。总结交谈也是核对默写重要信息的时候。或是用道谢的方式结束谈话,护士可以说:"谢谢您的配合。"会让患者感受到自身的价值,留下良好的印象。或是询问的方式结束谈话,护士可以问:"您还有什么需要解答的吗?"这样给患者一种周到的感觉。

在结束谈话时也要注意几点:一是一定不要在患者讲话时结束谈话,这会让患者感受到不被尊重;二是一定不要在患者兴趣正浓的时候结束谈话,会给患者一种失落感;三是如果谈话过程过于漫长,让患者感到厌烦,一定要及时结束谈话;四是结束谈话时一定要微笑[113]。

第六节 护士的临床思维

一、临床思维概述

(一)临床思维的概念

临床思维是医务人员在临床护理活动过程中的思维活动。是医务人员根据自身已学的科学知识对患者进行指导的临床活动。在护理领域,临床思维是指护理人员在充分学习知识和全面收集患者信息的基础上,运用各种思维方法,对获得的信息进行分析判断、推测补充、验证整理,对患者进行评估、诊断和护理的思维活动过程。

护理行为的科学性是以科学思维为基础的。护理人员知识、技术的掌握程度决定了护理质量的高低,也取决于护理人员临床思维的深度。如果护理人员没有一个顺畅、正确的临床思维,那将会对患者造成很大的危害[114]。

(二)临床思维的特点

护理活动所面向的对象是具有生命和社会关系的人,而患者的疾病具有复杂性和个体差异性,患者的一系列行为难免与周围人发生不同的社会关系,因此护理人员也需要适应这些临床思维,才能为患者提供满意的服务。以下是临床思维的特点:

1. 时限性

临床思维具有时限性的特点。疾病是一个发展的过程,但是在很多紧急情况下,不能等所有检查都完成或是疾病有了充分表现的时候再做临床决策。为了抢救患者的生命,需要在很短的时间内做出临床决策。在面对一些急重症患者突发的病情时,护理人员要协同医生及时准确地对患者的情况做出判断,配合医生给予患者有效的治疗和护理。

2. 动态性

临床思维活动是一个动态过程,这个动态过程就是为了将思维变成实践。在护理人员对患者的护理过程中,护理人员要分析形成问题的原因,针对问题做出改善方案,再给予患者有针对性的护理。疾病的发现与发展是一个动态变化的过程,也许疾病并没有出现预估的情况;也许疾病造成的原因是多个,引起其他组织的损伤,会出现多种发展的可能。例如,骨折患者在术后的 2~3 天内,护理活动的主要内容可能是患者的疼痛问题,当过了这段时间后,患者可能出现食欲减退、情绪低落等问题。因此护理人员要根据患者疾病发展的阶段和治疗效果来及时修正护理方案。因此临床思维需要一个观察、反复思考的过程。

3. 差异性

在临床活动中,虽然对疾病进行的总结和归类,疾病会有相同的特点和规律,但由于患者性别、年龄、自身免疫力、心理支持等方面的差异,会产生不同的临床表现。护理人员在从事临床护理工作时一定要充分认识掌握疾病的特点以及在不同个体的差异表现,将每位患者都看作独一无二的个体,为患者提供满意的护理。

4. 复杂性

护理对象是人,往往是处在疾病中的人。人本身就是复杂的,疾病也是复杂的。有的患者也许患有多种疾病或是并发症,因而会出现症状多样叠加或交错,是某一疾病的变现被忽略。因此护理人员在进行护理活动时要善于思考,善于观察,在复杂的病症中及时发现问题并给予正确的护理。

5. 全面性

护理人员在护理工作中,为了准确掌握患者的病情、进行有效护理,首先要获得全面的疾病有关资料。这些都是护理人员临床思维的基础,如果对资料的掌握不够全面,即使有正确的临床思维,也很难进行下去。由于疾病有复杂的病因,还会因为个体、生理、社会、心理的不同,使疾病的发展更加复杂。因此护理人员除认真掌握患者的病情外,还应从患者的其他因素入手,再采取护理行动。

6. 交互性

临床思维中的主体是护理人员,而患者是思维实施的载体,是客体,但是患者是具有主观思想的个体,患者对治疗的感受、对护理的满意度等都是具有主观想法的,这就使临床症状加入了患者的主观想法,而这些都会成为临床思维的依据。如果患者的主观想法是正确的,则有利于医护人员的临床思维,如果患者的主观想法是错误的,则会对医护人员的临床思维造成干扰。

二、护士临床思维的培养

(一)护士应具备临床思维品质

护理人员的临床思维是护士个人在临床实践过程中的积累,是思维能力的

反映,代表着护理人员临床思维的水平与深度。护理人员应具备的临床思维品质如下:

1. 系统性

人体的生命活动具有系统性。人是由多细胞、组织、器官构成的整体,各部分的形态结构和生理功能各不相同,但彼此之间是相互连接、相互支撑、相互影响的。在有疾病状况下,某一器官或组织可能会影响其他器官或组织。护理人员临床思维的系统性是在看待人体时,将人体看作一个有系统的整体,了解人体的特征与结构,综合分析疾病的发展。

2. 灵敏性

临床思维的灵敏性是指思维决策、思维转换等方面有灵活性的特点。在临床实践时,患者的病情瞬息万变,护士需要有灵敏的应变能力,当机立断,在短时间内做出正确的选择与决策。在一段时间内取得良好效果的临床思维决策才是正确的思维。

3. 深广性

临床思维的深广性是指辩证唯物主义普遍联系的观点。临床思维应有一定的深度和广度,这样才能掌握全面,顾全大局,才能看到事物的本质,不被表象迷惑,思维才能上通下达,左右顾及。

4. 评判性

临床思维评判性是指护士在临床思维时,能够对思维内容与思维过程进行严格客观的评价,对现有的成果进行反思、验证,及时发现护理问题。同时要虚心接受他人的建议或是想法,不固执己见,积极改正。虽然护士在临床工作中要严格听从医生的指导,但是当医生有错误、违法、违规的操作时,应及时向医生提出。

5. 预见性

护士临床思维的预见性是护士对患者充分了解的基础上,结合对事物发展规律的认识,对其今后可能的发展状况、发展方向做出判断。临床情况的预见是遵循事物发展规律的,客观而实事求是地分析事物发展的趋势,且具有科学性和前瞻性,因此根据预见的方向制定治疗计划,可以提高工作效率,有效应对突发情况,使患者获得最佳的治疗护理效果。

(二)培养护士临床思维的方法

1. 良好的专业基础

想要提高临床思维能力,需要有扎实的医学知识为基础。运用正确的理论来指导实践，才能发现患者的潜在病情，及时的处理。如果没有扎实的理论基础，便不会发现这些病理变化，错过为患者医治护理的时间。

2. 不断的更新知识

临床工作不是一成不变的，现代医学技术发展迅速，各种新技术层出不穷，仅仅靠着以往的理论知识和经验是无法形成良好的护理工作的。因此，护士应不断地更新自己的理论知识与操作技能，学习使用新的仪器，给患者带来高质量的护理。

3. 学习哲学思辨方法

想要对患者做出正确及时的护理判断，需要护士学习使用哲学思辨的方法，在思维过程中不断的反思、审视自己，在思维过程中不以点带面，不能被疾病的表象迷惑，把握现象与本质的关系，分清楚什么是主要矛盾，什么是次要矛盾。

4. 加强临床护理实践

实践性是护理工作的主要特征，临床思维能力的培养与提高多是来自于护理实践，护士的临床思维也是为了更好地服务与护理实践[115]。在护理实践中，护士缜密的思维，科学的判断，不断的创新，能够提高护士临床思维与护理质量。

三、护理工作中创新思维的应用

1. 护理理论创新

护理理论创新包括护理理念、护理学说、护理模式等多个方面的创新。科学发展证明，学科发展一定是先在理论上有所创新，学术水平才能得到提高。护理学也同样离不开理论创新。例如，面对人类疾病谱的改变趋势，美国护理学家奥瑞姆在护理理论中，提出了自护的护理模式，这一理论提高了护士在恢复、维持和促进健康中的地位，丰富了护士的职业内涵。简单的护理行业在多种实践操作中学习，这些虽然在护理工作中扮演重要的角色，但是护理作为一门学科，需要在理论上提出新的观点，或是把已有的理论进行更新、完善。护理工作者理论创新的思维过程需要护理学概念的改进、完善。

2. 护理实践创新

包括护理教育实践、护理技术、护理管理与护理服务等实践创新。我国的护理教育正一步一步地走向新的发展阶段，摆脱了传统观念的束缚。全国各护理院校正在探索适合我国国情的护理人才培养模式，对护理专业的课程设置与教学内容、教学方式进行了全面的优化，包括编写新的教材来体现护理学科现在的发展与现今医疗机构对护理人才的需求。各护理院校积极开展新的授课方式，包括互动教学法、中心教学法等。

护理技术的创新包括护理工作的操作技术与护理方法的改进。例如，腹壁或会阴部人工肛门的患者对稀便无法自控，不能自己控制灌肠液，用普通的肛管灌肠会使灌肠液反流较多，不仅会影响灌肠的效果，还会给患者带来痛苦。湖北某医院护士受气囊肛管用于肛肠疾病术后大出血的启发，就是运用了联想思维，采用气囊肛管为人工肛门患者灌肠，得到了满意的效果。

护理管理的创新包括质量管理、质控方法、布局与流程、规章制度、人力资源等。例如，有的护理管理者运用超前思维探索了如何顺利通过国际认证，建立有效的质量管理系统，与国际水平接轨；有的研究护士全员聘用竞争上岗，加强了护理队伍的科学管理，提高了护士工作的积极性。

护理服务创新包括优质护理服务示范工程、长期护理服务模式试点项目等。护士在进行护理工作时要“以患者为中心”，不只是口头说说，要落实到行动中，如开设急救绿色通道，实施快捷有效的全程服务；为符合条件的老年患者、慢性病患者提供专业的居家服务等。进行护理创新要针对当前护理工作中的困难和问题进行解决，大胆地、科学地构建新的知识、方法，使护理工作得到创新。

参考文献

[1] 刘月树.南丁格尔护理伦理思想研究[J].医学与社会,2013,26(8):39-41,44.

[2] 王伟.克里米亚战争背景下英国陆军医疗改革[D].苏州:苏州科技学院,2014.

[3] 史瑞芬,陈瑜,翟惠敏.哲学视域下的护理人文关怀思考[J].护理学杂志,2013,28(20):1-3.

[4] 颜辉.21世纪以来我国人文历史纪录片故事化叙事探析[D].西安:陕西师范大学,2012.

[5] 李刚.人文关怀研究的新探索[J].江西行政学院学报,2011,13(2):54-59.

[6] 张屏.人文主义与文艺复兴[J].徐州师范大学学报,1998(4):98-100,169.

[7] 赖辉亮.人道主义与人文主义:学术界关于"Humanism"一词的翻译述评[J].华东师范大学学报(哲学社会科学版),2014,46(3):36-40,153.

[8] 黎宇东.论马斯洛自我实现理论及其管理学意义[D].武汉:华中师范大学,2011.

[9] 李秀萍.护理人文关怀概念的分析与研究现状[J].工企医刊,2011,24(4):13-16.

[10] 杜喆.中国传统文化人文关怀思想研究[D].泰安:山东农业大学,2017.

[11] 张岂之.中国传统文化[M].北京:高等教育出版社,2010.

[12] 李雪.从身心二分到身心合一试述医学人道主义[J].当代护士(下旬刊),2016(5):184-186.

[13] 蒋连芬.护理人文关怀教育理论基础的文献综述[J].卫生职业教育,2016,34(7):75-77.

[14] 范家莉,孔悦,殷婷婷,等.Leininger跨文化护理的研究进展[J].护理研究,2015,29(12):1 409-1 411.

[15] 徐难,陶月仙. 人性化护理理论及其应用研究进展[J]. 齐鲁护理杂志, 2017,23(23):59-61.
[16] 李惠玲. 现代护理人文关怀之原理与实践方向研究[D]. 苏州:苏州大学,2016.
[17] 石荣霞. 论道家的生态伦理观及其现代价值[D]. 曲阜:曲阜师范大学,2007.
[18] 樊玥嫡. 论墨子"兼爱"思想及其对中国社会的影响[D]. 重庆:西南大学,2013.
[19] 孟建伟. 人文科学的科学性与人文性[J]. 中国人民大学学报,2003(5): 13-20.
[20] 王庆华,刘化侠,杨新芳,等. 华生人性照护理论[J]. 护理研究,2004 (23):2 069-2 071.
[21] 张秀伟,姜安丽. 护理人文关怀概念的研究现状与分析[J]. 中华护理杂志,2008(6):540-543.
[22] 邱忠堂. 论张载"太虚"的四重本体义及诠释意义[J]. 云南大学学报(社会科学版),2013,12(3):48-52,111.
[23] 张玉玉. 道家生态思想之本体论、生命观、价值观解析[D]. 沈阳:沈阳工业大学,2017.
[24] 李霞. 道家生命观论纲[J]. 学术界,2004(5):34-46.
[25] 陈芃丰. 重身贵生:道家生命观及其当代价值[J]. 普洱学院学报,2016, 32(5):59-60.
[26] 金蒙蒙. 老庄养生思想研究[D]. 青岛:青岛大学,2018.
[27] 韩丽华. 先秦儒家人性论及其演变[J]. 南华大学学报(社会科学版), 2011,12(6):24-27.
[28] 周耿. 先秦道家人性论研究[D]. 长沙:湖南大学,2011.
[29] 黄弋冰,陈幼华. 论护理人文关怀的概念、内涵及其建构[J]. 中国农村卫生事业管理,2015,35(1):103-105.
[30] 张凌,邹俊杰,王亚平. 从现代生物心理社会医学模式谈医学生的人文教育[J]. 信息记录材料,2011,12(5):56-60.
[31] 刘义兰,吴红艳,胡德英,等. 护理人文关怀质量管理的思考[J]. 护理学杂志,2017,32(23):1-4.
[32] 乔雪,郝玉芳. 我国高校护理专业教学中实施人文关怀教育的策略[J]. 中华护理教育,2015,12(8):639-641.

[33] 杨璨,史平,陈海勤,等.护理人文关怀教育研究现状及进展[J].临床护理杂志,2016,15(6):66-68.
[34] 马语莲.本科护生人文关怀能力现状及相关因素的研究[D].蚌埠:蚌埠医学院,2012.
[35] 陈海花,毕越英.我国护理工作实施人文关怀的现状[J].护理学报,2006(2):25-27.
[36] 王玉霞.临床护理人文关怀的现状与展望[J].中医药管理杂志,2016,24(8):6-7.
[37] 张颖.护理本科人文关怀课程设置的研究[D].承德:承德医学院,2017.
[38] 丁佳鑫.护理学专业本科生人文关怀品质现状调查及相关影响因素分析[D].长春:长春中医药大学,2017.
[39] 王庆华,冯卫红,方秀新,等.人性照护理论与人文关怀在护理中的体现[J].解放军护理杂志,2007(5):53-54.
[40] 吕志雯.梅奥的人际关系学说与我国的人本管理[D].武汉:华中师范大学,2011.
[41] 胡敏中.论人本主义[J].北京师范大学学报(社会科学版),1995(4):62-67.
[42] 王梅.无条件积极关注在心理咨询中的现实意义和长远价值[J].法制与社会,2009(32):363-364.
[43] 朵冉,李惠玲.儒道哲学视角的护理人文关怀与护患关系[J].护士进修杂志,2019,34(14):1 341-1 343.
[44] 王维维,蔡小霞.本科护生人文关怀品质调查及影响因素分析[J].卫生职业教育,2019,37(17):114-115.
[45] 韩小燕.浅谈儒家人本哲学的现代医学价值[J].医学教育,2014,28(5):293-295.
[46] 陶方.护士礼仪在护理工作中的作用[J].现代临床护理,2008(5):59-60,63.
[47] 崔晓旭,崔艳芳.护士礼仪与护患关系[J].深圳中西医结合杂志,2015,25(2):185-186.
[48] 史瑞芬.护士礼仪错位与礼仪培训[J].护士进修杂志,2004(3):223-224.
[49] 李蓉,吕麦青,高淑兰.浅谈护士礼仪与护理工作[J].工企医刊,2007(1):36.
[50] 柏晓玲,楼婷,张永春,等.基于儒家思想的护理人文关怀能力评价指标

北京大学学报(医学版),2016,48(3):418-423.
[85] 薛国凤.论少年儿童的榜样教育法[J].中国德育,2017(11):11-15.
[86] 白春玉,陈容,张迪,等.男孩青春期生长发育规律的追踪研究[J].中国校医,2004(4):299-301.
[87] 李寒松.青春期心理健康教育探究[J].辽宁教育,2018(2):54-56.
[88] 杜红梅.积极心理学对青春期心理健康教育的启示[J].青少年研究(山东省团校学报),2010(4):9-11,58.
[89] 王琨,宋娴,朱昭红.西安市成年人的情绪状态和睡眠质量及其关系[J].中国健康心理学杂志,2016,24(7):1100-1105.
[90] 张静.中国老年人的需求分析:以马斯洛的需求层次理论为切入点[J].思茅师范高等专科学校学报,2010,26(4):27-30.
[91] 张秋鑫,刘孟然,杨柳,等.哈尔滨地区老年人健康养老需求调查研究[J].现代营销(下旬刊),2018(9):138.
[92] 陈亮.适宜老年人的室内设计[J].郑州轻工业学院学报(社会科学版),2006(6):69-71.
[93] 刘志荣,倪进发.老年人孤独及其相关因素研究[J].中国公共卫生,2003(3):41-43.
[94] 闫志民,李丹,赵宇晗,等.日益孤独的中国老年人:一项横断历史研究[J].心理科学进展,2014,22(7):1 084-1 091.
[95] 胡慧秀,王志稳,李小卫,等.养老院老年人孤独、抑郁状况及其关系的研究[J].中国护理管理,2014,14(10):1 033-1 036.
[96] 朱亮,张倩,汪凤兰,等.家庭关怀度和抑郁对老年人健康自我老化感知影响[J].中国公共卫生,2018,34(1):105-107.
[97] 李晓芬,陈晓,杜秀荣,等.老年人心理安全感与家庭关怀度的相关性研究[J].全科护理,2018,16(16):1 924-1 926.
[98] 林婷,李倩,傅凡.福州市养老机构老年人护理需求及影响因素的调查分析[J].中华护理杂志,2015,50(11):1 354-1 358.
[99] 李婧,罗茹茹,董茂江,等.老年人护理需求调查研究[J].医学与哲学(A),2016,37(12):55-58.
[100] 杜鹏,王永梅.中国老年临终关怀服务的实践与制度探索[J].中国特色社会主义研究,2015(5):95-101.
[101] 张鹏.中国的伦理文化与临终关怀[J].医学与哲学(A),2016,37(12):27-31.

[102] 张晓飞,唐四元. 临终关怀教育和培训研究进展[J]. 中国老年学杂志,2017,37(9):2 333 - 2 336.

[103] 石帆,肖丽娜,韩洁. 临终患者心理护理的研究现状[J]. 贵阳中医学院学报,2016,38(5):63 - 67.

[104] 林少莉. 老年临终关怀护理探讨[J]. 健康教育与健康促进,2009,4(2):57 - 60.

[105] 陈瑜,翟惠敏,戴立丽,等.《护士人文修养》精品课程的建设与思考[J]. 护理学报,2010,17(15):18 - 21.

[106] 张瑞平. 浅谈增强护士人文修养[J]. 中国医药指南,2008(13):191 - 192.

[107] 刘婷. 护士的人文修养[J]. 全科护理,2012,10(19):1 792 - 1 793.

[108] 颛孙海红,段莉,马桂云,等. 护患关系紧张护士自身因素的研究进展[J]. 护士进修杂志,2014,29(11):984 - 986.

[109] 黄玮,张祖仪,李田. 我国护患关系存在的问题及对策[J]. 医学与社会,2013,26(11):61 - 63,74.

[110] 李晓,余娟,汪海红,等. 护患关系影响因素的路径分析[J]. 中国医疗管理科学,2018,8(4):52 - 57.

[111] 林茹. 护士的语言修养在护理中的作用[J]. 基层医学论坛,2012,16(24):3 249 - 3 250.

[112] 邢雪松. 浅析护士语言修养对护患关系的影响[J]. 吉林医学,2012,33(25):5 585 - 5 586.

[113] 赵晶,付德明. 浅谈艺术语言对护士的重要影响[J]. 中国卫生产业,2018,15(15):193 - 194.

[114] 郭佳,尹作娟,隋树杰. 护理人员临床思维培养现状分析[J]. 护理学报,2010,17(15):1 - 4.

[115] 鲜继淑,陈晓英,苏红,等. 护士临床思维能力培养的思考[J]. 中华护理教育,2018,15(4):250 - 253.